北京市学前教育发展报告

（2011—2016年）

主　编　王建平

副主编　沙　莉　刘　昊

图书在版编目(CIP)数据

北京市学前教育发展报告:2011—2016年 / 王建平主编. —北京:首都师范大学出版社,2018.11
ISBN 978-7-5656-4831-1

Ⅰ.①北… Ⅱ.①王… Ⅲ.①学前教育－发展－研究－报告－北京－2011－2016 Ⅳ.①G619.2

中国版本图书馆CIP数据核字(2018)第239024号

BEIJINGSHI XUEQIAN JIAOYU FAZHAN BAOGAO
北京市学前教育发展报告(2011—2016年)
王建平　主编

责任编辑　王兰玉
首都师范大学出版社出版发行
地　址　北京西三环北路105号
邮　编　100048
电　话　68418523(总编室)　68982468(发行部)
网　址　http://cnupn.cnu.edu.cn
印　刷　三河市博文印刷有限公司
经　销　全国新华书店
版　次　2018年11月第1版
印　次　2018年11月第1次印刷
开　本　787mm×1092mm　1/16
印　张　11.75
字　数　224千
定　价　46.00元

版权所有　违者必究
如有质量问题　请与出版社联系退换

首都师范大学学前教育研究中心
《北京市学前教育发展报告(2011—2016 年)》编委会

主　编：王建平

副主编：沙　莉　刘　昊

编委会成员(按照姓氏笔画排序)：

王建平　田汉族　史　瑾　关永春

刘　昊　刘　莉　刘晓晔　余珍有

李相禹　沙　莉　李莉娜　张瑞瑞

高宏钰　夏　婧　黄　爽　魏　星

目 录
CONTENTS

第一章　北京市"十二五"以来学前教育发展（2011—2016 年）　　1
- 一、加速构建并完善北京市学前教育政策法规保障体系　　1
  - （一）北京市学前教育发展宏观环境　　1
  - （二）北京市学前教育发展的政策法规保障体系　　9
- 二、学前教育学位大幅扩充，"入园难"问题得到初步缓解　　17
  - （一）园所概况　　17
  - （二）在园幼儿数　　23
  - （三）北京市不同类别幼儿园收费情况　　26
- 三、学前教育经费来源多样，财政性学前教育经费持续增长　　27
  - （一）学前教育经费总量及其增长　　27
  - （二）学前教育经费来源　　30
  - （三）学前教育经费支出　　39
- 四、规模与质量并重，幼教师资队伍建设稳步推进　　40
  - （一）幼儿园教师队伍基本情况　　40
  - （二）幼儿园教师资质　　51
  - （三）幼儿园教师薪酬　　59
  - （四）幼儿园教师教育　　63

第二章　北京市学前教育未来需求分析　　68
- 一、北京市学前教育需求分析的主要内容与基本思路　　68
  - （一）研究目标与主要内容　　68
  - （二）研究思路与方法　　68
- 二、"五普"以来北京市人口发展基本特征　　69
  - （一）"五普"以来北京市人口规模变化总体特征　　69

（二）北京市人口年龄结构变动特征及未来趋势ーーーーーーーーーーーーーーーーーーーーーー 70

三、北京市未来学龄前人口发展趋势预测ーーーーーーーーーーーーーーーーーーーーーーーーーー 73
 （一）预测方法与预测方案ーーーーーーーーーーーーーーーーーーーーーーーーーーーーーー 74
 （二）预测参数假定ーーーーーーーーーーーーーーーーーーーーーーーーーーーーーーーーーー 74
 （三）未来北京市人口规模及结构预测结果ーーーーーーーーーーーーーーーーーーーーーー 80
 （四）未来北京市学龄前人口规模预测结果ーーーーーーーーーーーーーーーーーーーーーー 82

四、北京市未来幼儿园学位与幼教师资需求分析ーーーーーーーーーーーーーーーーーーーーーー 84
 （一）幼教师资规模预测的基本方法与数据来源ーーーーーーーーーーーーーーーーーーー 84
 （二）未来北京市在园幼儿规模分析ーーーーーーーーーーーーーーーーーーーーーーーーー 85
 （三）未来北京市幼教师资需求规模分析ーーーーーーーーーーーーーーーーーーーーーー 86

五、讨论与建议ーーーーーーーーーーーーーーーーーーーーーーーーーーーーーーーーーーーーーー 89
 （一）小结与讨论ーーーーーーーーーーーーーーーーーーーーーーーーーーーーーーーーーー 89
 （二）相关对策建议ーーーーーーーーーーーーーーーーーーーーーーーーーーーーーーーーー 89

第三章　发达城市学前教育发展特点与经验分析　　92

一、纽约市学前教育发展特点与经验分析ーーーーーーーーーーーーーーーーーーーーーーーーー 92
 （一）纽约市市政与教育概况ーーーーーーーーーーーーーーーーーーーーーーーーーーーー 92
 （二）纽约市学前教育发展现状ーーーーーーーーーーーーーーーーーーーーーーーーーーー 96
 （三）纽约市学前教育发展的主要特点、现存问题与未来展望ーーーーーーーーーーー 117
 （四）纽约市经验对北京市学前教育发展的启示ーーーーーーーーーーーーーーーーーー 120

二、东京都学前教育发展特点与经验分析ーーーーーーーーーーーーーーーーーーーーーーーーー 122
 （一）东京都市政与教育概况ーーーーーーーーーーーーーーーーーーーーーーーーーーーー 123
 （二）东京都学前教育发展现状ーーーーーーーーーーーーーーーーーーーーーーーーーーー 126
 （三）东京都学前教育发展的主要特点与现存问题ーーーーーーーーーーーーーーーーー 151
 （四）东京都经验对北京市学前教育发展的启示ーーーーーーーーーーーーーーーーーー 153

第四章　主要问题与对策建议　　155

一、"十二五"期间北京市学前教育发展特点与主要问题ーーーーーーーーーーーーーーーーー 155
 （一）幼儿园规模、结构与布局方面ーーーーーーーーーーーーーーーーーーーーーーーー 155
 （二）学前教育经费投入方面ーーーーーーーーーーーーーーーーーーーーーーーーーーーー 156
 （三）幼教师资队伍建设方面ーーーーーーーーーーーーーーーーーーーーーーーーーーーー 157

二、相关对策建议	158
（一）合理调整幼儿园发展布局与结构	159
（二）评估并提高学前教育财政投入效率	159
（三）不同受益主体合理分担学前教育成本	159
（四）提高职业地位和待遇，增强幼儿园教师的职业吸引力	160
（五）加大幼儿园教师的培养规模，补足配齐各类幼儿园教师	160
（六）处理好幼儿园教师队伍规模与质量之间的关系	160
（七）健全幼儿园教师培训体系，助力幼儿园教师专业发展	161

北京市学前教育发展大事记（2011—2016年） 162

参考文献 165

后　记 173

图表目录

图 1-1　北京市常住人口数变化趋势　2
图 1-2　北京市在园幼儿人数规模变化趋势　5
图 1-3　2010—2016 年北京市入园幼儿数变化趋势　18
图 1-4　自有统计数据以来北京市幼儿园历年入园人数变化图　18
图 1-5　2010—2016 年城乡幼儿园园所数对比图　21
图 1-6　2010—2016 年北京市在园幼儿数变化趋势图　23
图 1-7　自有统计数据以来北京市幼儿园在园人数变化图　24
图 1-8　2010—2016 年城乡在园幼儿数对比图　24
图 1-9　2010—2016 年北京市公办、民办在园幼儿数对比图　26
图 1-10　全国及北京市学前教育经费占 GDP 的比例　28
图 1-11　OECD 国家学前教育经费占 GDP 的比例（2014 年）　28
图 1-12　学前教育经费占教育经费比例及学前教育经费年度增长率　30
图 1-13　不同学前教育经费来源所占的比例　31
图 1-14　学前教育经费中公共财政教育经费比例及增长率　32
图 1-15　学前教育经费公共投入与家庭投入百分比　33
图 1-16　OECD 国家学前教育公共财政支出与家庭支出的百分比（2013 年）　34
图 1-17　2015 年北京市部分区学前教育财政投入　34
图 1-18　全国与北京市幼儿园生均教育经费环比增长速度　35
图 1-19　OECD 国家学前教育生均经费水平（2013 年）　36
图 1-20　全国与北京市公共财政预算事业支出各项占比　40
图 1-21　2010—2016 年北京市幼儿园教职工总数　41
图 1-22　2010—2016 年北京市各区幼儿园教职工总数　43
图 1-23　2011—2016 年北京市各区幼儿园专任教师数　46
图 1-24　2010—2016 年北京市城乡各类幼儿园教职工数　47
图 1-25　2010—2016 年北京市幼儿园专任教师（含园长）学历水平变化趋势　52

图 2-1　北京市户籍人口与外来常住人口规模变动　69
图 2-2　北京市户籍人口增长构成　70

图 2-3	2010 年北京市常住人口金字塔	72
图 2-4	2010 年北京市户籍常住人口及外来常住人口年龄结构	73
图 2-5	2010 年、2015 年北京市人口分年龄生育模式	75
图 2-6	北京市人口平均预期寿命	76
图 2-7	北京市分性别年龄常住人口年平均迁移率	79
图 2-8	2016—2025 年北京市幼教师资需求量变化趋势（高方案）	87
图 2-9	2016—2025 年北京市幼教师资需求量变化趋势（中方案）	88
图 2-10	2016—2025 年北京市幼教师资需求量变化趋势（低方案）	89
图 3-1	2014—2017 年纽约市中心式和家庭式学前教育机构的数量和容量	99
图 3-2	2007—2015 年纽约市 3 岁和 4 岁儿童入园数量变化	100
图 3-3	2011—2015 年纽约市 3 岁和 4 岁儿童公立机构与私立机构入园率	100
图 3-4	2018 年纽约市教育部门学前机构和社区学前机构教师工资水平	111
图 3-5	纽约市教育部门学前机构和社区学前机构教师（本科学历）工资增长情况对比	112
图 3-6	纽约市教育部门学前机构和社区学前机构教师（硕士学历）年收入增长情况对比	112
图 3-7	世界各主要国家与东京都 GDP 的比较（2013 年）	124
图 3-8	日本的教育制度	125
图 3-9	2012—2016 年东京都保育园数量变化情况	127
图 3-10	2012—2016 年东京都保育园在园儿童数量变化情况	127
图 3-11	2013—2017 年东京都幼儿园规模	128
图 3-12	2013—2017 年东京都幼儿园在园人数情况	128
图 3-13	2011—2016 年日本四种模式认定儿童园数量变化情况	129
图 3-14	2015—2017 年东京都幼保联合型认定儿童园规模	130
图 3-15	2015—2017 年东京都幼保联合型认定儿童园在园人数	130
图 3-16	东京都教育行政体系	131
图 3-17	东京都教育厅组织结构图	133
图 3-18	2011—2015 年东京都幼儿园教育经费总额	134
图 3-19	2011—2015 年东京都幼儿园生均教育经费水平	134
图 3-20	2013—2017 年东京都幼儿园教师规模	135
图 3-21	2015—2017 年东京都幼保联合型认定儿童园教师规模	136
图 3-22	东京都保育士资格获得程序	136
图 3-23	日本幼儿园教师任用流程	138
图 3-24	2012—2016 年日本幼儿园教师平均年收入	147
图 3-25	2012—2016 年日本保育士平均年收入	148
图 3-26	2016 年日本不同年龄幼儿园教师平均年收入	148

表 1-1	北京市常住人口数	1
表 1-2	北京市各区常住人口数	3
表 1-3	北京市人口自然增长率	4
表 1-4	北京市各区人口自然增长率	4
表 1-5	北京市各区在园幼儿数	6
表 1-6	北京市在园幼儿数占全国在园幼儿数的比重	7
表 1-7	北京市在园幼儿数占全市人口比重	7
表 1-8	北京市 GDP 及人均 GDP	8
表 1-9	北京市教育经费情况	8
表 1-10	全市国家财政性教育经费情况	9
表 1-11	2010—2016 年北京市幼儿园总规模	17
表 1-12	2010—2016 年北京市城区幼儿园基本情况	19
表 1-13	2010—2016 年北京市镇区幼儿园基本情况	19
表 1-14	2010—2016 年北京市乡村幼儿园基本情况	20
表 1-15	2010—2016 年各区幼儿园数（所）汇总表	21
表 1-16	北京市公办、民办幼儿园基本情况对比	22
表 1-17	2010—2016 年各区在园幼儿数汇总表	25
表 1-18	北京市不同类别幼儿园收费情况表	26
表 1-19	2006—2015 年全国与北京市学前教育经费占教育经费总量的百分比	29
表 1-20	2009—2015 年幼儿园家长缴费占学前教育经费总额的比例及其增长率	37
表 1-21	2010—2015 年全国与北京市个人办学投入占比及同比增长率	38
表 1-22	2008—2015 年全国与北京市社会捐赠投入占比及同比增长率	38
表 1-23	2010—2016 年北京市幼儿园教职工人数和年增长趋势	41
表 1-24	2011—2016 年北京市各区教职工总数年增长量和年增长率	44
表 1-25	2011—2016 年北京市各区专任教师年增长量和年增长率	47
表 1-26	2010—2016 年北京市城区幼儿园教职工人数和年增长趋势	48
表 1-27	2010—2016 年北京市镇区幼儿园教职工人数和年增长趋势	48
表 1-28	2010—2016 年北京市乡村幼儿园教职工人数和年增长趋势	49
表 1-29	2010—2016 年北京市幼儿园各类教职工性别比	50
表 1-30	北京市不同性质幼儿园教师日工作时长	51
表 1-31	2010—2016 年北京市幼儿园专任教师（含园长）学历分布	52
表 1-32	2010—2016 年北京市城区幼儿园专任教师（含园长）学历分布	52
表 1-33	2010—2016 年北京市镇区幼儿园专任教师（含园长）学历分布	53
表 1-34	2010—2016 年北京市乡村幼儿园专任教师（含园长）学历分布	53
表 1-35	2010—2016 年北京市幼儿园专任教师（含园长）学历分布（累计）	54
表 1-36	2010—2016 年北京市不同地区北京市幼儿园专任教师（含园长）学历分布	54

表 1-37	2010—2016 年北京市幼儿园教师职称等级	56
表 1-38	2010—2016 年北京市不同地区幼儿园教师职称等级	56
表 1-39	北京市各区幼儿园特级教师人数	58
表 1-40	北京市幼儿园特级教师来源	58
表 1-41	北京市幼儿园教师与小学教师学历对比	59
表 1-42	2018 年北京市幼儿园专任教师和保育员月工资	60
表 1-43	2008—2016 年北京市公立幼儿园专任教师起点月工资水平	60
表 1-44	北京市公立幼儿园教师 15 年教龄月平均工资水平	61
表 1-45	北京市公立幼儿园教师工资结构	61
表 1-46	北京市公立幼儿园在编和非在编教师工资结构	62
表 1-47	2016 年北京市不同性质幼儿园教师的起点工资	63
表 1-48	北京市幼儿园专任教师和保育员来源地情况	64
表 1-49	北京市幼儿园专任教师和保育员专业发展途径	64
表 1-50	北京市公立幼儿园教师非学历继续教育情况	65
表 1-51	北京市公立幼儿园教师继续教育经费的来源	66
表 1-52	北京市幼儿园教师继续教育提供方	67
表 2-1	北京市历次人口普查年龄结构	71
表 2-2	北京市人口总和生育率假定	75
表 2-3	北京市户籍人口平均预期寿命（1979—2017 年）	76
表 2-4	北京市户籍人口平均预期寿命的年均增长速度	77
表 2-5	北京市人口未来平均预期寿命的假定	77
表 2-6	迁移方案假定	80
表 2-7	北京市未来常住人口总量规模预测	81
表 2-8	北京未来常住劳动年龄人口（15—64 岁）规模预测	81
表 2-9	北京市未来常住 65 岁及以上、0—14 岁人口规模预测	82
表 2-10	北京市未来十年学龄前人口规模预测结果（高方案）	82
表 2-11	北京市未来十年学龄前人口规模预测结果（中方案）	83
表 2-12	北京市未来十年学龄前人口规模预测结果（低方案）	83
表 2-13	2016—2025 年北京市幼教师资需求量预测方案	84
表 2-14	2016—2025 年北京市幼儿园学位需求预测结果	86
表 2-15	2016—2025 年北京市幼教师资需求量预测结果（高方案）	86
表 2-16	2016—2025 年北京市幼教师资需求量预测结果（中方案）	87
表 2-17	2016—2025 年北京市幼教师资需求量预测结果（低方案）	88
表 3-1	纽约市行政区划等基本信息	93

表 3-2	2015—2017 年纽约市许可和注册的学前教育机构的数量和容量	98
表 3-3	东京都行政区划	123
表 3-4	东京都内学校数（2016 年）	126
表 3-5	认定儿童园的类型及其功能	129
表 3-6	东京都幼儿园教师资格证一览表	137
表 3-7	2016 年东京都幼儿园教师资格证授予状况	138
表 3-8	东京都保育士培养单位一览表	140
表 3-9	东京都幼儿园教师培养单位一览表	143

第一章 北京市"十二五"以来学前教育发展（2011—2016 年）

"十二五"以来，北京市学前教育加大财政投入，不断增加学位供给并提高生均公用经费；重视幼儿园教师专业水平的提高，通过多渠道扩展幼儿园教师职前教育体系，加大对不同层次在职教师培训，实现了教师队伍质量的稳步提升。与此同时，通过完善法规政策体系，保障了北京市学前教育的健康有序发展。

一、加速构建并完善北京市学前教育政策法规保障体系

（一）北京市学前教育发展宏观环境

人口总体规模与发展趋势、分区域人口规模与变化、学龄前儿童数量及分布、财政水平与投入重点等，构成了北京市学前教育发展的宏观环境，并决定了北京市学前教育事业的发展方向与重点。

1. 北京市人口发展概况

（1）北京市人口规模及变化趋势

由表 1-1 可见，2011 年北京市常住人口总数为 2019 万，其中城镇常住人口数为 1740.7 万，乡村常住人口数为 277.9 万，而到 2016 年，北京市常住人口总数增长为 2173 万，增幅达到 7.6%，其中城镇人口增加了 139.3 万，增幅达 8%，乡村人口增加了 15.1 万，增幅为 5.4%。城镇常住人口增幅和数量均大于乡村人口。

表 1-1　北京市常住人口数①

年　份	总人口(万人)	城镇(万人)	乡村(万人)
2011 年	2019	1740.7	277.9
2012 年	2069	1783.7	285.6
2013 年	2115	1825.1	289.7

---

① 中华人民共和国国家统计局．常住人口数量统计［EB/OL］．http：//data.stats.gov.cn/easyquery.htm?cn=E0103&zb=A0301&reg=110000&sj=2016，2018-04-15．

续表

年　份	总人口(万人)	城镇(万人)	乡村(万人)
2014 年	2152	1859	292.6
2015 年	2171	1877.7	292.8
2016 年	2173	1880	293

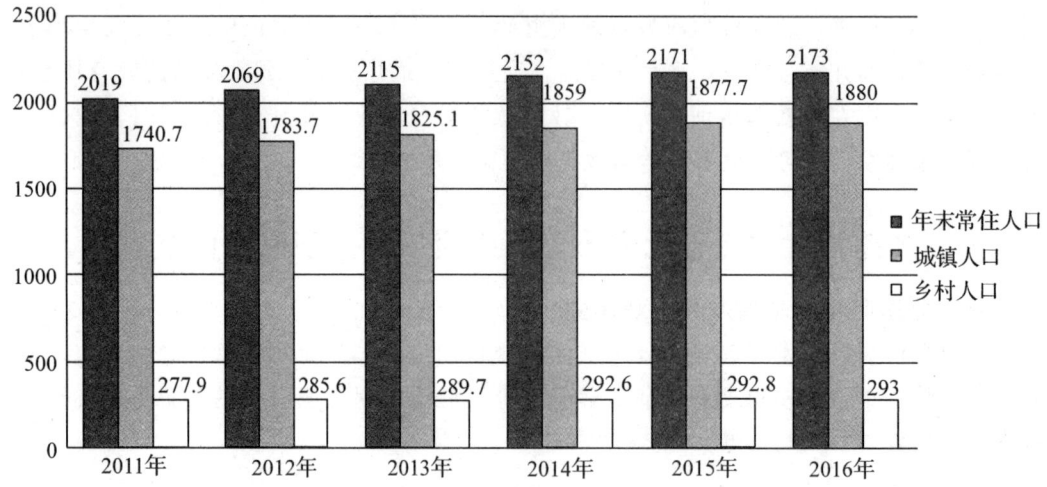

图 1-1　北京市常住人口数变化趋势(单位：万人)

北京市行政区按照功能分为四大区域，分别为首都功能核心区、城市功能拓展区、城市发展新区、生态涵养发展区。其中首都功能核心区下辖东城区和西城区；城市功能拓展区下辖朝阳区、丰台区、石景山区、海淀区；城市发展新区下辖房山区、通州区、顺义区、昌平区、大兴区；生态涵养发展区下辖门头沟区、怀柔区、平谷区、密云区、延庆区。总计 16 区，共 150 个街道。

由表 1-2 可以看出，从 2011 年至 2016 年，北京市除首都功能核心区外，其他三大区域常住人口均逐年增加，北京市常住人口以城市功能拓展区和城市发展新区为主。海淀区和朝阳区是北京市常住人口总量最多的两个辖区。

表 1-2　北京市各区常住人口数① （单位：万人）

年份 各区	2011年	2012年	2013年	2014年	2015年	2016年
全市	2018.6	2069.3	2114.8	2151.6	2170.5	2172.9
首都功能核心区	215	219.5	221.2	221.3	220.3	213.7
东城区	91	90.8	90.9	91.1	90.5	87.8
西城区	124	128.7	130.3	130.2	129.8	125.9
城市功能拓展区	986.4	1008.2	1032.2	1055	1062.5	1033.8
朝阳区	365.8	374.5	384.1	392.2	395.5	385.6
丰台区	217	221.4	226.1	230	232.4	225.5
石景山区	63.4	63.9	64.4	65	65.2	63.4
海淀区	340.2	348.4	357.6	367.8	369.4	359.3
城市发展新区	629.9	653	671.5	684.9	696.9	730.3
房山区	96.7	98.6	101	103.6	104.6	109.6
通州区	125	129.1	132.6	135.6	137.8	142.8
顺义区	91.5	95.3	98.3	100.4	102	107.5
昌平区	173.8	183	188.9	190.8	196.3	201
大兴区	142.9	147	150.7	154.5	156.2	169.4
生态涵养发展区	187.3	188.6	189.9	190.4	190.8	195.1
门头沟区	29.4	29.8	30.3	30.6	30.8	31.1
怀柔区	37.1	37.7	38.2	38.1	38.4	39.3
平谷区	41.8	42	42.2	42.3	42.3	43.7
密云区	47.1	47.4	47.6	47.8	47.9	48.3
延庆区	31.9	31.7	31.6	31.6	31.4	32.7

(2)北京市人口自然增长率及变化趋势

表1-3表明，2011年北京市人口自然增长率为4.02‰，2016年人口自然增长率为4.12‰，2011年到2016年北京市人口自然增长率呈上下波动趋势，整体增长率维持在4‰左右，其中2015年的人口自然增长率增长幅度变慢，增长率为3.01‰。

---

① 北京市统计局. 北京市区域统计年鉴[EB/OL]. http://tjj.beijing.gov.cn/nj/qxnj/2017/zk/indexch.htm，2018-04-15.

表1-3　北京市人口自然增长率①

年　份	人口自然增长率(‰)	趋　势
2011年	4.02	—
2012年	4.74	17.90%
2013年	4.41	−7.00%
2014年	4.83	9.50%
2015年	3.01	−37.68%
2016年	4.12	36.88%

根据表1-4可知，北京市各区人口自然增长率2011年到2016年整体呈小幅波动上升趋势，其中城市功能拓展区和城市发展新区自然增长率较高；2015年各区自然增长率相对其他年份增长缓慢，首都功能核心区和生态涵养发展区大体呈负增长。

表1-4　北京市各区人口自然增长率②

年份\各区	2016年	2015年	2014年	2013年	2012年	2011年
首都功能核心区	1.12	−0.07	3.42	4.54	3.03	2.13
东城区	0.07	−1.54	0.53	5.02	3.02	1.65
西城区	1.85	0.95	5.44	4.21	3.05	2.47
城市功能拓展区	4.57	4.3	4.6	4.9	5.11	4.02
朝阳区	4.58	5.4	5.08	5.66	4.9	3.74
丰台区	5.6	3.27	4.87	3.18	4.78	3.55
石景山区	3.02	1.45	3.56	3.16	5.08	5.04
海淀区	4.18	4.29	4.1	5.5	5.57	4.43
城市发展新区	4.77	2.98	6.31	4.61	5.47	5.38
房山区	4.72	2.02	6.08	3.82	4.28	3.79
通州区	2.66	2.22	4.5	3.83	4.16	4.84
顺义区	3.26	2.65	5.24	4.34	5.62	4.64

---

① 北京市统计局. 人口[EB/OL]. http://tjj.beijing.gov.cn/tjsj/cysj/201511/t20151109_311727.html, 2017-07-26.

② 北京市统计局. 北京统计年鉴. 常住人口自然变动[EB/OL]. http://tjj.beijing.gov.cn/nj/main/2016-tjnj/zk/indexch.htm, 2018-04-15.

续表

年份 各区	2016年	2015年	2014年	2013年	2012年	2011年
昌平区	5.89	1.81	7.73	4.83	6.08	6.23
大兴区	6.2	5.94	6.99	5.72	6.57	6.38
生态涵养发展区	2.62	−0.51	2.49	0.97	2.13	1.76
门头沟区	2.78	−0.65	−0.68	0.05	1.35	1.78
怀柔区	5.44	0.38	5.77	1.74	3.1	2.95
平谷区	2.92	−0.91	3.82	2.34	3.5	1.69
密云区	−0.29	−0.94	1.44	0.33	1.46	1.57
延庆区	3.04	−0.22	1.38	0.04	0.89	0.67

(3)北京市在园幼儿规模及变化趋势

北京市在园幼儿人数从2011年到2016年由31万人增长到41万人左右，呈逐年平稳上升趋势。其中2015年在园幼儿数增长幅度较高，增长率为8%。

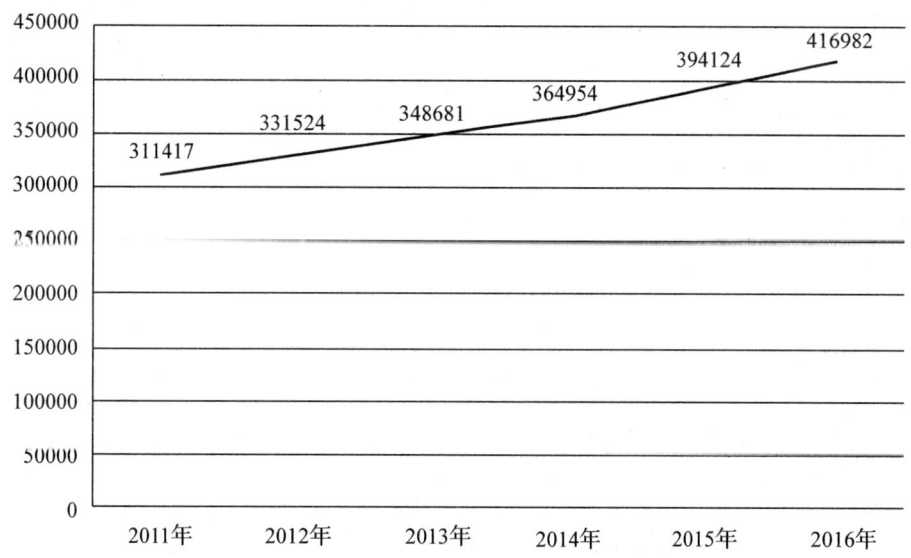

图1-2　北京市在园幼儿人数规模变化趋势

表1-5表明，北京市四大区域在园幼儿人数整体也呈上升趋势，首都功能核心区从28003人增长到33111人，增长了18.24%；城市功能拓展区从154756人增长到193394人，增长率为24.97%；城市发展新区从90881人增长到144687人，涨幅

59.20%；生态涵养发展区从 37777 人增长到 45790 人，增长了 21.21%。其中城市功能拓展区和城市发展新区在园幼儿数占全市在园幼儿数比重较多；朝阳区和海淀区是各区里在园幼儿人数最多的两个区。

表 1-5　北京市各区在园幼儿数① （单位：人）

年份 各区	2016 年	2015 年	2014 年	2013 年	2012 年	2011 年
首都功能核心区	33111	31591	29891	29107	28583	28003
东城区	15628	14464	13193	12722	12061	12355
西城区	17483	17127	16698	16385	16522	15648
城市功能拓展区	193394	183537	174167	169090	163886	154756
朝阳区	72166	66518	62329	58653	56171	53915
丰台区	43421	41724	40401	40694	40252	37040
石景山区	15328	14853	13409	13319	12393	11232
海淀区	62569	60442	58280	56424	55070	52569
城市发展新区	144687	136070	121776	110689	99203	90881
房山区	27281	30280	28878	28752	25953	24794
通州区	30371	28817	25455	20894	16505	14692
顺义区	25246	22749	19184	16962	15199	14247
昌平区	29707	25854	23294	20579	19885	17285
大兴区	32082	28370	24965	23502	21661	19863
生态涵养发展区	45790	42923	39120	39795	39852	37777
门头沟区	6302	5943	5241	5442	5470	5066
怀柔区	10125	9523	8642	9547	9534	9272
平谷区	10235	9098	8393	8113	7760	7149
密云区	11762	11316	10343	10253	10433	10065
延庆区	7366	7043	6501	6440	6655	6225

---

① 北京市统计局. 北京区域统计年鉴. 主要年份幼儿园在园幼儿数[EB/OL]. http://tjj.beijing.gov.cn/nj/qxnj/2017/zk/indexch.htm, 2018-04-15.

(4)北京市在园幼儿数占全国在园幼儿数比重

从表1-6可知,从2011年到2016年全国在园幼儿数从3424.45万人增长到4413.86万人,北京市在园儿童数从31.14万人增长到41.7万人,北京市在园儿童数占全国在园儿童数的比重从0.91%到0.95%。2011年至2013年北京市在园儿童数占全国在园儿童数的比重呈微幅下降趋势,但从2014年到2016年,呈上升趋势,由于北京市在园幼儿数所占全国在园幼儿数比重较小,整体比重变化趋势趋于平稳。

表1-6 北京市在园幼儿数占全国在园幼儿数的比重[①]

年 份	全国在园幼儿数（万人）	北京市在园幼儿数（万人）	比重（%）
2011年	3424.45	31.14	0.91
2012年	3685.76	33.15	0.90
2013年	3894.69	34.87	0.90
2014年	4050.71	36.5	0.90
2015年	4264.83	39.41	0.92
2016年	4413.86	41.7	0.95

(5)北京市在园幼儿数占全市总人口比重

表1-7说明2011年至2016年,北京市总人口从2019万人增长到2173万人,在园幼儿数从31.14万人增长到41.7万人,北京市在园幼儿数占全市人口比重从1.5%增长到2%,呈逐年增长趋势,2011年到2013年北京市在园幼儿数占全市人口的比重增长平缓,2014年到2016年变化幅度较大。

表1-7 北京市在园幼儿数占全市人口比重

年 份	总人口数（万人）	在园幼儿数（万人）	比重（%）
2011年	2019	31.14	1.5
2012年	2069	33.15	1.6
2013年	2115	34.87	1.6
2014年	2152	36.5	1.7
2015年	2171	39.41	1.9
2016年	2173	41.7	2.0

① 中华人民共和国国家统计局.学前教育在校学生数[EB/OL]. http://data.stats.gov.cn/easyquery.htm?cn=C01&zb=A0M0201&sj=2016,2018-04-15.

2. 北京市经济发展与教育财政基本情况

(1) 北京市 GDP 水平及其变化趋势

自 2011 年起至 2016 年,全北京市 GDP 的每年涨幅控制在 7%—12% 之间,2012 年和 2013 年的涨幅高于 2014 年和 2015 年,2016 年的涨幅最多;人均 GDP 的涨幅控制在 5%—11% 之间,与全市 GDP 的趋势相吻合。总体而言,从 2011 年至 2016 年全市 GDP 总体增长了 57.94%,人均 GDP 总体增长 44.75%,全市的生产总值和人均生产总值不断地稳步提高。

表 1-8 北京市 GDP 及人均 GDP[①]

年 份	生产总值（亿元）	比 重	人均生产总值（元/人）	增长率
2011 年	16251.93	—	81658	—
2012 年	17879.4	10.00%	87475	7.12%
2013 年	19800.81	10.74%	94648	8.20%
2014 年	21330.83	7.72%	99995	5.65%
2015 年	23014.59	7.90%	106497	6.50%
2016 年	25669.13	11.53%	118198	10.99%

(2) 北京市教育经费总额及变化趋势

2015 年北京市教育经费总额达到 1117.1 亿元。从 2013 年至 2015 年的数据可以看出,教育经费的投入虽连年增多,但是涨幅却呈下降趋势,特别是 2013 年至 2014 年涨幅急剧下滑。其主要原因在于北京市教育经费将市级投入基础教育的部分资金调整为市对区县教育一般性转移支付。

表 1-9 北京市教育经费情况[②]

年 份	全市教育经费(万元)	增长率
2011 年	7373843	—
2013 年	9998366	35.59%
2014 年	10937374	9.39%
2015 年	11171250	2.13%

---

① 中华人民共和国国家统计局[EB/OL]. http://data.stats.gov.cn/easyquery.htm?cn=E0103&zb=A0201&reg=110000&sj=2011,2018-4-17.

② 中华人民共和国国家统计局[EB/OL]. http://data.stats.gov.cn/easyquery.htm?cn=E0103&zb=A0M0B&reg=110000&sj=2016,2018-4-17.

(3)北京市财政性教育经费总额及其变化趋势

全市财政性教育经费浮动与教育经费基本一致。除 2012 年数据缺失外,从 2013 年至 2015 年的数据可以看出,财政性教育经费的投入虽连年增多,但是涨幅却呈下降趋势,主要原因是将市本级投入基础教育的部分资金调整为市对区县教育一般性转移支付。

表 1-10　全市国家财政性教育经费情况①

年　份	全市国家财政性教育经费(万元)	增长率
2011 年	6277348	—
2013 年	8941899	42.44%
2014 年	9683640	8.30%
2015 年	9810774	1.31%

(二)北京市学前教育发展的政策法规保障体系

国家层面的法规、政策,以及北京市相关法规、政策等,共同构成了保障和促进北京市学前教育发展的政策法规保障体系。主要包括国家层面的法律法规,如《中华人民共和国教育法》(1995 年)、《中华人民共和国教师法》(1993 年)、《中华人民共和国未成年人保护法》(1991 年)、《中华人民共和国民办教育促进法》(2002 年)、《中华人民共和国反家庭暴力法》(2015 年)、《幼儿园管理条例》(1989 年)和《幼儿园工作规程》(2016 年);国家层面的重要政策与专业标准,如《国家中长期教育改革和发展规划纲要(2010—2020 年)》(2010 年)、《国务院关于当前发展学前教育的若干意见》(2010 年)、《幼儿园教育指导纲要(试行)》(2001 年)、《3—6 岁儿童学习与发展指南》(2012 年)、《幼儿园教师专业标准(试行)》(2012 年)、《幼儿园园长专业标准》(2015 年)、《第一期学前教育三年行动计划(2011—2013 年)》、《第二期学前教育三年行动计划(2014—2016 年)》、《第三期学前教育三年行动计划(2017—2020 年)》等;以及北京市层面的重要法规与政策,如《北京市学前教育条例》(2001 年)、《北京市中长期教育改革和发展规划纲要(2010—2020 年)》(2010 年),以及《北京市第一期学前教育三年行动计划(2011—2013)》、《北京市第二期学前教育三年行动计划(2015—2017)》、《北京市第三期学前教育三年行动计划》。

1. 国家学前教育政策法规概要

国家教育法律法规和学前教育法规政策的颁布是北京市学前教育政策制定的基础。

---

① 中华人民共和国国家统计局[EB/OL]. http://data.stats.gov.cn/easyquery.htm? cn=E0103&zb=A0M0B&reg=110000&sj=2016,2018-4-17.

特别是《中华人民共和国教育法》《中华人民共和国教师法》《中华人民共和国未成年人保护法》《幼儿园管理条例》《幼儿园工作规程》等国家法律法规为学前教育事业发展提供了最根本的法规依据和基础；《国家中长期教育改革与发展规划纲要(2010—2020年)》《幼儿园教育指导纲要(试行)》《幼儿园教师专业标准(试行)》《北京市中长期教育改革和发展规划纲要(2010—2020年)》国家与北京市三期学前教育"三年行动计划"等为北京市学前教育发展、各类学前教育机构的教育教学与管理提供了重要指导、政策依据与专业标准。

(1)《中华人民共和国教育法》[①]

1995年3月18日，第八届全国人民代表大会第三次会议通过了《中华人民共和国教育法》(以下简称《教育法》)。该法颁布经历了2009年8月27日第十一届全国人民代表大会常务委员会第十次会议《关于修改部分法律的决定》第一次修正以及2015年12月27日第十二届全国人民代表大会常务委员会第十八次会议《关于修改〈中华人民共和国教育法〉的决定》第二次修正，自2016年6月1日起施行。《教育法》是我国教育工作的根本大法，是依法治教的根本大法。《教育法》的颁布是关系中国教育改革与发展和社会主义现代化建设全局的一件大事，对落实教育优先发展的战略地位，促进教育的改革与发展，建立具有中国特色的社会主义现代化教育制度，维护教育关系主体的合法权益，加速教育法制建设，提供了根本的法律保障。《教育法》的颁布，标志着中国教育工作进入全面依法治教的新阶段，对我国教育事业的改革与发展，以及社会主义物质文明和精神文明建设将产生重大而深远的影响。

(2)《中华人民共和国教师法》[②]

《中华人民共和国教师法》(以下简称《教师法》)于1993年10月31日在第八届全国人民代表大会常务委员会第四次会议上通过，自1994年1月1日起施行。《教师法》的基本精神是用法律来维护教师的合法权益，保障教师待遇和社会地位的不断提高；加强教师队伍的规范化管理，确保教师队伍整体素质不断优化和提高。该法律调整对象的范围包括幼儿园、特殊教育机构、普通中小学、成人初等中等教育机构、职业中学以及其他教育机构的教师。

(3)《中华人民共和国未成年人保护法》[③]

《中华人民共和国未成年人保护法》(以下简称《未成年人保护法》)经1991年9月4

---

① 中华人民共和国教育部[EB/OL]. http：//www.moe.gov.cn/s78/A02/zfs_left/s5911/moe_619/201512/t20151228_226193.html，2018-7-22.

② 中华人民共和国教育部[EB/OL]. http：//www.moe.gov.cn/s78/A02/zfs_left/s5911/moe_619/tnull_1314.html，2018-7-22.

③ 北京市东城区妇女联合会[EB/OL]. http：//fl.bjdch.gov.cn/n2996035/n2996082/c5795852/content.html，2018-7-22.

日七届全国人大常委会第21次会议通过,1991年9月4日,中华人民共和国第50号主席令公布;根据2012年10月26日十一届全国人大常委会第29次会议通过、2012年10月26日中华人民共和国第65号主席令公布的《全国人民代表大会常务委员会关于修改〈中华人民共和国未成年人保护法〉的决定》第2次修正。《未成年人保护法》分总则、家庭保护、学校保护、社会保护、司法保护、法律责任、附则7章72条,自2013年1月1日起施行。该法对于保护包括学龄前儿童在内的未成年人的身心健康,保障未成年人的合法权益,促进未成年人在品德、智力、体质等方面全面发展,具有重要意义并提供了重要法律依据。

(4)《中华人民共和国民办教育促进法》[①]

《中华人民共和国民办教育促进法》(以下简称《民办教育促进法》),是为实施科教兴国战略,促进民办教育事业的健康发展,维护民办学校和受教育者的合法权益,根据《宪法》和《教育法》而制定的。2002年12月28日第九届全国人民代表大会常务委员会第三十一次会议通过,2013年6月29日第十二届全国人民代表大会常务委员会第三次会议第一次修正,2016年11月7日第十二届全国人民代表大会常务委员会第二十四次会议第二次修正。依据该法规定,举办实施学历教育、学前教育、自学考试助学及其他文化教育的民办学校,由县级以上人民政府教育行政部门按照国家规定的权限审批。这是我国民办幼儿园设立与管理的重要法律依据。

(5)《中华人民共和国反家庭暴力法》[②]

《中华人民共和国反家庭暴力法》(以下简称《反家庭暴力法》)是为了预防和制止家庭暴力,保护家庭成员的合法权益,维护平等、和睦、文明的家庭关系,促进家庭和谐与社会稳定而制定的。于2015年12月27日第十二届全国人民代表大会常务委员会第十八次会议通过,2016年3月1日起施行。家庭暴力不仅是对家庭秩序的破坏,也是对包括学龄前儿童在内的家庭成员身心健康的严重威胁,更是对社会文明和法治底线的突破。《反家庭暴力法》对保护包括幼儿在内的家庭成员不遭受家庭暴力侵犯提供了法律保障,它也构成了《幼儿园工作规程》(2016年)相关条款修订的重要法律依据和基础,该法的颁布实施在我国法制建设与儿童权益保障进程中具有里程碑式的意义。

(6)《国家中长期教育改革和发展规划纲要(2010—2020年)》[③]

教育事关民族兴旺、人民福祉和国家未来。当前,我国现代化建设面临许多困难和挑战。保持经济平稳较快发展,推动产业结构升级,转变经济发展方式,建设资源节约型和环境友好型社会,必须紧紧依靠科技进步和提高劳动者素质。发展文化、科

---

① 中国法律法规信息库[EB/OL]. http://law.npc.gov.cn/FLFG/flfgByID, 2018-7-22.
② http://www.npc.gov.cn/npc/xinwen/2015-12/28/content_1957457.htm, 2018-7-22.
③ 中华人民共和国教育部[EB/OL]. http://old.moe.gov.cn/publicfiles/business/htmlfiles/moe/info_list/201407/xxgk_171904.html, 2018-7-22.

技、教育、卫生等社会事业，推进民主法治建设和社会公平正义，同样需要培养大批高素质的各类人才。教育事业涉及千家万户，关乎群众切身利益。为群众提供公平的受教育机会，满足群众对发展教育的期望，推动教育在更高的起点上实现更大的发展，切实解决人民群众极为关注的"上学难、上好学"的问题，这是人民的需要，也是经济社会发展的要求。党的十七大对优先发展教育，建设人力资源强国提出了新任务新要求。根据中央的总体部署，结合当前教育事业发展的实际，国务院于2010年制定并颁布了《国家中长期教育改革和发展规划纲要（2010—2020年）》（以下简称《规划纲要》）。这是进入21世纪以来我国第一个教育规划，是符合中国国情和时代特点的规划，对我国教育事业的发展乃至整个现代化事业具有重大意义。

《规划纲要》提出到2020年基本普及学前教育的发展目标，这是国家在2000年基本普及义务教育之后，为实现更高水平的普及教育而做出的又一重大决策。党中央、国务院领导多次批示，要求把积极发展学前教育、着力解决"入园难"作为贯彻落实《规划纲要》的突破口和紧迫任务，充分体现了新时期新阶段党和国家对推动学前教育改革和发展的高度重视。

(7)《幼儿园工作规程》①

新版《幼儿园工作规程》（以下简称《规程》）是为加强幼儿园的科学管理，规范办园行为，提高保育和教育质量，促进幼儿身心健康，依据《中华人民共和国教育法》等法律法规制定的。2015年12月14日第48次教育部部长办公会议审议通过，2016年3月1日起施行。2016年新修订的《规程》主要做了以下方面的修订：一是坚持立德树人。进一步强调幼儿园要坚持国家的教育方针，遵循幼儿身心发展特点和规律，实施德、智、体、美诸方面全面发展的教育，促进其身心和谐发展。二是强化安全管理。专设"幼儿园的安全"一章，明确要求幼儿园要建立健全设备设施、食品药品以及与幼儿活动相关的各项安全防护和检查制度，建立安全责任制和应急预案。在"幼儿园的卫生保健"一章中，对建立与幼儿身心健康相关的一系列卫生保健制度做了明确规定。三是规范办园行为。新修订的《规程》对幼儿园的学制、办园规模、经费、资产、信息等方面的管理提出了明确要求。四是注重与法律法规和有关政策的衔接。一方面是做好与现行法律政策规定的衔接，如：近年下发的《幼儿园教育指导纲要（试行）》《3—6岁儿童学习与发展指南》对幼儿园的教育目标、内容、教育活动组织等提出了清晰而具体的要求，修订《规程》时将这些方面的要求改为一些原则性规定；《托儿所幼儿园卫生保健管理办法》对幼儿园卫生保健工作提出了很多新要求，《规程》与之做了相应衔接；根据新颁布的《反家庭暴力法》，增加了幼儿园应当进行反家庭暴力教育和发现家暴情况及时

---

① 中华人民共和国教育部. 幼儿园工作规程[EB/OL]. http：//www.moe.gov.cn，2018-7-22.

报案的规定。另一方面,《教育法》《民办教育促进法》《语言文字法》等法律法规对学校一些具体办学行为做了明确规定的,《规程》不再重复提出要求。五是完善幼儿园内部管理机制。要求幼儿园进一步加强科学民主管理,强化了家长委员会的职能作用,家长委员会应参与幼儿园重要决策和事关幼儿切身利益事项的管理。强调幼儿园应当建立教研制度,加强教育教学研究,研究解决教师在保教工作中遇到的实际问题。

(8)《幼儿园管理条例》①

《幼儿园管理条例》是为了加强幼儿园的管理,促进幼儿教育事业的发展而制定的法规。1989年8月20日,《幼儿园管理条例》经国务院批准,1989年9月11日中华人民共和国国家教育委员会令第4号发布,自1990年2月1日起施行。《幼儿园管理条例》是政府加强对幼儿教育管理和指导的重要行政法规和部门规章。它的施行对使我国学前教育逐步走上依法治教的轨道,推动幼教事业的健康发展和管理工作的科学化起到了重要作用。

(9)《幼儿园教育指导纲要(试行)》②

为进一步贯彻第三次全国教育工作会议和全国基础教育工作会议精神,落实《国务院关于基础教育改革与发展的决定》,推进幼儿园实施素质教育,全面提高幼儿园教育质量,我国从2001年9月起试行《幼儿园教育指导纲要(试行)》(以下简称《纲要》)。《纲要》共分为总则、教育内容与要求、组织与实施、教育评价四个部分,其中对教育内容与要求中的五大领域活动均作了目标、过程和指导要点的详述。总则提出《纲要》是根据党的教育方针和《幼儿园工作规程》制定的,是指导广大幼儿园教师将《规程》的教育思想和观念转化为教育行为的指导性文件。

(10)《3—6岁儿童学习与发展指南》③

为深入贯彻《国家中长期教育改革和发展规划纲要(2010—2020年)》和《国务院关于当前发展学前教育的若干意见》(2010年),指导幼儿园和家庭实施科学的保育和教育,促进幼儿身心全面和谐发展,教育部于2012年10月9日正式颁布《3—6岁儿童学习与发展指南》(以下简称《指南》)。《指南》从健康、语言、社会、科学、艺术五个领域描述幼儿的学习与发展。每个领域按照幼儿学习与发展最基本、最重要的内容划分为若干方面。每个方面由学习与发展目标和教育建议两部分组成。目标部分分别对3—4岁、4—5岁、5—6岁三个年龄段末期幼儿应该知道什么、能做什么,大致可以达到什么发展水平提出了合理期望,指明了幼儿学习与发展的具体方向;教育建议部分列举了

---

① 中华人民共和国教育部.幼儿园管理条例[EB/OL].http://www.moe.gov.cn,2018-7-22.
② 中华人民共和国教育部.幼儿园教育指导纲要(试行)[EB/OL].http://www.moe.gov.cn,2018-7-22.
③ 中华人民共和国教育部.3—6岁儿童学习与发展指南[EB/OL].http://www.moe.gov.cn,2018-7-22.

一些能够有效帮助和促进幼儿学习与发展的教育途径与方法。并且提出要关注幼儿学习与发展的整体性，尊重幼儿发展的个体差异，理解幼儿的学习方式和特点以及重视幼儿的学习品质。《指南》对防止和克服学前教育"小学化"现象也提出了具体方法和建议。

(11)《国务院关于当前发展学前教育的若干意见》①及学前教育三年行动计划

2010年11月21日，国务院以国发〔2010〕41号印发《关于当前发展学前教育的若干意见》，从十大方面提出指导意见，着力解决"入园难"问题，满足适龄儿童入园需求，促进学前教育事业科学发展。并且明确要求各省（区、市）以县为单位编制实施学前教育三年行动计划。实施学前教育三年行动计划是国务院为加快发展学前教育、缓解"入园难"问题而做出的一项重大决策。目前，学前教育三年行动计划已进入第三期阶段。第一期（2011—2013年）行动计划，以扩大教育资源为主，首先缓解"入园难"；第二期（2014—2016年）行动计划，继续扩大教育资源总量，提高入园率，解决"有园上"的同时，坚持公益普惠、注重可持续发展、强化政府职责、落实地方政府发展学前教育的主体责任，发挥中央财政引导激励作用，实现"上得起"；第三期（2017—2020年）行动计划，完善体制机制，实现科学保教制度化，在全国基本普及"有质量"的学前教育。

(12)《幼儿园教师专业标准（试行）》②

为促进幼儿园教师专业发展，建设高素质幼儿园教师队伍，依据《中华人民共和国教师法》等相关法律法规，教育部于2012年颁布了《幼儿园教师专业标准（试行）》（以下简称《专业标准》）。幼儿园教师是履行幼儿园教育工作职责的专业人员，需要经过严格的培养与培训，具有良好的职业道德，掌握系统的专业知识和专业技能。《专业标准》是国家对合格幼儿园教师专业素质的基本要求，是幼儿园教师开展保教活动的基本规范，是引领幼儿园教师专业发展的基本准则，是幼儿园教师培养、准入、培训、考核等工作的重要依据。

2. 北京市学前教育政策法规概要

(1)《北京市中长期教育改革和发展规划纲要（2010—2020年）》③

为贯彻落实《国家中长期教育改革和发展规划纲要（2010—2020年）》，促进北京市教育事业科学发展，进一步提高北京市教育现代化水平，加快推进"人文北京、科技北

---

① 中央人民政府网[EB/OL]. http：//www.gov.cn/gongbao/content/2010/content_1758217.htm，2018-7-22.

② 中华人民共和国教育部. 幼儿园教师专业标准（试行）[EB/OL]. http：//www.moe.gov.cn，2018-7-22.

③ 中华人民共和国教育部[EB/OL]. http：//old.moe.gov.cn/publicfiles/business/htmlfiles/moe/s5520/201104/117401.html，2018-7-22.

京、绿色北京"战略和中国特色世界城市建设，北京市制定了《北京市中长期教育改革和发展规划纲要（2010—2020年）》，其内容共分为十三个章节，包括总体战略、基础教育、职业教育、高等教育、学习型城市建设、教育体制改革、教育开放与合作、教师队伍建设、教育资源空间布局与经费保障、教育信息化、依法治教、重大项目和改革试点、加强对教育事业的组织领导等内容。

其中在基础教育中提出要大力发展学前教育，在指标方面规定2015年毛入园率要达到95%，2020年毛入园率达到99%。在2010—2020年中，全面提升学前教育的供给能力，为适龄幼儿提供充足的入园机会；统筹规划幼儿园布局；加强学前教育管理，为学前教育的整体发展提供了方向性的引领。

(2)《北京市"十二五"时期教育改革和发展规划》①

《北京市"十二五"时期教育改革和发展规划》是根据《北京市国民经济和社会发展第十二个五年规划纲要》《北京市中长期教育改革和发展规划纲要（2010—2020年）》精神和"十二五"时期首都教育事业发展的需要，由北京市教育委员会、北京市发展和改革委员会共同编制完成的，于2012年2月正式颁布。该规划提出了今后五年北京市教育事业的发展思路、发展目标、重点任务和政策措施，是北京市"十二五"规划体系的重要组成部分，也是"十二五"时期北京市包括学前教育在内的各级教育事业发展的重要指导性文件。

(3)《北京市学前教育条例》②

为促进和保障本市学前教育事业的发展，提高学前教育质量，根据《中华人民共和国教育法》《中华人民共和国未成年人保护法》及相关法律法规，结合本市实际情况，经2001年6月22日北京市第十一届人民代表大会常务委员会第二十七次会议通过《北京市学前教育条例》（以下简称《条例》）。《条例》内容包括总则、学前教育责任、学前教育机构和从业人员、学前教育保障、法律责任和附则等六部分内容。该条例适用于本市行政区域内各种形式的学前教育机构，包括幼儿园、托儿所以及其他对学龄前儿童实施教育的机构。

(4)《北京市学前教育三年行动计划（2011—2013年）》③

为贯彻落实《国务院关于当前发展学前教育的若干意见》精神，推动本市学前教育科学发展，解决当前存在的"入园难"问题，结合本市学前教育发展特点，北京市教育

---

① 首都之窗[EB/OL]. http://zhengwu.beijing.gov.cn/gh/gh/zxgh/t1416644.htm, 2018-7-22.
② 国务院妇女儿童工作委员会[EB/OL]. http://www.nwccw.gov.cn/2017-03/20/content_143011.htm, 2018-7-22.
③ 首都之窗[EB/OL]. http://zfxxgk.beijing.gov.cn/110001/szfwj/2011-05/27/content_d72c6da582754812b7d905e0d7ba368d.html, 2018-7-22.

委员会于2011年制定《北京市学前教育三年行动计划(2011—2013年)》，内容包括发展现状、发展目标、主要举措以及工作要求四方面。提出近年来，北京市学前教育事业有较大发展，全市适龄幼儿入园率达85%，并且教育经费逐年提高，幼儿园办园条件得到显著改善，但现在仍存在一些问题，包括：学前教育资源总量不足、城乡之间、区域之间的学前教育资源分布不均衡、幼儿园运行成本日益增加和城乡接合部地区无证办园存在安全、质量等问题突出的情况。并提出应对上述问题的六项主要举措与工作要求，从决策者到各类幼儿园主体以及监管部分都做了明确规定，要求形成推动学前教育发展的合力。

(5)《北京市第二期学前教育三年行动计划(2015—2017年)》[1]

为深入贯彻落实党的十八大关于"办好学前教育"和十八届三中全会关于"推进学前教育改革发展"精神，认真落实《国务院关于当前发展学前教育的若干意见》，结合教育部等部门有关工作要求，推动本市学前教育持续健康发展，在实施《北京市学前教育三年行动计划(2011—2013年)》的基础上，结合当前全市学前教育发展实际，制定《北京市第二期学前教育行动计划(2015—2017年)》。内容包括：发展现状、主要目标、重点项目以及保障措施等四方面。强调要大力发展学前教育，新建、改扩建一批公办幼儿园，扶持发展普惠性民办幼儿园。

(6)《北京市第三期学前教育行动计划》[2]

2018年1月，北京市发布《北京市第三期学前教育行动计划》(以下简称第三期《行动计划》)，提出将大力支持普惠性民办幼儿园发展，到2020年基本建成广覆盖、保基本、有质量的学前教育公共服务体系，适龄儿童入园率达到85%以上，新建20万个幼儿园学位。第三期《行动计划》主要目标的核心是实现公办幼儿园和普惠性民办幼儿园的"双普计划"，重点是扩大学位供给，难点要调动社会力量积极性，提出师资培养和培训是关键，第三期《行动计划》的最终任务是要解决无证办园问题。

综上，"十二五"以来，北京市依据国家学前教育发展总目标与要求，结合本市实际发展情况与重点，制定了一系列政策支持学前教育事业发展。在此过程中，通过强化政府和各级有关部门在学前教育事业中的发展责任、加大财政投入力度、科学规划事业发展区域与重点、增加学位投放、加强师资队伍建设、加强督导等措施，大力推进学前教育事业发展，取得了较为突出的成效。

---

[1] 首都之窗[EB/OL]. http://zhengwu.beijing.gov.cn/gh/xbqtgh/t1433068.htm，2018-7-22.
[2] 首都之窗[EB/OL]. http://zhengce.beijing.gov.cn/library/192/33/50/438650/1544760/index.html，2018-7-22.

二、学前教育学位大幅扩充,"入园难"问题得到初步缓解

增加学前教育学位是深化教育供给侧结构性改革,推进教育公平的重要举措,幼儿园学位扩充对缓解"入园难"问题具有重要作用。

(一)园所概况

1. 北京市幼儿园总规模及其变化趋势

北京市"十二五"以来,幼儿园园所总数呈现增长趋势。2010年全市共计1245所幼儿园,2015年增加到1487所,"十三五"初期2016年增加至1570所,除了2012年园所数减少外,其余各年均以每年40—80所幼儿园的增长量增加。班级个数、在园人数数量逐年增加(详见表1-11)。

表1-11 2010—2016年北京市幼儿园总规模①

年份	园数(所)	班数(个)	离园人数(人)	入园人数(人)	在园人数(人)
2010	1245	9883	68135	105048	276994
2011	1305	11213	76790	115539	311417
2012	1266	11882	79131	115248	331524
2013	1384	12580	88322	128106	348681
2014	1426	13245	96478	133977	364954
2015	1487	14098	101928	149042	394121
2016	1570	14913	99626	152769	416982

2010—2016年,入园幼儿人数除在2012年同比上年减少约300人以外,其他各年每年约以万人为单位增长,如,2013年入园幼儿人数比上年增加1.3万,2015年入园幼儿人数比上年增加1.6万(详见表1-11和图1-3)。

对1992年以后有数据可查的北京市幼儿园历年入园人数变化进行分析发现,1992年至2006年,北京市入园幼儿人数呈现下降趋势,尤其在1995—1996年下降幅度最大。2006年北京市幼儿入园人数处于最低位,之后每年的入园幼儿人数呈现增长趋势(见图1-4)。

---

① 北京市统计局网. 北京统计年鉴2017[EB/OL]. http://www.bjstats.gov.cn,2018-6-5.

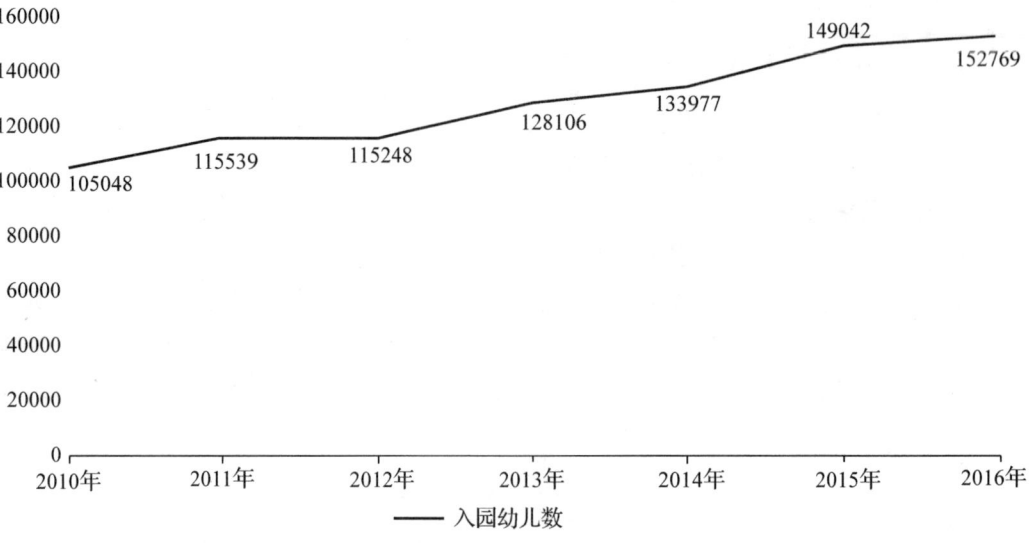

图 1-3　2010—2016 年北京市入园幼儿数变化趋势①（单位：人）

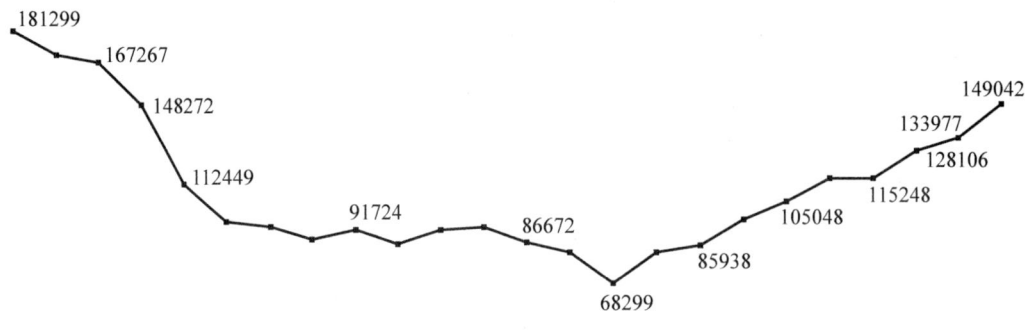

图 1-4　自有统计数据以来北京市幼儿园历年入园人数变化图（单位：人）②

2006 年以来，幼儿在园人数每年均以万人的增长量增长，其中 2010 年至 2012 年增长幅度略大于其他年度，2010 年在园幼儿人数为 276994 人，2016 年增长到 416982 人，七年间增加了约 14 万名幼儿。幼儿学位大幅扩充，幼儿"入园难"问题得到初步缓解。

---

①　北京市统计局网．北京统计年鉴 2017[EB/OL]．http：//www.bjstats.gov.cn，2018-6-5．
②　北京市学前教育质量监测报告(1)监测结果综合分析．

2. 城乡幼儿园规模及变化趋势

国家统计局发布的《关于统计上划分城乡的规定（试行）》，将我国地理区域划分为城镇（城市和镇）和乡村（集镇和农村）。城乡划分一方面反映了人口聚集的规模和密度，另一方面用于区分两大经济类型，真实反映我国社会经济面貌的变化情况，使城乡密切协作，互相促进，共同发展。

根据《北京统计年鉴2017》数据显示：2010—2016年北京市城区、镇区、乡村幼儿园情况如下[①]：

表1-12　2010—2016年北京市城区幼儿园基本情况

年份	园数（所）	班数（个）	在园幼儿数（人）
2010	796	7646	216235
2011	919	9113	256765
2012	922	9821	275250
2013	970	10260	287577
2014	1031	10887	303618
2015	1082	11502	324586
2016	1149	12188	343683

2010—2016年北京城区幼儿园在园所数量、班级数等方面均呈稳步增长趋势，在园幼儿数由2010年的216235人，增长到2016年343683人，增幅达到1.6倍。

表1-13　2010—2016年北京市镇区幼儿园基本情况

年份	园数（所）	班数（个）	在园幼儿数（人）
2010	176	1178	35040
2011	188	1269	35711
2012	179	1272	37044
2013	208	1487	40986
2014	197	1458	39862
2015	197	1590	44339
2016	192	1579	44773

[①] 北京市统计局网. 北京统计年鉴2017. 十九、教育与文化篇19—11幼儿园基本情况[EB/OL]. http://tjj.beijing.gov.cn/nj/main/2017-tjnj/zk/indexch.htm，2018-4-20.

2010—2016年北京市镇区幼儿园在园所数量、班级数、在园幼儿数等方面均呈稳步增长趋势,在园幼儿数由2010年的35040人,增长到2016年44773人,增加了9733人;但在2014年,镇区幼儿园所数量、班级数、在园幼儿数,数量均比2013年有所减少;2015年,班级数和在园幼儿人数呈现增长,尤其在园人数上,比上年增长了4477人,在六年间增长人数最多。2016年班级数比上年减少11个,幼儿在园人数增加434人。

表1-14 2010—2016年北京市乡村幼儿园基本情况

年份	园数(所)	班数(个)	在园幼儿数(人)
2010	273	1059	25719
2011	198	831	18941
2012	165	789	19230
2013	206	833	20118
2014	198	900	21474
2015	208	1006	25196
2016	229	1146	28526

2010—2012年北京市乡村幼儿园在园所数量、班级数、在园幼儿数等方面均呈减少趋势,但在2013年均有所增长,与2010年相比,2014年乡村幼儿园数量、在园幼儿数等均呈下降趋势,2015—2016年,北京市乡村幼儿班级数和在园幼儿数增长明显,班级数上,2015年比2014年增加106个,在园幼儿数比上年增加3722人;2016年班级数比上年增加140个,在园幼儿数比上年增加3330人。

通过对2010—2016年,北京市城区、镇区、乡村幼儿园园所数量对比发现,北京市城区幼儿园数量最多且呈现逐年增长趋势,尤其在2010—2011年增加了123所,2013—2014年增加了61所。镇区幼儿园和乡村幼儿园数量基本持平,2016年镇区和乡村幼儿园总数约占城区幼儿园总数的37%;相对而言,在城区、镇区,幼儿园数量增加的趋势下,乡村幼儿园数量减幅较大,由2010年的273所减少到2016年229所。

3. 北京市各区县幼儿园规模及变化趋势

依据北京市统计局发布的《北京区域统计年鉴2017》[①],从2010年各区幼儿园数量的分布状况来看,房山区幼儿园数量在北京市各区中的数量最多为183所,其次为朝阳区和海淀区,门头沟区幼儿园数最少。2016年,朝阳区、海淀区、通州区幼儿园数

---

① 北京市统计局网. 北京区域统计年鉴2017[EB/OL]. http://www.bjstats.gov.cn, 2018-6-5.

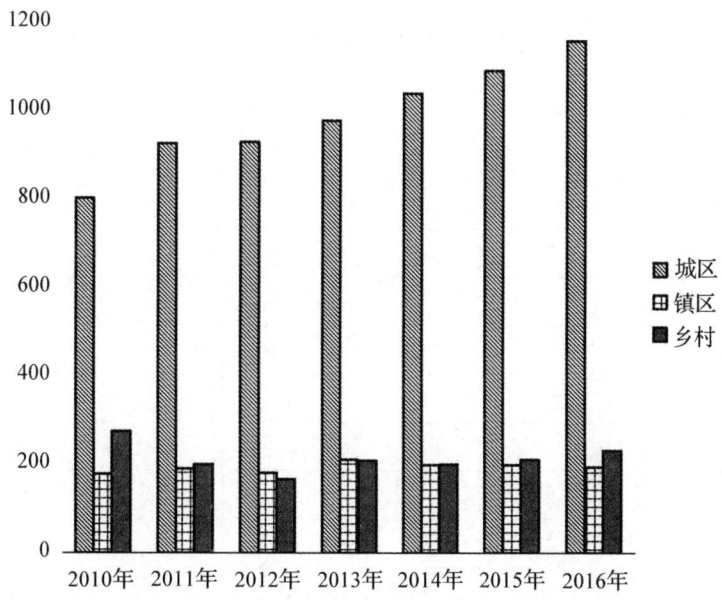

图 1-5　2010—2016 年城乡幼儿园园所数对比图

量最多，房山区幼儿园数量减少到 112 所，与 2010 年相比减少了 71 所幼儿园。

2010—2016 年北京市各区幼儿园数量整体呈现增长趋势，但各区情况增长数量上略有不同。东城区和西城区七年间幼儿园数量基本持平，略有增长，2016 年相比 2010 年，东城区增加了一所幼儿园，西城区增加了 6 所，延庆区增加了 8 所。幼儿园数量七年间增长幅度较大的区有：朝阳区增加了 71 所幼儿园，通州区增加了 67 所幼儿园；昌平区增加了 49 所，顺义区增加了 42 所，丰台区增加了 34 所；其他各区均增加了10—20 所幼儿园。

表 1-15　2010—2016 年各区幼儿园数(所)汇总表

各　区	幼儿园数(所)						
	2010	2011	2012	2013	2014	2015	2016
全　市	1245	1305	1266	1384	1426	1487	1570
东 城 区	51	51	50	51	50	51	52
西 城 区	63	63	67	69	68	69	69
朝 阳 区	165	177	183	191	203	214	236
丰 台 区	109	116	127	127	132	139	143
石景山区	35	38	44	47	48	50	54

续表

各 区	幼儿园数(所)						
	2010	2011	2012	2013	2014	2015	2016
海淀区	152	152	153	153	155	160	163
房山区	183	188	102	103	103	104	112
通州区	74	77	79	126	136	138	141
顺义区	55	60	59	78	83	96	97
昌平区	83	85	93	103	111	112	132
大兴区	62	54	60	65	71	77	86
门头沟区	16	16	16	23	28	29	32
怀柔区	42	67	70	68	52	63	66
平谷区	52	53	54	58	62	63	62
密云区	57	60	62	67	68	70	71
延庆区	46	48	47	55	56	52	54

4. 北京市不同类别幼儿园规模及变化趋势

对2010—2016年北京市公办幼儿园与民办幼儿园的规模进行对比发现，两类幼儿园在园所数、在园幼儿数上都呈现增长趋势，相对而言，民办园园所增长数高于公办园，民办幼儿园园所数七年间增加了190所，公办园增加了135所；虽然民办园园所增长量高于公办园，但在在园幼儿数方面，公办园七年间增长量72777人，高于民办园

表1-16 北京市公办、民办幼儿园基本情况对比

年份	园数(所)		在园幼儿数(人)		师幼比(专任教师)	
	公办	民办	公办	民办	公办	民办
2010	800	445	193264	83730	14	10.6
2011	797	508	210939	100478	13.9	11.1
2012	815	451	226003	105521	13.5	11
2013	866	518	226994	121687	12.8	11.1
2014	894	532	238007	126947	12	10.7
2015	913	574	254485	139636	12	10.9
2016	935	635	266041	150941	11.9	11

67211 人；师幼比方面(指专任教师与幼儿的比例)，虽然七年间公办园师幼比逐年提升，由 2010 年 1∶14 提升到 1∶12，但公办园的师幼比低于民办园，表明公办园在师资量上仍存在较大缺口。

(二)在园幼儿数

1. 北京市在园幼儿总数及其变化趋势

2010 年至 2016 年以来，北京市在园幼儿数均呈稳步增长趋势，七年间北京市在园幼儿人数由 276994 人，增长到 416982 人，增加了将近 14 万人，每年基本以 2 万—3 万人的速度增长，其中 2010—2011 年的在园幼儿数增长幅度最大为 34423 人[①]（见图 1-6）。

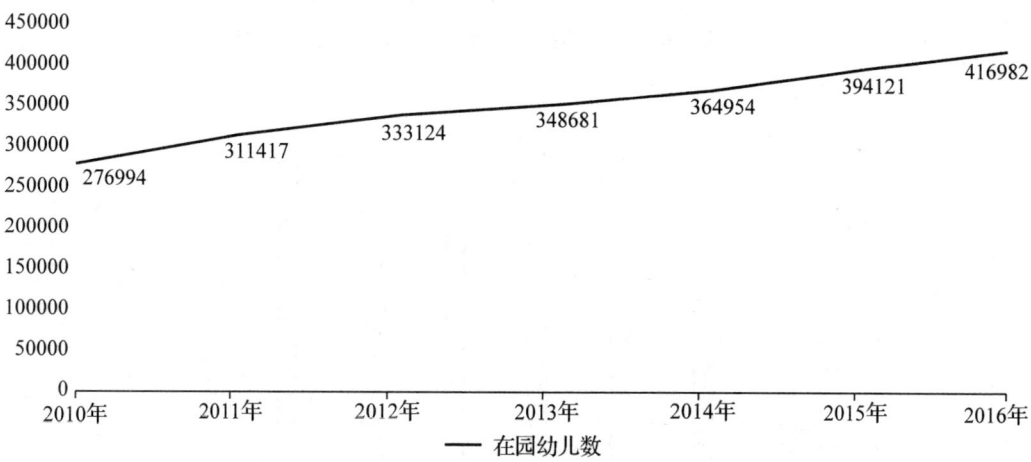

图 1-6　2010—2016 年北京市在园幼儿数变化趋势图

对 1978 年以后有数据可查的北京市幼儿园在园人数变化进行分析发现，1992 年北京市幼儿在园人数达到高峰，1992 年至 2006 年一直呈现下降趋势；2006 年北京市幼儿在园人数处于最低位，之后每年的入园幼儿人数呈现增长趋势[②]（详见图 1-7）。

2. 城乡在园幼儿数及变化趋势

通过对 2010—2016 年，北京市城区、镇区、乡村在园幼儿数量对比发现，北京市城区在园幼儿数量最多且呈现逐年增长趋势；镇区和乡村幼儿园在园幼儿数量六年间基本持平，2016 年镇区和乡村幼儿园在园幼儿总数约占城区幼儿园幼儿在园总数的 21%。

---

①　北京市统计局. 北京统计年鉴 2017[EB/OL]. http：//tjj. beijing. gov. cn/nj/main/2017-tjnj/zk/indexch. htm，2018-4-20.

②　北京市学前教育质量监测报告(1)监测结果综合分析.

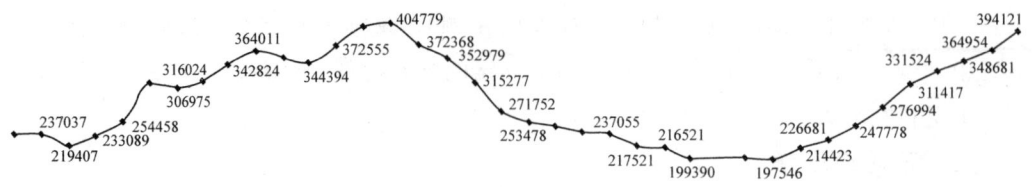
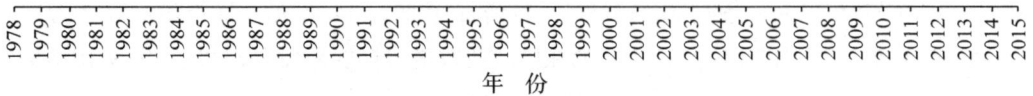

图 1-7　自有统计数据以来北京市幼儿园在园人数变化图

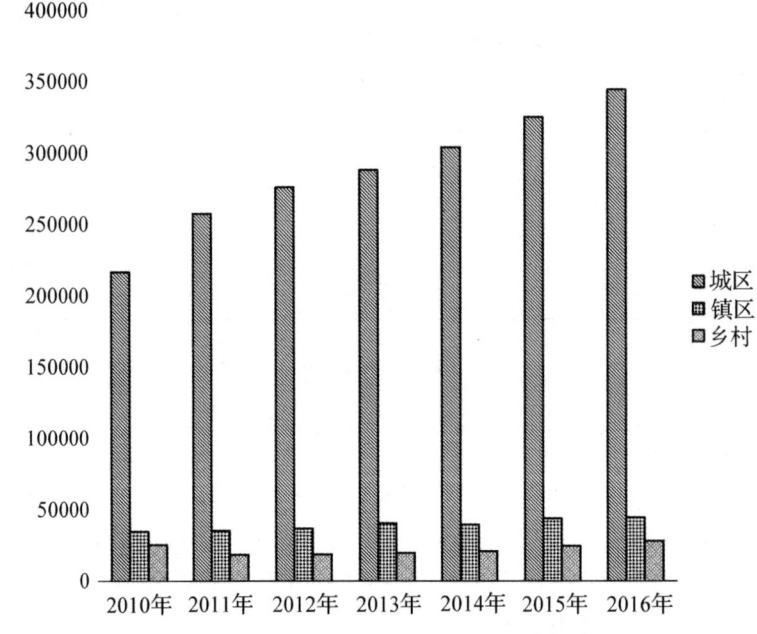

图 1-8　2010—2016 年城乡在园幼儿数对比图

3. 北京市各区在园幼儿数量及变化趋势

从 2010 年各区在园幼儿数量的分布状况来看，朝阳区、海淀区、丰台区在园幼儿数量在北京市各区中的数量最多，约占全市在园幼儿总数的 45.8%。门头沟区、怀柔区、平谷区、密云区、延庆区等生态涵养发展区在园幼儿数量相对较少，共占全市在园幼儿总数的 12%。2016 年，朝阳区、海淀区、丰台区在园幼儿数量仍旧居于各区前列，约占全市在园幼儿总数的 42.7%。门头沟区、怀柔区、平谷区、密云区、延庆区等生态涵养发展区在园幼儿数量共占全市在园幼儿总数的 11%。

表 1-17　2010—2016 年各区在园幼儿数汇总表①

各　区	在园儿童数						
	2010	2011	2012	2013	2014	2015	2016
全　　市	276994	311417	331524	348681	364954	394121	416982
东 城 区	11877	12355	12061	12722	13193	14464	15628
西 城 区	15174	15648	16522	16385	16698	17127	17483
朝 阳 区	48324	53915	56171	58653	62329	66518	72166
丰 台 区	31410	37040	40252	40694	40401	41724	43421
石景山区	9879	11232	12393	13319	13409	14853	15238
海 淀 区	47036	52569	55070	56424	58028	60442	62569
房 山 区	22466	24794	25953	28752	28878	30280	27281
通 州 区	13514	14692	16505	20894	25455	28817	30371
顺 义 区	12545	14247	15199	16962	19184	22749	25246
昌 平 区	16069	17285	19885	20579	23294	25854	29707
大 兴 区	15545	19863	21661	23502	24965	28370	32082
门头沟区	5229	5066	5470	5442	5241	5943	6302
怀 柔 区	6190	9272	9534	9547	8642	9523	10125
平 谷 区	6448	7149	7760	8113	8393	9098	10235
密 云 区	9473	10065	10433	10253	10343	11316	11762
延 庆 区	5815	6225	6655	6440	6501	7043	7366

2010—2016 年北京市各区幼儿在园人数整体呈现增长趋势，但各区情况增长数量上略有不同。其中增长幅度较大的区域有：通州区、大兴区和顺义区在园幼儿数量 2016 年比 2010 年分别增长了 2.24 倍、2.07 倍和 2.01 倍；朝阳区在园幼儿数量 2016 年比 2010 年增加了 23842 人，增长了 1.5 倍；2010—2016 年房山区虽然减少了 71 所幼儿园，但 2016 年在园人数比 2010 年增加了 4815 人。

4. 北京市不同类别在园幼儿数量及变化趋势

通过对 2010—2016 年，北京公办、民办幼儿园在园幼儿数量对比发现，北京市公办和民办幼儿园在园幼儿数量均呈现逐年增长趋势；公办幼儿园在园幼儿数量历年来均高于民办幼儿园在园幼儿数；2016 年民办幼儿园在园幼儿总数约占公办幼儿园幼儿在园总数的 57%。

---

① 北京市统计局. 北京区域统计年鉴 2017[EB/OL]. http://tjj.beijing.gov.cn/nj/qxnj/2017/zk/index-ch.htm，2018-4-20.

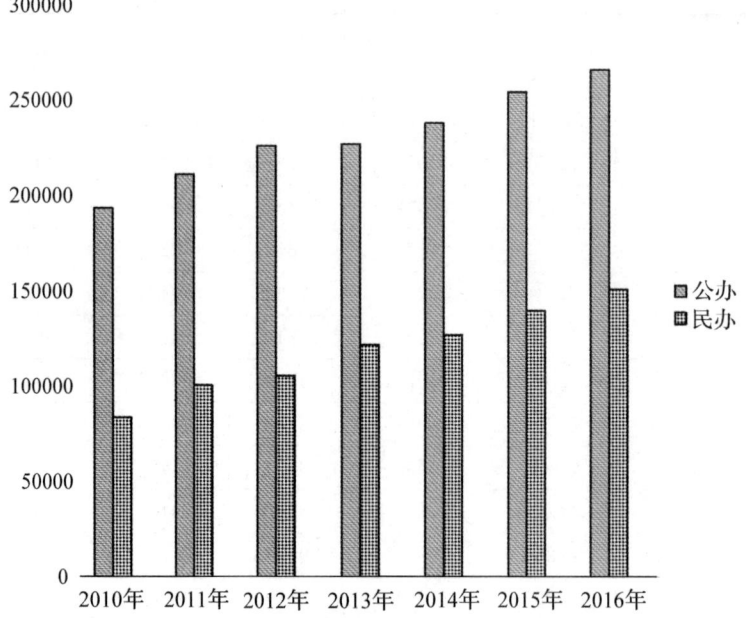

图 1-9 2010—2016 年北京市公办、民办在园幼儿数对比图

(三) 北京市不同类别幼儿园收费情况

依据北京市发展改革委员会官网数据,北京市不同类别幼儿园收费情况如下表所示,不同级别幼儿园收费上存在差异。北京市级示范园幼儿每月的保教费不高于 900 元,一级园不高于 750 元,二级园不高于 600 元,三级园不高于 450 元,无级无类幼儿

表 1-18 北京市不同类别幼儿园收费情况表[①]

幼儿园级别	保育教育费(元/月)	备注
市级示范园	不高于 900	此表所列北京市公办幼儿园保育教育费、住宿费标准从 2012 年 9 月 1 日起执行。新入园幼儿按照此收费项目和收费标准收费;在园幼儿仍按原收费规定执行。
一级园	不高于 750	
二级园	不高于 600	
三级园	不高于 450	
无级无类	不高于 250	
住宿费	不高于 300	

---

① 北京市发展和改革委员会官网.北京市公办幼儿园保育教育费、住宿费收费标准[EB/OL]. http://www.bjpc.gov.cn, 2018-6-5.

园保教费用不高于250元，所有幼儿园的住宿费均不高于300元。北京市统计局、市人力社保局发布数据，2016年度北京市职工年平均工资为92477元，月平均工资为7706元。2017年北京平均月薪酬9791元。可以看出最高级别的市级示范园不高于900元的保育费和不高于300元的住宿费，即每月不高于1200元的幼儿园收费标准，占家庭月收入的12%。

三、学前教育经费来源多样，财政性学前教育经费持续增长

持续充裕的教育经费对支持学前教育规模扩张与质量提升至关重要。经费投入保障了幼儿园的建设与日常运转，并创造了适合儿童学习与发展的环境。与此同时，教师是促进儿童发展与幸福的重要因素，合理有效的财政分配，用以吸引并留住更多优秀教师从事学前教育，也是目前学前教育经费投入考量的重要问题之一。

（一）学前教育经费总量及其增长

学前教育经费总量反映了一个国家或地区对学前教育的重视程度与发展力度。充足的经费是学前教育质量、后续学业成绩的基本条件。从2010年开始，北京市学前教育经费总量呈现快速增长趋势，这为北京学前教育的发展提供了有力保障。

1. 国民财富用于学前教育的比例

国民财富用于教育的比例反映了该国对教育重视程度与投入力度，这也是国际组织用以评价各国政府教育支出水平的指标。据《2016年全国教育经费执行情况统计公告》显示，2016年全国教育经费总投入为38888.39亿元，其中国家财政性教育经费为31396.25亿元，而当年我国国内生产总值为743585.50亿元[①]，由此可见，全国教育经费占GDP的比例达到5.23%，该水平达到2014年OECD成员国的平均水平(5.2%)；国家财政性教育经费占GDP的比例为4.22%，这是我国连续5年来财政性教育经费占GDP比超过4%这一目标。

学前教育经费总量占GDP的比例则直接反映了一个国家或地区对学前教育的重视程度与发展力度。学前教育作为基础教育的奠基阶段，充足的经费是学前教育质量、后续学业成绩的基本条件，如图1-10所示。无论是全国还是北京，学前教育经费总量占GDP的比例在2006—2009年一直处于0.05%—0.10%，从2010年开始呈现快速增长趋势，全国学前教育经费总量在2015年达到GDP的0.35%。2006—2015年，北京市学前教育经费占城市GDP的比例均高于全国水平，在2015年达到GDP的0.43%，且在"十二五"尤其是北京市第二期学前教育三年行动期间，北京市GDP用于学前教育

---

① 中华人民共和国国家统计局[EB/OL]．http：//data.stats.gov.cn/easyquery.htm？cn=C01，2018-6-5.

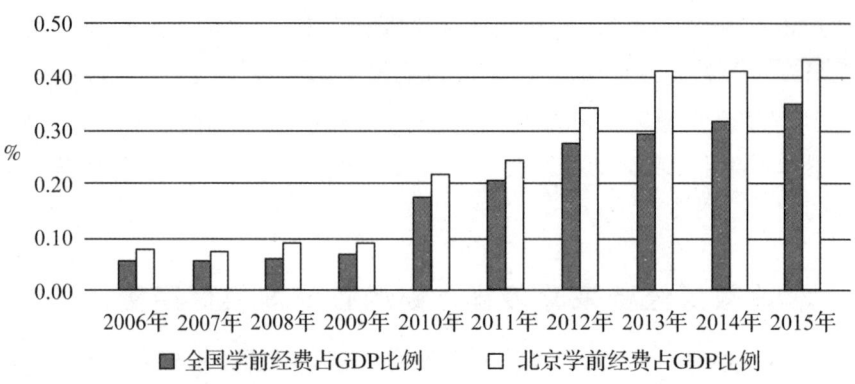

图 1-10 全国及北京市学前教育经费占 GDP 的比例

的比例始终高于国家比例。

在"十二五"期间,北京市 GDP 总量用于发展学前教育的比例从 2011 年的 0.25％ 增长到 2015 年 0.43％,充分显示了北京市为解决学前教育供给不足而做出的努力。与 OECD 成员国相比较,北京市该指标已经超过日本(0.2％)、土耳其(0.2％)、瑞士 (0.2％)、荷兰(0.4％)等国国内生产总值用于学前教育经费的比例,但仍然低于 OECD 的平均水平 0.8％①(见图 1-11)。

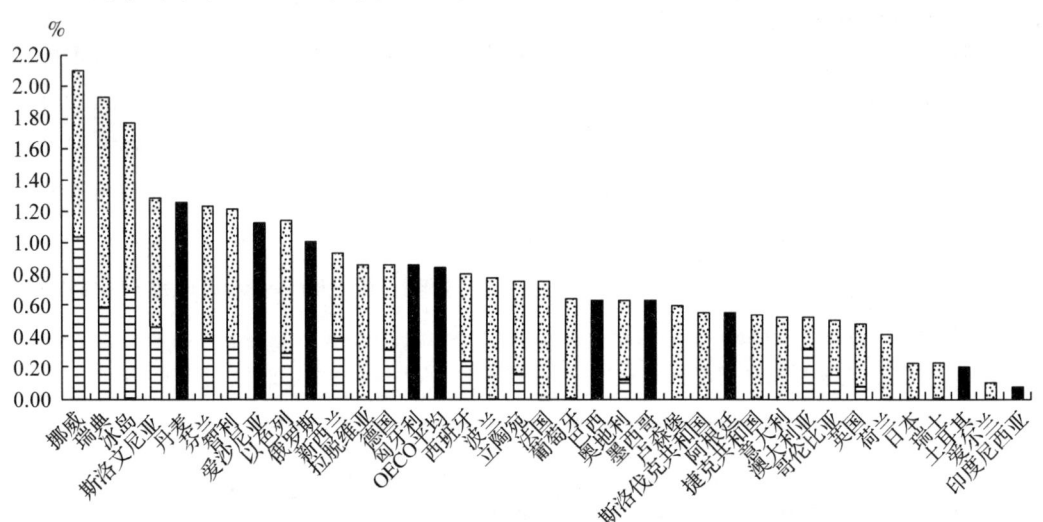

图 1-11 OECD 国家学前教育经费占 GDP 的比例(2014 年)

---

① OECD. Education at a Glance 2017:OECD Indicators,2018-6-5.

2. 学前教育经费占教育经费总量的比例

教育经费总量增长是教育发展的必要条件,然而资源的稀缺性必然涉及不同层级教育之间的经费分配问题。随着日益增长的学前教育服务需求与学前教育供给之间的矛盾凸显,2010年国务院颁布了《关于当前发展学前教育的若干建议》,提出要多种渠道加大学前教育投入,新增教育经费要向学前教育经费倾斜,将学前教育放在重要发展位置。

表1-19 2006—2015年全国与北京市学前教育经费占教育经费总量的百分比[①] (单位:千元)

年份	全国			北京		
	教育经费总额	学前教育经费总额	占比	教育经费总额	学前教育经费总额	占比
2006	981530865	12452591	1.27%	62988441	638063	1.01%
2007	1214806630	15713892	1.29%	76278577	726325	0.95%
2008	1450073742	19884157	1.37%	88382904	1002391	1.13%
2009	1650270650	24478920	1.48%	97096601	1127250	1.16%
2010	1956184707	72801425	3.72%	117564803	3110523	2.65%
2011	2386929356	10185760	4.27%	146801708	3979983	2.71%
2012	2865530519	150392846	5.25%	161543725	6098561	3.78%
2013	3036471815	175805370	5.79%	177217700	8122735	4.58%
2014	3280646093	204875714	6.24%	193057872	8669435	4.49%
2015	3612919267	242674442	6.72%	201157921	9941509	4.94%

如表1-19所示,全国学前教育经费、北京市学前教育经费分别从2006年的124.53亿元、6.38亿元增长到2015年的2426.74亿元、99.42亿元。这十年间的增长趋势呈现出两个阶段,一是2006—2009年为平缓增长阶段,学前教育经费在教育经费总量中比例维持在1%—1.5%的水平;二是2010—2015年快速持续增长阶段,学前教育经费在教育经费总量中占比最高达6.72%。由图1-12可见,学前教育经费占教育经费总量的比例在2010年是一个分水岭,这与我国《关于当前发展学前教育的若干建议》和学前教育三年行动计划的颁布实施具有重要关系。

[①] 教育部财务司、国家统计局社会科技和文化产业统计司编. 中国教育经费统计年鉴(2007—2016年)[M]. 北京:中国统计出版社,2016.

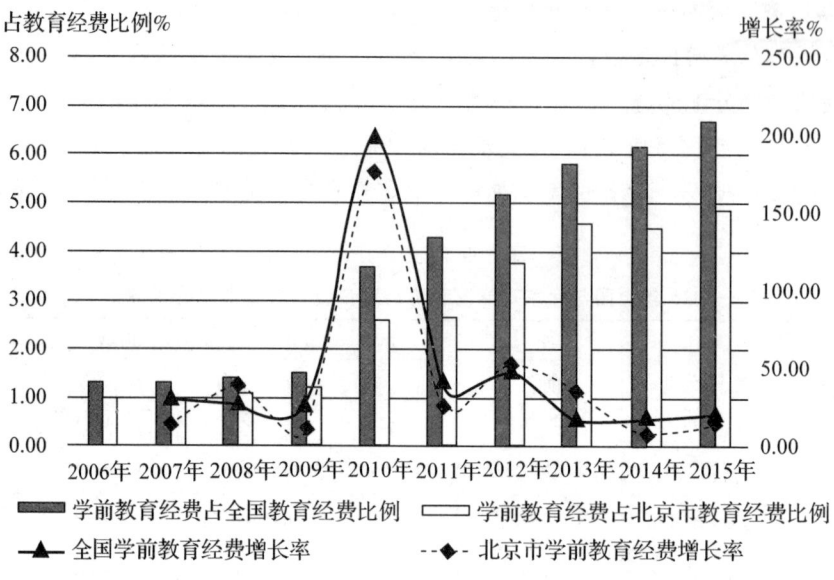

图 1-12　学前教育经费占教育经费比例及学前教育经费年度增长率

(二)学前教育经费来源

"十二五"期间,我国学前教育财政投入增长显著,政府承担了学前教育的主要成本。与此同时,民办幼儿园举办者投入比例呈现出下降的趋势。

1. 全国与北京市学前教育经费的主要来源及其构成

教育经费的来源主要有国家财政性教育经费、民办学校中举办者投入、捐赠收入、事业收入(主要是学费)和其他教育经费。2010年和2015年我国民办幼儿园举办者的投入分别占学前教育经费总量的3.91%和1.97%,北京市该指标值分别为1.17%与0.54%。可见,不论是国家还是北京市学前教育经费总量中的民办幼儿园举办者投入比例都呈现出下降的趋势,其主要原因是我国学前教育财政投入在"十二五"期间的显著增长,体现了学前教育"政府主导、社会参与、公办民办并举的办园体制"。

学前教育经费来源构成呈现以下三方面特点:首先,除民办幼儿园举办者投入外,从整体上来看,国家财政性教育经费、事业收入是学前教育经费的主要来源,社会捐赠的比例非常低。下图是各类学前教育经费在总量中所占比例。国家财政性教育经费、事业收入在全国学前教育经费中比例从2008—2015年分别维持在30%—70%和30%—60%,北京市的该两项数据分别在40%—70%和20%—50%。在全国学前教育经费总量中,除2010年外,国家财政性教育经费与事业收入之和所占比例均超过95%;北京市学前教育经费总量中,财政性教育经费与事业收入之和所占比例近年来变动稍大,最低值出现在2010年,为89.85%,最高值则为2015年的98.06%,而社会捐赠经费、

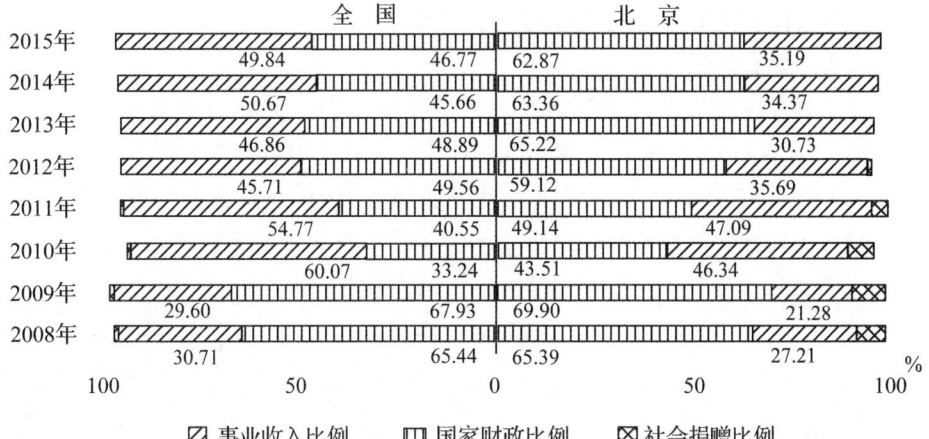

图 1-13 不同学前教育经费来源所占的比例

民办幼儿园举办者投入及其他经费之和在学前教育经费总量中所占比例不足 5%。

其次，国家财政性教育经费、事业收入的比例呈现出阶段性特征，其中 2010 年是转折点。在 2010 年以前，不论是全国层面还是北京市，国家财政性教育经费约占学前教育经费总量的三分之二，事业收入所占比例则在 20%—30%；而在 2010 年国家财政性教育经费比例下降，事业收入所占比例有所增加，超过 2009 年的 1 倍多；2011 年起，国家财政性教育经费的比例有所上升，全国该投入比例维持在 41%—50%，北京市该投入比例维持在 49%—66%；与此同时，全国学前教育事业收入比例也在 45%—55%，而北京市学前教育事业收入比例也在 30%—48%，北京市政府的财政投入要高于全国平均水平。

再次，来自社会捐赠的学前教育经费在总量上呈现先升后降的趋势。在 2011 年前，全国及北京市社会捐赠的学前教育经费均逐年增加，而从 2011 年开始则有所减少，在学前教育经费总量中所占比例稀释迅速。

2. 全国与北京市财政性学前教育经费投入

国家财政性教育经费的来源主要包括公共财政教育经费、政府性基金预算、企业办学中的企业拨款、校办产业和社会服务收入用于教育的经费等。其中，公共财政教育经费是财政性教育经费最重要的来源，所占比例最大，约达到 90% 以上。特别是 2015 年，我国公共财政教育经费占到国家财政性教育经费的 99% 以上，体现了政府在切实履行提供公共服务的职能。

（1）公共财政教育经费的投入及同比增长率

由于学前教育具有准公共服务的特性，为了保障学前教育服务供给的公平与效率，政府需要通过公共财政的手段来调节学前教育资源的配置，具体措施包括政府举办公办幼儿园、购买民办园服务、财政补贴扩大供给、家庭补贴等，共同起到对学前教育资源进行调节与配置的作用。

公共财政教育经费是国家教育财政投入的主要来源，世界经合组织（Organization for Economic Co-operation and Development，简称OECD）等国际组织在衡量一个国家财政投入水平时大多也选择"公共财政教育经费"这一指标。我国公共财政教育经费总量在逐年增长，其占学前教育经费总量中的比例呈现出先降后升的趋势（见图1-14）。

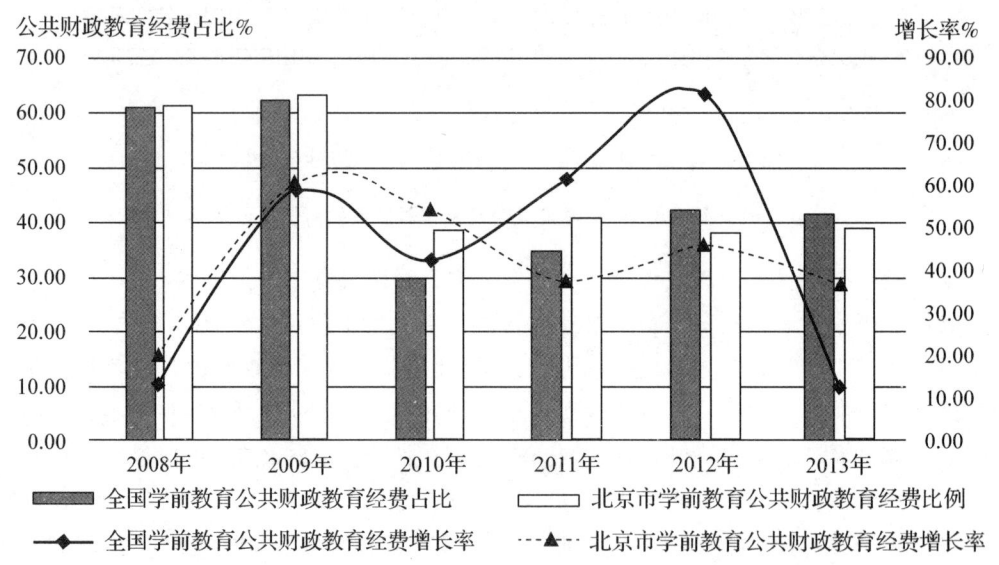

图1-14 学前教育经费中公共财政教育经费比例及增长率

从2010年到2015年，国家及北京市为了发展学前教育，逐年在增大公共财政教育经费对学前教育的投入，尤其是北京市政府公共财政投入更为显著。全国公共财政教育经费投入比例从2010年的30.14%上升到2015年的46.34%；北京市公共财政教育经费投入比例从2011年的42.47%上升到2015年的62.37%。北京市公共财政教育经费在学前教育经费中所占比例（除2012年、2013年）高于国家水平，尤其是在2014年、2015年。政府用于学前教育的公共财政与其财政能力是密切相关的，能够有更多的财政收入投入学前教育；同时也反映了北京市政府履行公共服务供给的力度。

图1-14呈现出的另外一个重要内容是公共财政的同比增长率。不论是全国的公共财政教育经费比例还是北京市的公共财政教育经费比例，都呈现出年度的波动性，而全国的波动性大于北京市的波动性。全国公共财政预算占学前教育经费比例的增长率波动最为显著的呈现在2012年，在2013年又有明显下降。而北京市从2010年开始，学前教育公共财政预算增幅则相对比较稳定，基本维持在30%—40%，为北京市学前

教育事业发展提供较为稳定的财政投入。

国际组织在进行教育经费来源统计时将公共财政教育经费和家庭缴纳学费支付的成本并置在一起进行比较，本报告中也将呈现公共财政教育教育经费和学杂费，如图1-15所示。政府和家庭在2009—2015年承担的学前教育经费发生了较大变化：2009年全国与北京市政府学前教育公共财政教育经费投入占比学前教育经费总量超过50%，家庭承担的比例均低于26%，北京市家长缴纳学费作为教育经费投入的比例不到15%；而2010—2015年，全国与北京市政府的财政投入总量虽然增长，但是在学前教育经费总量中的比例却是下降，而家庭对学前教育投入总量增加的同时，所占的比例也在迅速提高；全国公共财政投入与家庭承担的学前教育经费投入基本持平，大约在35%—45%的水平，北京市公共财政投入百分比高于家庭缴纳学费的比例。

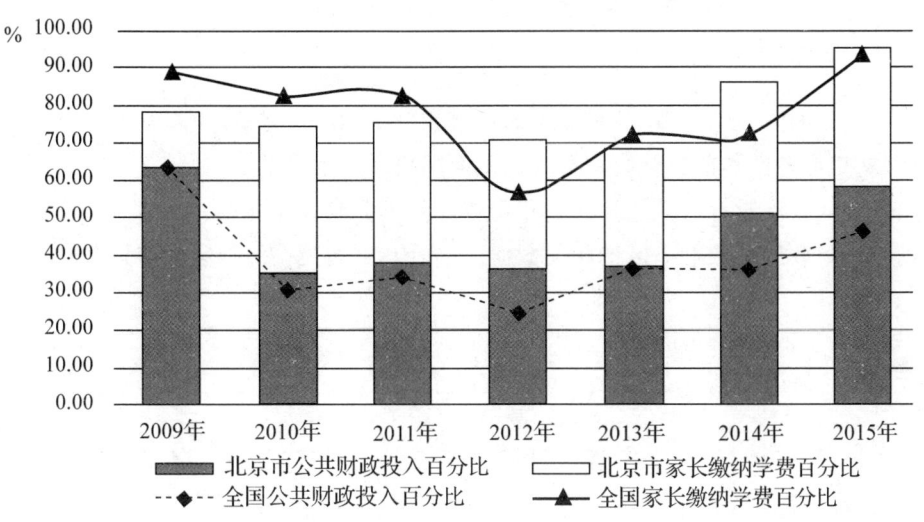

图1-15 学前教育经费公共投入与家庭投入百分比

OECD每年分布的《教育概览》(Education at a Glance)中也呈现了在学前教育经费分担上，公共投入与私人投入的比例。根据图1-16所示，2013年OECD国家政府公共财政投入占学前教育经费比例的平均水平为83%，其中最低的是澳大利亚(42%)，其次是日本(44%)，比例最高的是卢森堡(98%)；家庭投入占学前教育经费比例最高的澳大利亚，而日本家庭支出的比例为37%，与北京市目前家长缴纳学费的比例较为接近(36.28%，2015年)。2013年，北京市学前教育公共财政投入为37.30%，低于OECD国家公共财政对学前教育的投入比例。相对来说，北京市幼儿家长在学前教育上投入的比例要高于OECD国家的家庭，也体现了OECD很多国家将学前教育视为社会福利，通过公共财政来调节资源配置。

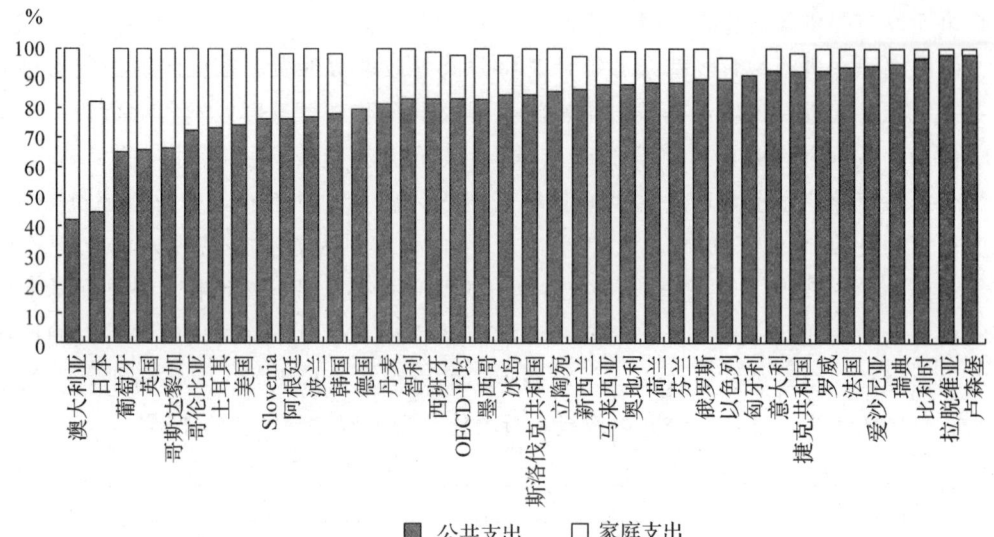

图 1-16 OECD 国家学前教育公共财政支出与家庭支出的百分比（2013 年）

（2）北京市各区学前教育财政投入比例及同比增长率

由于各区学前教育财政预算公布年份较晚且不完整，本报告中只呈现 2015 年公布了学前教育财政预算的七个区的相关数据。由图 1-17 可见，海淀区学前教育财政投入总

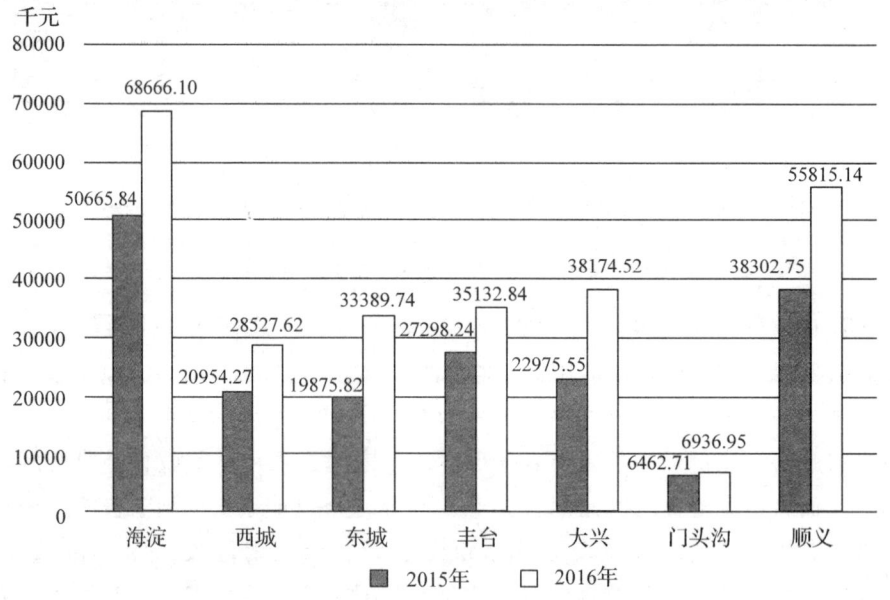

图 1-17 2015 年北京市部分区学前教育财政投入[①]

---

① 该部分数据来自北京市各区教委官网。

量最高,其次是顺义区和丰台区,最低的是门头沟区。与2015年相比,2016年学前教育财政投入增长总量最多的是海淀区,其次是顺义区、大兴区,增长总量最少的是门头沟区。当然,学前教育财政投入总量也与该地区适龄幼儿数、园所数量与学前教育发展规模等都是密切相关的。海淀区幼儿园数和在园幼儿规模均较大,且教办园、事业办园较多,因此政府作为公共服务的供给者需要更多的财政投入;而门头沟区相对人口基数小,幼儿园数量及在园幼儿数均较少,因此相应的学前教育财政投入也较少。

(3)北京市幼儿园生均经费及增长速度

生均教育经费是衡量政府对学前教育投入的重要指标,也反映了一个地区的教育和社会经济发展水平。从2008年至2015年,无论全国还是北京市的幼儿园生均经费均呈现大幅增长。从图1-18中可以看到,全国幼儿园生均教育经费由2008年的3121元上升到2015年的7402元,年均增长率为12.21%;北京市幼儿园生均经费由2007年的12758元上升至2015年的33615元,年均增长率为14.14%。从图1-18中可以看出,全国幼儿园生均经费年度增速最高的三个年份分别是:2012年(增长率为39.21%)、2011年(增长率为22.71%)和2008年(增长率为19.16%)。北京市幼儿园生均经费年度增速最高的三个年份分别是:2012年(增长率为40.67%)、2008年(增长率为33.81%)和2013年(增长率为26.47%)①。

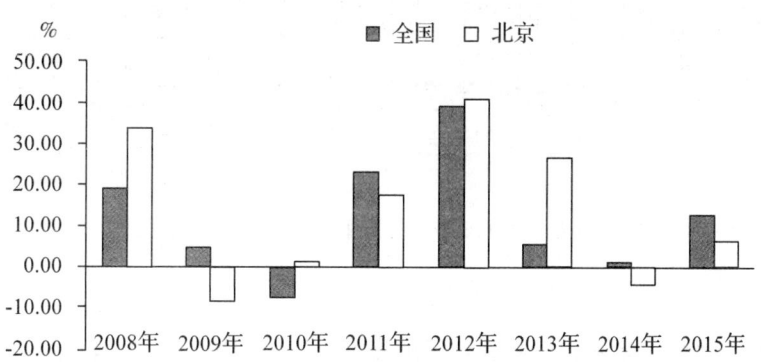

图1-18 全国与北京市幼儿园生均教育经费环比增长速度

可见,上述几个年份幼儿园生均经费增幅显著,与国家财政用于教育的投入大幅提升关系密切。2015年,国家财政性教育经费由2009年的166.27亿元大幅增加至1132.87亿元。在此大背景下,北京市幼儿园生均经费也明显提升。与此同时,自2010年以来,从中央到地方都相继出台了一系列促进学前教育发展的重要政策,加大

---

① 教育部财务司、国家统计局社会科技和文化产业统计司编.中国教育经费统计年鉴(2009—2016年)[M].北京:中国统计出版社,2016.

了对学前教育的财政投入。2011、2012、2013三个年份幼儿园生均经费大幅增加体现了《关于当前发展学前教育的若干建议》和第一期学前教育三年行动计划实施的效果。

对照世界其他国家学前教育阶段生均经费水平来看，北京市幼儿园生均教育经费仍然低于国际水平。如图1-19所示，2013年OECD国家3—5岁学前教育阶段生均教育经费平均为8070美元，其中，有40%的国家其学前教育生均经费超出平均水平，如美国、意大利、澳大利亚、丹麦等，生均经费较高的是卢森堡、丹麦、瑞典等，生均经费较低的有土耳其、墨西哥、爱沙尼亚等国。北京市2013年的幼儿园生均经费为32875.00元，与OECD平均水平尚有一定差距。

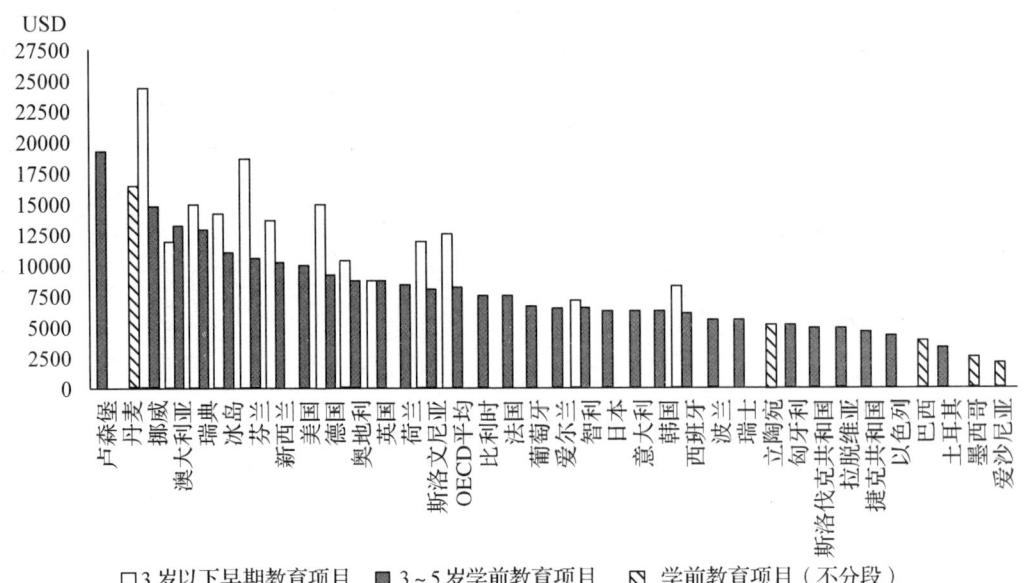

图1-19 OECD国家学前教育生均经费水平（2013年）

3. 全国与北京市非财政性学前教育经费投入

在全国与北京市非财政性学前教育经费投入上，家长投入的总量上来看呈现逐年增长的态势；民办幼儿园举办者投入在学前教育经费总量中所占比例均非常低，且都呈现逐渐降低趋势；社会捐赠总额、社会捐赠在经费总量中占比均呈现下降趋势。

（1）全国与北京市幼儿园家长缴费所占比例及其增长率

表1-20是全国与北京市幼儿园家长缴纳的学杂费及其在学前教育经费总额中所占比例。从家长投入的总量上来看呈现逐年增长的态势，这与入园的适龄儿童规模增加直接相关。家长缴纳的学杂费在学前教育总经费中所占比例在2010年前不足30%，2010年后则超过了30%。与全国家庭投入比例相比而言，北京市幼儿园家长投入在学

前教育经费总量中所占比例略低,也从另一个侧面说明了北京市政府学前教育财政投入比例高于全国水平。

与OECD国家相比,北京市幼儿园家长缴纳的学杂费占学前教育经费总额的比例高于OECD国家平均水平,但低于日本、韩国、澳大利亚等国家。

表1-20 2009—2015年幼儿园家长缴费占学前教育经费总额的比例及其增长率[①]

年份	全国				北京市			
	学前教育经费总额(千元)	家长缴费总额(千元)	家长缴费占比(%)	同比增长率(%)	学前教育经费总额(千元)	家长缴费总额(千元)	家长缴费占比(%)	同比增长率(%)
2009	24478920	6321142	25.98	—	1127250	164572	14.60	—
2010	71825692	38186287	53.17	504.10	2854091	1101343	38.59	569.22
2011	100367113	49272630	49.09	29.03	3701786	1489917	40.25	35.28
2012	148889348	62439655	41.94	26.72	5869942	2004618	34.15	34.55
2013	173978288	75102726	43.17	20.28	7834549	2355000	30.06	17.48
2014	202602815	97242018	48.00	29.48	8175066	2759977	33.76	17.20
2015	240385733	114550349	47.65	17.80	9339019	3228736	34.57	16.98

从同比增长率来看,不同年份之间幼儿园家长缴纳学费的增长率变动显著,且北京市与全国呈现出较为一致的趋势。全国家长缴纳的幼儿园学杂费呈现出下降趋势,2010—2013年增长率逐年降低,2013—2015年整体下降;北京市家长缴纳的幼儿园学杂费也基本呈现上述变化趋势,在2013—2015年期间趋于平稳,维持在15%—20%之间。与全国相比,2011年、2012年北京市家长缴纳的幼儿园学杂费在学前教育经费总量中占比要低于全国水平,但是同比增长率高于全国速度,从2013年开始北京市家长缴纳的幼儿园学杂费同比增长率低于全国速度,且未出现大幅度波动。

(2)全国与北京市民办幼儿园举办者经费投入及其同比增长率

全国与北京市的民办幼儿园举办者投入在学前教育经费总量中所占比例均非常低,全国学前教育民办投入的比例在2%—4%,且呈现逐渐降低趋势;北京市学前教育民办投入的比例在0.2%—1.2%,且整体上也呈现下降趋势。总体来看,与占比"半边天"的民办幼儿园数量相比,显然民办园经费投入与其规模并不匹配,并且大部分民办幼儿园规模较小,经费投入少。

---

① 教育部财务司、国家统计局社会科技和文化产业统计司编.中国教育经费统计年鉴(2010—2016年)[M].北京:中国统计出版社,2016.

表 1-21 2010—2015 年全国与北京市个人办学投入占比及同比增长率①

年份	全国				北京市			
	学前教育经费总额（千元）	民办幼儿园经费投入总额（千元）	民办园投入占比（%）	同比增长率（%）	学前教育经费总额（千元）	民办幼儿园经费投入总额（千元）	民办园投入占比（%）	同比增长率（%）
2010	71825692	2811200	3.91	—	2854091	33028	1.16	—
2011	100367113	2924252	2.91	4.02	3701786	27289	0.74	−17.38
2012	148889348	4037625	2.71	38.07	5869942	26591	0.45	−2.56
2013	173978288	4002055	2.30	−0.88	7834549	16713	0.21	−37.15
2014	202602815	4152548	2.05	3.76	8175066	41205	0.50	146.54
2015	240385733	4727514	1.97	13.85	9339019	50775	0.54	23.23

从民办幼儿园举办者投入的经费同比增长率来看，不同年份之间的波动非常大，且北京市的同比增长率与全国层面并不一致，体现了地方差异，也反映了民间资本投入学前教育程度的差异。

（3）全国与北京市学前教育经费中社会团体捐赠总额及其同比增长率

表 1-22 2008—2015 年全国与北京市社会捐赠投入占比及同比增长率②

年份	全国				北京市			
	学前教育经费总额（千元）	社会捐赠总额（千元）	社会捐赠占比（%）	同比增长率（%）	学前教育经费总额（千元）	社会捐赠总额（千元）	社会捐赠占比（%）	同比增长率（%）
2008 年	15713892	152282	0.97	—	726325	48404	6.66	—
2009 年	24332089	183558	0.75	20.54	1127250	94219	8.36	94.65
2010 年	71825692	447028	0.62	143.54	2854091	179222	6.28	90.22
2011 年	100367113	501890	0.50	12.27	3701786	225217	6.08	25.66
2012 年	148889348	379577	0.25	−24.37	5869942	62379	1.06	−72.30
2013 年	173978288	271922	0.16	−28.36	7834549	9779	0.12	−84.32
2014 年	202602815	214515	0.11	−21.11	8175066	5159	0.06	−47.24
2015 年	240385733	250934	0.10	16.98	9339019	8395	0.09	62.73

---

① 教育部财务司、国家统计局社会科技和文化产业统计司编．中国教育经费统计年鉴（2011—2016 年）[M]．北京：中国统计出版社，2016．

② 教育部财务司、国家统计局社会科技和文化产业统计司编．中国教育经费统计年鉴（2009—2016 年）[M]．北京：中国统计出版社，2016．

表 1-22 是 2008—2015 年全国与北京市社会捐赠在学前教育经费中的占比及同比增长率。首先，社会捐赠总额、社会捐赠在经费总量中占比均呈现下降趋势，由于在国家财政投入、家长投入增加的形势下，社会捐赠即使有少量增长也被稀释。其次，在 2012 年前北京市社会捐赠的比例要高于全国社会捐赠的比例；但从 2012 后其比例则低于全国水平，不足 1%。

从学前教育社会捐赠总额的同比增长率来看，在 2011 年之前全国与北京市均呈现正向增长趋势，而在 2011—2013 年这三个年份则是负增长率，社会捐赠额在逐年下降。不同年份之间的波动非常大，这与社会捐赠的激励机制、政府财政投入的挤出效应等均有相关。

(三)学前教育经费支出

学前教育事业发展不仅需要充足的教育经费投入，其经费的合理分配也是促进学前教育公平且有质量发展的重要条件。学前教育经费分配的领域主要包括个人部分、公用部分、基本建设三大方面。个人部分主要用于支付教职工的工资福利和对家庭、幼儿的补助；公用部分主要用于维持学前教育的服务支出、其他资本性支出，保障学前教育事业的正常有序运行；基本建设则是用于园所建筑、园舍等方面的支出。

国家每年需要做出学前教育公共财政预算，也需要对其投入领域进行规定，确保经费的有效使用。国家学前教育公共财政预算事业支出主要包括个人部分和公用部分，其中个人部分包括幼儿园教职工工资福利与对幼儿及其家庭的补贴，由此本报告从公用部分、教职工工资福利、幼儿及其家庭补贴三个类别来分析学前教育财政预算事业支出的分配。

图 1-20 是公共财政预算事业支出中各项所占的比例。从总量上来看，幼儿园教职工工资福利支出总量最大，所占比例也是最高的。全国幼儿园教职工工资福利支出在 2011 年前占到公共财政预算的 50% 以上，2012 之后该比例有所下降，但仍维持在 40%—50%；北京市幼儿园教职工工资福利支出一直维持在 40%—50%，所占比例最高的年份是 2012 年(59.32%)。比较而言，北京市幼儿园教职工工资福利支出比例高于全国水平。

无论是全国还是北京市，公用部分支出的比例呈现增加趋势。全国该比例从 2008 年的 16.44% 上升到 2012 年的 49.78%，然后稍有下降；北京市该比例相对比较稳定，所占比例最高的年份是 2015 年(47.27%)，最低比例是 2009 年(27.66%)。用以维持幼儿园运行的公用经费呈现出差异，可能的原因是北京市学前教育基础较好，能够以较稳定的支出来维持运行；而全国层面学前教育地区差异较大，尤其是西部农村地区需要支付大量的公用经费以确保机构的运行。家庭及个人补贴上所在的比例相对比较稳定，全国与北京市的比例基本维持在 10% 左右。

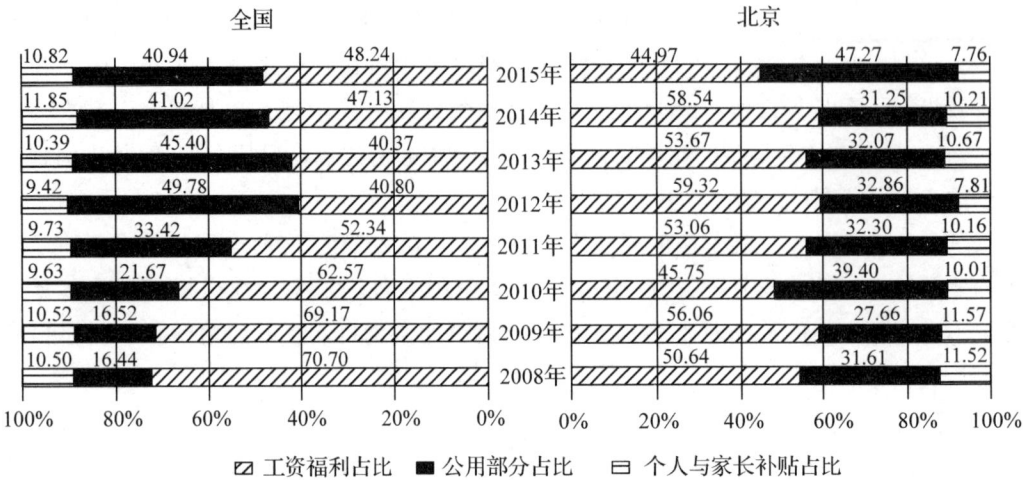

图 1-20　全国与北京市公共财政预算事业支出各项占比①

四、规模与质量并重，幼教师资队伍建设稳步推进

幼儿园教师承担着保育和教育的双重职能，关系到亿万儿童的健康成长，关系到学前教育事业的健康发展。教师队伍数量的充足性、专业性和稳定性是影响学前教育质量的重要因素。在全面深化学前教育改革与发展，注重学前教育内涵式发展的背景下，需要兼顾教师队伍的规模与质量，促进幼教师资队伍建设稳步推进与发展。

(一)幼儿园教师队伍基本情况

1. 北京市幼儿园各类教职工人数及其增长

2010—2016 年，北京市幼儿园教职工数量持续稳步增长。首先，从全市幼儿园教职工的总量和增长趋势来看，从 2010 年的 37227 人增长到 2016 年的 65806 人，教职工的总量实现了翻番，其中，2010—2011 年的年增长率高达 19.4%，2012—2014 年三年期间，年增长率保持在 8%—10%，在经历了高速增长后，于 2015—2016 年回归到常态化的 6%—7% 年增长率。其次，从园长的数量和增长趋势来看，2010 年至 2016 年间，园长数量从 1710 人增长到 2296 人，其中 2012—2013 年的环比增长率最高，达到 9.9%，2014—2016 年间的年增长率稳定在 2%—5%。再次，从专任教师的数量和增长趋势来看，2010 年专任教师的人数为 21677 人，2016 年为 36071 人，增长了 1.66 倍；专任教师的数量在六年间一直保持高速增长，2010—2014 年间的年增速高达 8%—12%，2015—2016 年间保持在 5%—8%。最后，从保育员的数量和增长趋势来

---

① 教育部财务司、国家统计局社会科技和文化产业统计司编.中国教育经费统计年鉴(2009—2016 年)[M].北京：中国统计出版社,2016.通过计数得出全国与北京市公共财政预算事业支出各项占比.

看,从 2011—2016 年保育员人数从 7677 人增长到 10710 人,六年间一直平稳增长,年增长率一直保持在 6%—8% 的增速(详见图 1-21 和表 1-23)。

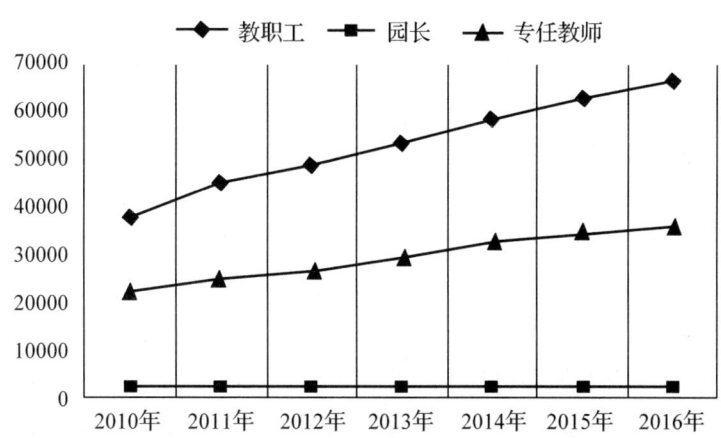

图 1-21　2010—2016 年北京市幼儿园教职工总数(单位:人)①

表 1-23　2010—2016 年北京市幼儿园教职工人数和年增长趋势

年份	教职工总数(人)	增量(人)	增速(%)	园长总数(人)	增量(人)	增速(%)	专任教师数(人)	增量(人)	增速(%)	保育员数(人)	增量(人)	增速(%)
2010	37227	—	—	1710	—	—	21677	—	—	—	—	—
2011	44458	7231	19.4	1777	67	3.9	24170	2493	11.5	7677	—	—
2012	48080	3622	8.1	1892	115	6.5	26330	2160	8.9	8194	417	6.7
2013	53049	4969	10.3	2079	187	9.9	28806	2476	9.4	8756	562	6.9
2014	57950	4901	9.2	2179	100	4.8	31692	2886	10.0	9329	573	6.5
2015	61903	3953	6.8	2242	63	2.9	34040	2348	7.4	10030	701	7.5
2016	65806	3903	6.3	2296	54	2.4	36071	2031	6.0	10710	680	6.8

2. 北京市各区域幼儿园教职工数量及其增长

从北京市 16 个区在 2010—2017 年间的教职工数量和年增长趋势来看,呈现出不

---

① 数据来源:中华人民共和国教育部发展规划司. 中国教育统计年鉴(2016)[EB/OL]. http://tongji.cnki.net/kns55/Navi/YearBook;注:由于 2011 年前保育员和保健医是合计统计的,2010 年的保育员数据缺失。

同的发展趋势。2011年是大多数区高速增长的一年，除了门头沟区出现小幅负增长外，有6个区的年增速在20%以上，其中大兴区高达171.7%，朝阳区则达30.6%；4个区的年增速在10%—20%，其中怀柔区为18.3%，丰台区为16.9%。这与2010年国务院颁布《关于当前发展学前教育的若干意见》以来，各级政府高度重视学前教育，大力扩充幼教师资队伍有关。2012年以来，各区逐渐保持增长的趋势，特别是进入2015年和2016年以来，除昌平、大兴和平谷3个区再次出现约15%的中高速增长，房山和顺义两个区首度出现小幅负增长以外，大多数区幼儿园教职工规模都回复到比较平稳的增长态势。

从首都不同功能区域[①]的教职工数量发展来看，首先，东城和西城这两个核心区域的教职工总量从约2000人增长到约3000人，以年均4%—7%的速度平稳增长。其次，作为城市功能拓展区的朝阳和海淀一直属于全市教职工数量占比最大的两个区，以2016年为例，其教职工总量都超过了10000人。上述两区幼儿园教职工基数较大，且逐年呈现平稳快速增长的态势。在2011年高速增长后，朝阳区幼儿园教职工数量逐渐回落并保持3%—10%的平稳增长态势。海淀区的教职工数量则一直保持在2%—10%的年增速。丰台区和石景山区一直保持比较平稳的增长趋势。再次，对于城市发展新区，通州区幼儿园教职工数量在2011年呈现出27.5%较高年增速后，又在2013和2014两年间实现30%—40%高水平的年增速；顺义区和昌平区同时都在2011年实现超过20.5%的较高年增速后，在2013年再度实现25%—35%的高增速；大兴区则在2011年的超高速增长后，逐渐回落到8%—15%的中高速增长态势，2016年则再度出现16.9%的较高增长。最后，从生态涵养发展区的幼儿园教职工数量变化来看，平谷区2012年的教职工年增速"一枝独秀"地高达128.1%，并在随后的2014年再度出现54.7%的高速增长；怀柔区则在2011到2015年间一直保持13%—19%的较高速增长，并在2016年回落到9.3%的年增速；门头沟区在2011年出现小幅负增长后，在2013和2014年这两年间实现了20%—30%的中高水平年增速；密云和延庆两个区则在2011到2016年间一直保持4%—12%的平稳增长（详见图1-22和表1-24）。

[①] 北京市分为四类16个区：其中，东城和西城2个区属于首都功能核心区；朝阳、海淀、丰台和石景山4个区属于城市功能拓展区；房山、通州、顺义、昌平和大兴5个区属于城市发展新区；门头沟、怀柔、平谷、密云和延庆5个区属于生态涵养发展区。

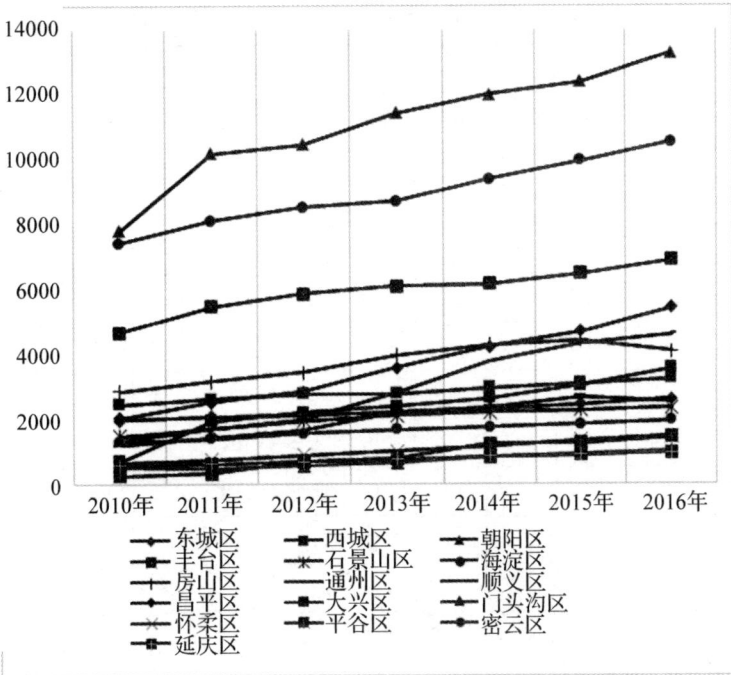

年份 辖区	2010	2011	2012	2013	2014	2015	2016
东城区	1975	2086	2114	2228	2306	2437	2605
西城区	2455	2596	2764	2773	2944	3093	3233
朝阳区	7791	10177	10448	11408	11980	12365	13259
丰台区	4673	5463	5859	6084	6160	6476	6891
石景山区	1494	1681	1933	2093	2185	2257	2325
海淀区	7405	8103	8497	8693	9375	9943	10528
房山区	2862	3161	3421	3960	4278	4415	4059
通州区	1342	1711	1987	2808	3752	4292	4599
顺义区	1185	1440	1652	2188	2357	2672	2538
昌平区	2033	2516	2835	3566	4200	4682	5413
大兴区	718	1951	2187	2377	2636	3022	3533
门头沟区	517	477	539	644	812	923	1014
怀柔区	641	758	886	1007	1153	1338	1462
平谷区	253	313	714	792	1225	1258	1445
密云区	1307	1405	1554	1673	1742	1828	1950
延庆区	576	620	690	755	845	902	952

图 1-22　2010—2016 年北京市各区幼儿园教职工总数[①]（单位：人）

---

① 数据来源：北京市教育委员会．北京市教育事业发展统计概况（2010—2018 年）[EB/OL]．http：//jw.beijing.gov.cn/xxgk/ywdt/ywsj．

表 1-24 2011—2016 年北京市各区教职工总数年增长量和年增长率

年份 年增量/增速 辖区	2011 增量（人）	2011 增速（%）	2012 增量（人）	2012 增速（%）	2013 增量（人）	2013 增速（%）	2014 增量（人）	2014 增速（%）	2015 增量（人）	2015 增速（%）	2016 增量（人）	2016 增速（%）
东城区	111	5.6	28	1.3	114	5.4	78	3.5	131	5.7	168	6.9
西城区	141	5.7	168	6.5	9	0.3	171	6.2	149	5.1	140	4.5
朝阳区	2386	30.6	271	2.7	960	9.2	572	5.0	385	3.2	894	7.2
丰台区	790	16.9	396	7.2	225	3.8	76	1.2	316	5.1	415	6.4
石景山区	187	12.5	252	15.0	160	8.3	92	4.4	72	3.3	68	3.0
海淀区	698	9.4	394	4.9	196	2.3	682	7.8	568	6.1	585	5.9
房山区	299	10.4	260	8.2	539	15.8	318	8.0	137	3.2	−356	−8.1
通州区	369	27.5	276	16.1	821	41.3	944	33.6	540	14.4	307	7.2
顺义区	255	21.5	212	14.7	536	32.4	169	7.7	315	13.4	−134	−5.0
昌平区	483	23.8	319	12.7	731	25.8	634	17.8	482	11.5	731	15.6
大兴区	1233	171.7	236	12.1	190	8.7	259	10.9	386	14.6	511	16.9
门头沟区	−40	−7.7	62	13.0	105	19.5	168	26.1	111	13.7	91	9.9
怀柔区	117	18.3	128	16.9	121	13.7	146	14.5	185	16.0	124	9.3
平谷区	60	23.7	401	128.1	78	10.9	433	54.7	33	2.7	187	14.9
密云区	98	7.5	149	10.6	119	7.7	69	4.1	86	4.9	122	6.7
延庆区	44	7.6	70	11.3	65	9.4	90	11.9	57	6.7	50	5.5

从 16 个区幼儿园专任教师的数量和年增长趋势来看，基本呈现出与教职工总数及其年增长类似的趋势，但总体增速略低。2011 年和 2012 年是多个区实现幼儿园专任教师快速增长的年份。2011 年，大兴区幼儿园专任师数量的年增速高达 154.1%，通州区和朝阳区也达到约 20%；2012 年，平谷区幼儿园专任教师增速高达 106.0%，怀柔区接近 30%，延庆区和石景山区也达到约 20%。2015 至 2016 年间，一些区再次出现高速增长的小高潮，2015 年有 7 个区的年增速超过 10%，2016 年虽然有 2 个区出现小幅负增长，但仍有 5 个区的年增速超过 10%。

从首都不同功能区的幼儿园专任教师发展来看，首先，作为核心区域的东城区和西城区分别在 2011 年和 2015 年实现 10% 以上的高增速，其他年份都保持 2%—10% 的平稳增长。其次，作为城市功能拓展区的 4 个区呈现比较平稳的增长态势，其中朝阳区在 2011 年的高速增长后逐渐保持 1%—9% 的平稳增长；丰台区和海淀区在 2011 到

2016年间一直以7%以下的年增速平稳增长；石景山区除了2012年的中高速增长，其他年份也基本保持在2%—8%的年增速。再次，作为城市发展新区的5个区，大兴区经历了2011年的超高速增长后，自2012年到2016年一直保持10%—20%的较高增速；通州区经历了2011年约20%的较高增速后，在2013和2014年间再度实现了超过40%的高增速，并在2016年逐渐回落；顺义区在2013年实现了约20%的年增速，其他年份基本保持6%—8%的平稳增长；昌平区同样在2012到2016年间基本保持10%—20%的年增速，并在2013年实现25%的较高增速。最后，生态涵养发展区的5个区中有4个区都在经历了2011年的短期负增长后，自2012年起逐渐快速增长，特别是平谷区2012年的增速超过100%，并在2014年再度出现64.2%的高增速；门头沟区在2013年的增速达到33.1%；延庆区也在2012年实现约20%的年增速，这些生态涵养发展区的其他年份基本保持平稳增长，但2016年有3个区再度出现超过10%的年增速(详见图1-23和表1-25)。

3. 北京市城区、镇区和乡村幼儿园教职工人数及其变化趋势

从2011年到2016年间，北京市不同地区各类幼儿园教职工的数量逐年稳步增长(详见图1-24)。从三类地区各类教职工的年增长率来看，呈现不同的发展趋势。其中，城区呈现比较平稳的增长趋势，镇区呈现出波动的趋势，而乡村地区在经历了大幅负增长后则一直处于中高速增长。2011年是城区幼儿园教职工快速增长的时期，2013年是镇区急速发展的阶段，各类教职工人数的增速高达20%—35%，此后则保持比较平稳的增长(详见图1-24)。

从不同地区各类幼儿园教职工的数量和年增长趋势来看，首先，北京市城区幼儿园教职工总数和各类教职工数都实现了较快增长。2010年至2016年间，教职工总数从3.2万人增长到5.6万人，增幅达到77.8%，园长数从1313人增长到1807人，增幅达到37.6%；专任教师人数从17984人增长到30211人，增幅高达68.0%；保育员从2011年的7060人增长到2016年的9539人，增幅达35.1%。特别是在2011年，教职工总数的年增长率达到24.3%的高速增长，同年园长和专任教师数量的年增长率也分别达到11.6%和16.7%(详见表1-26)。

其次，北京市镇区幼儿园教职工总数和各类教职工数则呈现较大波动。2010年至2016年间，教职工总数从3240人增长到6203人，增幅高达91.5%，园长数从203人增长到260人，增幅达28.1%；专任教师人数从2128人增长到3702人，增幅高达74.0%；保育员从2011年的479人增长到2016年的756人，增幅高达57.8%。特别是在2013年，教职工总数的年增长率达到23.3%，同年的园长、专任教师和保育员数量的年增长率也分别达到29.7%、21.4%和35.1%(详见表1-27)。

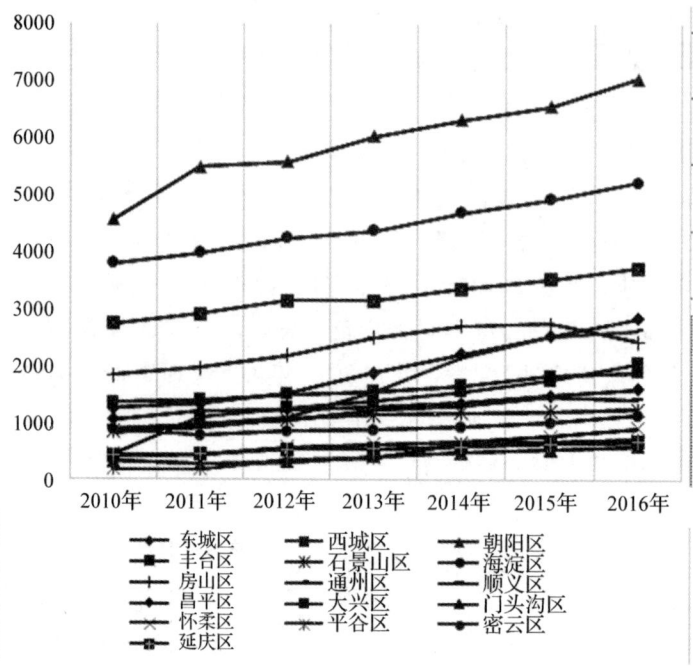

年份\辖区	2010	2011	2012	2013	2014	2015	2016
东城区	1044	1187	1231	1274	1347	1473	1590
西城区	1350	1388	1491	1538	1649	1816	1888
朝阳区	4550	5487	5573	6030	6314	6554	7042
丰台区	2736	2906	3133	3134	3350	3521	3713
石景山区	828	892	1059	1128	1176	1205	1245
海淀区	3789	3969	4237	4359	4686	4917	5224
房山区	1816	1957	2176	2498	2706	2746	2427
通州区	800	958	1076	1533	2153	2519	2618
顺义区	887	956	1030	1229	1311	1461	1416
昌平区	1245	1313	1501	1874	2198	2512	2835
大兴区	427	1085	1250	1378	1537	1746	2050
门头沟区	317	268	305	406	475	528	599
怀柔区	438	434	562	621	663	761	909
平谷区	169	167	344	383	629	659	711
密云区	868	765	840	876	920	996	1137
延庆区	413	438	522	545	578	626	667

图1-23 2011—2016年北京市各区幼儿园专任教师数[①]（单位：人）

---

① 北京市教育委员会．北京市教育事业发展统计概况（2010—2018年）[EB/OL]．http://jw.beijing.gov.cn/xxgk/ywdt/ywsj．

表 1-25 2011—2016 年北京市各区专任教师年增长量和年增长率①

年份 年增量/增速 辖区	2011 增量(人)	2011 增速(%)	2012 增量(人)	2012 增速(%)	2013 增量(人)	2013 增速(%)	2014 增量(人)	2014 增速(%)	2015 增量(人)	2015 增速(%)	2016 增量(人)	2016 增速(%)
东城区	143	13.7	44	3.7	43	3.5	73	5.7	126	9.4	117	7.9
西城区	38	2.8	103	7.4	47	3.2	111	7.2	167	10.1	72	4.0
朝阳区	937	20.6	86	1.6	457	8.2	284	4.7	240	3.8	488	7.4
丰台区	170	6.2	227	7.8	1	0.0	216	6.9	171	5.1	192	5.5
石景山区	64	7.7	167	18.7	69	6.5	48	4.3	29	2.5	40	3.3
海淀区	180	4.8	268	6.8	122	2.9	327	7.5	231	4.9	307	6.2
房山区	141	7.8	219	11.2	322	14.8	208	8.3	40	1.5	−319	−11.6
通州区	158	19.8	118	12.3	457	42.5	620	40.4	366	17.0	99	3.9
顺义区	69	7.8	74	7.7	199	19.3	82	6.7	150	11.4	−45	−3.1
昌平区	68	5.5	188	14.3	373	24.9	324	17.3	314	14.3	323	12.9
大兴区	658	154.1	165	15.2	128	10.2	159	11.5	209	13.6	304	17.4
门头沟区	−49	−15.5	37	13.8	101	33.1	69	17.0	53	11.2	71	13.4
怀柔区	−4	−0.9	128	29.5	59	10.5	42	6.8	98	14.8	148	19.4
平谷区	−2	−1.2	177	106.0	39	11.3	246	64.2	30	4.8	52	7.9
密云区	−103	−11.9	75	9.8	36	4.3	44	5.0	76	8.3	141	14.2
延庆区	25	6.1	84	19.2	23	4.4	33	6.1	48	8.3	41	6.5

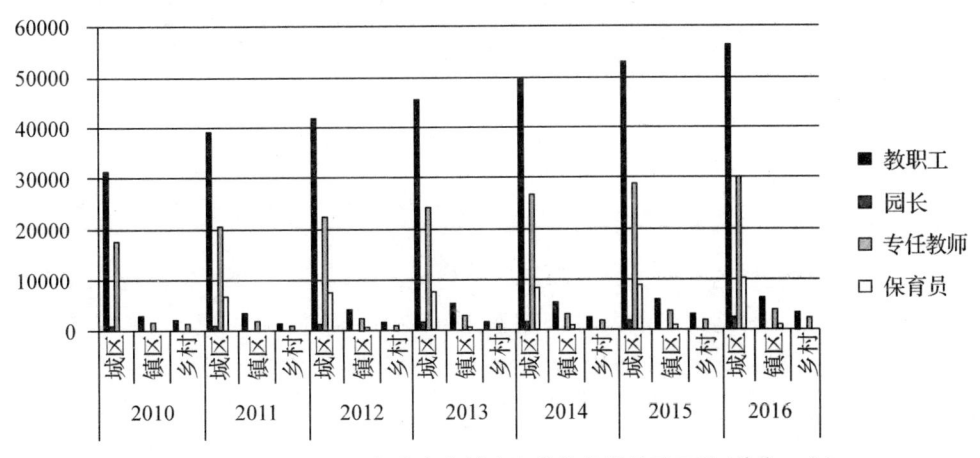

图 1-24 2010—2016 年北京市城乡各类幼儿园教职工数(单位：人)

---

① 北京市教育委员会. 北京市教育事业发展统计概况(2010—2018 年)[EB/OL]. http://jw.beijing.gov.cn/xxgk/ywdt/ywsj.

表 1-26 2010—2016 年北京市城区幼儿园教职工人数和年增长趋势①

年份	教职工总数（人）	增量（人）	增速（%）	园长总数	增量（人）	增速（%）	专任教师数（人）	增量（人）	增速（%）	保育员数（人）	增量（人）	增速（%）
2010	31518	—	—	1313	—	—	17984	—	—	—	—	—
2011	39195	7677	24.3	1465	152	11.6	20994	3010	16.7	7060	—	—
2012	42041	2846	7.3	1557	92	6.3	22669	1675	8.0	7492	432	6.1
2013	45642	3601	8.6	1647	90	5.8	24443	1774	7.8	7804	312	4.2
2014	49842	4200	9.2	1752	105	6.4	26822	2379	9.7	8390	586	7.5
2015	52695	2853	5.7	1764	12	0.7	28532	1710	6.4	8919	529	6.3
2016	56050	3355	6.4	1807	43	2.4	30211	1679	5.9	9539	620	7.0

表 1-27 2010—2016 年北京市镇区幼儿园教职工人数和年增长趋势②

年份	教职工数（人）	增量（人）	增速（%）	园长数（人）	增量（人）	增速（%）	专任教师（人）	增量（人）	增速（%）	保育员数（人）	增量（人）	增速（%）
2010	3240	—	—	203	—	—	2128	—	—	—	—	—
2011	3757	517	16.0	189	−14	−6.9	2192	64	3.0	479	—	—
2012	4321	564	15.0	202	13	6.9	2540	348	15.9	530	51	10.6
2013	5328	1007	23.3	262	60	29.7	3083	543	21.4	716	186	35.1
2014	5551	223	4.2	254	−8	−3.1	3275	192	6.2	700	−16	−2.2
2015	6188	637	11.5	279	25	9.8	3619	344	10.5	807	107	15.3
2016	6203	15	0.2	260	−19	−6.8	3702	83	2.3	756	−51	−6.3

最后，从乡村地区的教职工数量和年增长趋势来看，除了 2011 年出现了较大幅度的负增长，北京市乡村地区各类幼儿园教职工在 2010 年到 2016 年间均实现了大幅增长。乡村教职工总数从 2469 人增长到 3553 人，增幅达 43.9%，园长数从 194 人增长

---

① 中华人民共和国教育部发展规划司. 中国教育统计年鉴（2016 年）[EB/OL]. http：//tongji.cnki.net/kns55/Navi/YearBook；注：由于 2011 年前保育员和保健医是合计统计的，2010 年的保育员数据缺失。

② 中华人民共和国教育部发展规划司. 中国教育统计年鉴（2016 年）[EB/OL]. http：//tongji.cnki.net/kns55/Navi/YearBook；注：由于 2011 年前保育员和保健医是合计统计的，2010 年的保育员数据缺失，2011 年的保育员年增速数据也无法核算。

到229人,增幅达18.0%;专任教师人数从1565人增长到2158人,增幅高达37.9%;保育员从2011年的138人增长到2016年的415人,增幅高达200.7%。从各类教职工的年增长趋势来看,2013年至2016年间,教职工总数的年增长率一直保持在15%—25%;园长数量在2013年的增长率达到27.8%,2015年和2016年均实现了约15%的年增长率;专任教师数量在2012年至2016年间一直保持10%—25%的年增长率,并在2014年达到24.6%的高峰;保育员数量在2013年和2016年分别实现超过30%的增速(详见表1-28)。

表1-28 2010—2016年北京市乡村幼儿园教职工人数和年增长趋势①

年份	教职工数(人)	增量(人)	增速(%)	园长数(人)	增量(人)	增速(%)	专任教师(人)	增量(人)	增速(%)	保育员数(人)	增量(人)	增速(%)
2010	2469	—	—	194	—	—	1565	—	—	—	—	—
2011	1506	−963	−39	123	−71	−36.6	984	−581	−37.1	138	—	—
2012	1718	212	14.1	133	10	8.1	1121	137	13.9	172	34	24.6
2013	2079	361	21.0	170	37	27.8	1280	159	14.2	236	64	37.2
2014	2557	478	23.0	173	3	1.8	1595	315	24.6	239	3	1.23
2015	3020	463	18.1	199	26	15	1889	294	18.4	304	65	27.2
2016	3553	533	17.6	229	30	15.1	2158	269	14.2	415	111	36.5

4. 北京市幼儿园教职工性别分布

从全市幼儿园各类教职工的男女性别比来看,2010年至2016年间,女性在各类教职工中均占据主体地位。首先,从教职工总数的男女性别比来看,女性教职工占比保持在91%—92%,男性教职工占比保持在8%—9%。其次,从园长的性别比来看,女园长占比总体保持在95%—96%,男性园长则保持在3%—5%。再次,从专任教师的性别比来看,女性专任教师占比一直保持在97%—98%,男性专任教师则保持在2%—3%。最后,从保育员的性别比例看,女性保育员占比为98%—99%,男性保育员占比则为0.4%—2%(详见表1-29)。

---

① 中华人民共和国教育部发展规划司.中国教育统计年鉴(2016年)[EB/OL]. http://tongji.cnki.net/kns55/Navi/YearBook;注:由于2011年前保育员和保健医是合计统计的,故2010年的保育员数据缺失。

表 1-29 2010—2016 年北京市幼儿园各类教职工性别比①

人数	年份	2010	2011	2012	2013	2014	2015	2016
教职工	女	34282	40688	44130	48803	52952	56673	60194
	占比(%)	92.1	91.5	91.8	92.0	91.4	91.6	91.5
	男	2945	3770	3950	4246	4998	5230	5612
	占比(%)	7.9	8.5	8.2	8.0	8.6	8.4	8.5
园长	女	1632	1704	1812	1999	2089	2151	2187
	占比(%)	95.4	95.9	95.8	96.2	95.9	95.9	95.3
	男	78	73	80	80	90	91	109
	占比(%)	4.6	4.1	4.2	3.8	4.1	4.1	4.7
专任教师	女	21302	23688	25785	28212	30945	33269	35246
	占比(%)	98.3	98.0	97.9	97.9	97.6	97.7	97.7
	男	375	482	545	594	747	771	825
	占比(%)	1.7	2.0	2.1	2.1	2.4	2.3	2.3
保育员	女	1650	7541	8077	8703	9272	9994	10632
	占比(%)	98.7	98.2	98.6	99.4	99.4	99.6	99.3
	男	22	136	117	53	57	36	78
	占比(%)	1.3	1.8	1.4	0.6	0.6	0.4	0.7

5. 北京市公立幼儿园专任教师、保育员工作时长

从北京市公立幼儿园教师的日工作时长来看，根据项目组的调研结果②，以 2018 年为例，56.4% 的教师日工作时长在 8—10 个小时，27.0% 的教师日工作时长在 10—12 个小时，10.3% 的教师日工作时长在 8 小时以下，6.4% 的教师工作时长在 12 小时以上。从不同性质幼儿园教师工作时长的比较来看，公办园教师日工作时长达到 10—12 小时和 12 小时以上的比例高于公办性质园和民办园的教师，公办性质园和民办园教

---

① 中华人民共和国教育部发展规划司. 中国教育统计年鉴(2016 年)[EB/OL]. http://tongji.cnki.net/kns55/Navi/YearBook.

② 本项目组对北京市不同地区、不同性质幼儿园的 514 名教师就进行了专题调研。其中，公办园是指财政全额拨款的幼儿园，主要是指教委办园；公办性质幼儿园是指由高校、企事业单位、街道、部队或村委会等举办的幼儿园，包括高校附属园、企事业单位办园、街道园、部队办园等；民办园是指由个人或公司举办的，自收自支的幼儿园。

师日工作时长在 8—10 小时的比例高于公办园教师(详见表 1-30)。

表 1-30　北京市不同性质幼儿园教师日工作时长

办园性质 工作时间	公办园		公办性质园		民办园	
	人数	百分比(%)	人数	百分比(%)	人数	百分比(%)
8 小时以下	13	10.32	30	9.93	11	12.79
8—10 小时	71	56.35	219	72.52	60	69.77
10—12 小时	34	26.98	47	15.56	13	15.12
12 小时以上	8	6.35	6	1.99	2	2.33
小计	126	100	302	100	86	100

(二)幼儿园教师资质

幼儿园教师的资质指幼儿园教师个人在幼儿教育专业方面研究和实践达到一定等级的专业水平、由职称评定机构或行业管理部门授予有关证书的称号。幼儿园教师的资质主要包括教师的资格证、学历和职称三个方面。由于北京市各区,以及城区、镇区和乡村三类地区的公立幼儿园教师来源多为师范院校学前教育专业毕业,也有部分小学转岗教师,以及少量中学转岗教师。因此,北京市公立幼儿园专任教师的资格证类型主要包括幼儿园教师资格证、小学教师资格证和中学教师资格证三类。

1. 北京市幼儿园教师学历水平

从北京市幼儿园专任教师和园长的学历水平分布来看,2011 年至 2016 年间,专任教师(含园长)的学历以专科和本科为主,且总体上呈现出学历逐渐提高的趋势。具体而言,本科学历教师的人数占比从 2010 年的 27.8% 提高到 2016 年的 39.4%,提升了 11.6 个百分点;同期,研究生学历的教师占比也从 0.9% 提高到 1.3%。专科学历的教师占比稳中有降,2010 年到 2016 年间保持在 48%—50%。高中和高中以下学历的教师占比显著下降,其中高中学历的教师从 2010 年的 19.7% 下降到 2016 年的 9.7%,下降了 10 个百分点;同期,高中以下学历的教师占比从 1.5% 下降到 0.6%(详见表 1-31 和图 1-25)。

从不同地区幼儿园教师的学历水平分布和变化来看,城区幼儿园教师学历呈现出与全市一致的趋势,即研究生学历占比稳中有升,本科学历占比显著提高,专科所占比例稳中有降,高中和高中以下学历占比显著下降;镇区和乡村的教师学历发展趋势与城区有所不同,突出表现为本科和专科所占比例均显著提高(详见表 1-32 至 1-34)。

表 1-31　2010—2016 年北京市幼儿园专任教师(含园长)学历分布①

年份	总数	研究生		本科		专科		高中		高中以下	
		人数	占比	人数	占比	人数	占比	人数	占比	人数	占比
2010	23387	218	0.9%	6498	27.8%	11720	50.1%	4596	19.7%	355	1.5%
2011	25947	318	1.2%	7726	29.8%	12921	49.8%	4734	18.2%	248	1.0%
2012	28222	296	1.0%	9022	32.0%	13913	49.3%	4803	17.0%	188	0.7%
2013	30885	337	1.1%	10509	34.0%	15161	49.1%	4657	15.1%	221	0.7%
2014	33871	393	1.2%	11939	35.2%	16694	49.3%	4650	13.7%	195	0.6%
2015	36282	443	1.2%	13624	37.6%	17409	48.0%	4567	12.6%	239	0.7%
2016	38367	498	1.3%	15126	39.4%	18797	49.0%	3734	9.7%	212	0.6%

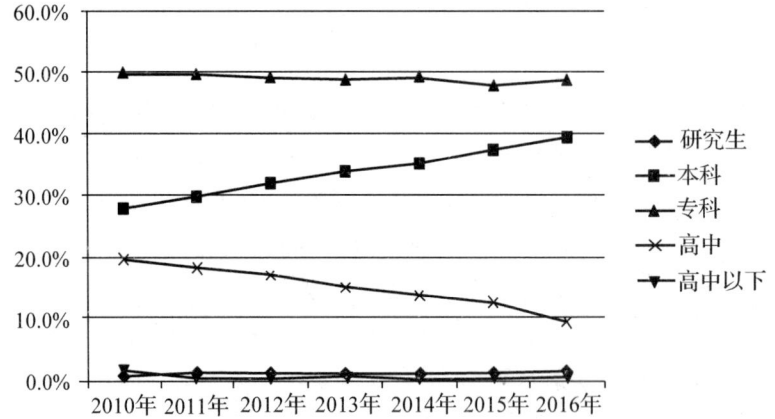

图 1-25　2010—2016 年北京市幼儿园专任教师(含园长)学历水平变化趋势

表 1-32　2010—2016 年北京市城区幼儿园专任教师(含园长)学历分布

年份	总数	研究生		本科		专科		高中		高中以下	
		人数	占比	人数	占比	人数	占比	人数	占比	人数	占比
2010	19297	206	1.1%	5149	26.7%	10224	53.0%	3464	18.0%	254	1.3%
2011	22459	299	1.3%	6466	28.8%	11700	52.1%	3849	17.1%	145	0.6%
2012	24226	280	1.2%	7525	31.1%	12312	50.8%	3980	16.4%	129	0.5%
2013	26090	309	1.2%	8697	33.3%	13056	50.0%	3869	14.8%	159	0.6%
2014	28574	358	1.3%	9792	34.3%	14299	50.0%	3985	13.9%	140	0.5%
2015	30296	407	1.3%	11128	36.7%	14631	48.3%	3927	13.0%	203	0.7%
2016	32018	462	1.4%	12355	38.6%	15750	49.2%	3292	10.3%	159	0.5%

---

① 中华人民共和国教育部发展规划司.中国教育统计年鉴(2016 年)[EB/OL]. http://tongji.cnki.net/kns55/Navi/YearBook.

表1-33 2010—2016年北京市镇区幼儿园专任教师(含园长)学历分布

年份	总数	研究生		本科		专科		高中		高中以下	
		人数	占比	人数	占比	人数	占比	人数	占比	人数	占比
2010	2331	10	0.4%	777	33.3%	947	40.6%	568	24.4%	29	1.2%
2011	2381	17	0.7%	871	36.6%	905	38.0%	529	22.2%	59	2.5%
2012	2742	14	0.5%	1034	37.7%	1152	42.0%	498	18.2%	44	1.6%
2013	3345	21	0.6%	1328	39.7%	1471	44.0%	493	14.7%	32	1.0%
2014	3529	29	0.8%	1462	41.4%	1612	45.7%	406	11.5%	20	0.6%
2015	3898	28	0.7%	1684	43.2%	1796	46.1%	374	9.6%	16	0.4%
2016	3962	29	0.7%	1755	44.3%	1900	48.0%	258	6.5%	20	0.5%

表1-34 2010—2016年北京市乡村幼儿园专任教师(含园长)学历分布

年份	总数	研究生		本科		专科		高中		高中以下	
		人数	占比	人数	占比	人数	占比	人数	占比	人数	占比
2010	1759	2	0.1%	572	32.5%	549	31.2%	564	32.1%	72	4.1%
2011	1107	2	0.2%	389	35.1%	316	28.5%	356	32.2%	44	4.0%
2012	1254	2	0.2%	463	36.9%	449	35.8%	325	25.9%	15	1.2%
2013	1450	7	0.5%	484	33.4%	634	43.7%	295	20.3%	30	2.1%
2014	1768	6	0.3%	685	38.7%	783	44.3%	259	14.6%	35	2.0%
2015	2088	8	0.4%	812	38.9%	982	47.0%	266	12.7%	20	1.0%
2016	2387	7	0.3%	1016	42.6%	1147	48.1%	184	7.7%	33	1.4%

2. 北京市幼儿园教师大专及以上学历所占比例

从北京市幼儿园专任教师和园长的学历分布来看,在2010—2016年间,大专及以上学历的教师从18436人增长到34421人,增幅高达86.7%,且其所占比例从78.8%增长到89.7%,增长了约10个百分点;本科及以上学历的教师从6716人增长到15624人,增幅高达132.6%,且其所占比例从28.7%增长到40.7%,增长了约12个百分点;研究生学历的教师从218人增长到498人,增幅高达128.4%,且其所占比例从0.9%增长到1.3%,增长了0.4个百分点(详见表1-35)。

表 1-35 2010—2016 年北京市幼儿园专任教师(含园长)学历分布(累计)

年份	总数	研究生		本科及以上		专科及以上	
		人数	占比	累计人数	累计百分比	累计人数	累计百分比
2010	23387	218	0.9%	6716	28.7%	18436	78.8%
2011	25947	318	1.2%	8044	31.0%	20965	80.8%
2012	28222	296	1.0%	9318	33.0%	23231	82.3%
2013	30885	337	1.1%	10846	35.1%	26007	84.2%
2014	33871	393	1.2%	12332	36.4%	29026	85.7%
2015	36282	443	1.2%	14067	38.8%	31476	86.8%
2016	38367	498	1.3%	15624	40.7%	34421	89.7%

从不同地区专任教师和园长的学历分布来看,在 2010—2016 年间,城区研究生学历的教师占比显著高于镇区和乡村,但镇区和乡村的本科及以上、大专及以上教师的学历水平发展非常快(详见表 1-36)。

表 1-36 2010—2016 年北京市不同地区北京市幼儿园专任教师(含园长)学历分布

年份	学历地区	总数	研究生		本科及以上		专科及以上	
			人数	占比	累计人数	累计百分比	累计人数	累计百分比
2010	城区	19297	206	1.1%	5355	27.8%	15579	80.7%
	镇区	2331	10	0.4%	787	33.8%	1734	74.4%
	乡村	1759	2	0.1%	574	32.6%	1123	63.8%
	全市	23387	218	0.9%	6716	28.7%	18436	78.8%
2011	城区	22459	299	1.3%	6765	30.1%	18465	82.2%
	镇区	2381	17	0.7%	888	37.3%	1793	75.3%
	乡村	1107	2	0.2%	391	35.3%	707	63.9%
	全市	25947	318	1.2%	8044	31.0%	20965	80.8%
2012	城区	24226	280	1.2%	7805	32.2%	20117	83.0%
	镇区	2742	14	0.5%	1048	38.2%	2200	80.2%
	乡村	1254	2	0.2%	465	37.1%	914	72.9%
	全市	28222	296	1.0%	9318	33.0%	23231	82.3%

续表

年份	学历地区	总数	研究生		本科及以上		专科及以上	
			人数	占比	累计人数	累计百分比	累计人数	累计百分比
2013	城区	26090	309	1.2%	9006	34.5%	22062	84.6%
	镇区	3345	21	0.6%	1349	40.3%	2820	84.3%
	乡村	1450	7	0.5%	491	33.9%	1125	77.6%
	全市	30885	337	1.1%	10846	35.1%	26007	84.2%
2014	城区	28574	358	1.3%	10150	35.5%	24449	85.6%
	镇区	3529	29	0.8%	1491	42.2%	3103	87.9%
	乡村	1768	6	0.3%	691	39.1%	1474	83.4%
	全市	33871	393	1.2%	12332	36.4%	29026	85.7%
2015	城区	30296	407	1.3%	11535	38.1%	26166	86.4%
	镇区	3898	28	0.7%	1712	43.9%	3508	90.0%
	乡村	2088	8	0.4%	820	39.3%	1802	86.3%
	全市	36282	443	1.2%	14067	38.8%	31476	86.8%
2016	城区	32018	462	1.4%	12817	40.0%	28567	89.2%
	镇区	3962	29	0.7%	1784	45.0%	3684	93.0%
	乡村	2387	7	0.3%	1023	42.9%	2170	90.9%
	全市	38367	498	1.3%	15624	40.7%	34421	89.7%

3. 北京市幼儿园教师职称等级分布

从北京市幼儿园专任教师和园长的职称等级[①]分布来看，虽然拥有各类职称的教师人数均稳步增长，但未评定职级的教师比例仍较高，2010至2015年间，这一比例保持在50%左右，并逐年小幅增长；小学高级教师的数量逐年增加，但所占比重却逐年下降。这与近年来教师队伍迅速扩张，新增教师人数较多有关，一方面，这些新教师评定职称有一定时延，另一方面，由于幼儿园教师基数增加，导致各类职称的评定比例略有下降。并且值得注意的是，2012年以来，拥有小学二级和小学三级职称的教师比

---

① 根据2010—2016教育统计年鉴的统计指标，幼儿园教师的职称等级参照中小学的职称等级，从低到高依次为小学三级、小学二级、小学一级、小学高级和中学高级。自2017年，《关于深化职称制度改革的意见》颁布以来，北京市幼儿园教师开始实行独立的职称评定体系，从低到高依次为：幼儿园三级教师、二级教师、一级教师、高级教师、正高级教师。

例开始小幅增长,并且2016年以来,未定职级的教师比例首次出现小幅回落,表明幼儿园教师评定职称的情况开始出现好转(详见表1-37)。

从不同地区幼儿园教师职称等级分布来看,2010—2016年间,城区幼儿园内中学高级教师职称的比例一直稳中有升,且高于镇区和乡村;镇区和乡村,特别是乡村地区幼儿园内小学高级职称的比例高于城区,且增速逐年放缓;城区和镇区幼儿园内小学一级和小学二级职称比例高于乡村,2016年乡村小学一级教师职称的比例增长迅速;从未定职级教师的比例来看,三类地区均经历了2010至2015年的逐年增长,再到2016年的回落,特别是镇区和乡村的未评职级比例与上一年相比降幅均超过10个百分点(详见表1-38)。

表1-37 2010—2016年北京市幼儿园教师职称等级

年份	合计	中学高级		小学高级		小学一级		小学二级		小学三级		未定职级	
		人数	比例(%)	人数	比例(%)	人数	比例(%)	人数	比例(%)	人数	比例(%)	人数	比例(%)
2010	23387	197	0.8	4960	21.2	5083	21.7	1745	7.5	243	1.0	11159	47.7
2011	25947	207	0.8	4968	19.1	5299	20.4	1769	6.8	269	1.0	13435	51.8
2012	28222	213	0.8	5045	17.9	5672	20.1	1989	7.0	254	0.9	15049	53.3
2013	30885	247	0.8	5208	16.9	6159	19.9	2224	7.2	343	1.1	16704	54.1
2014	33871	259	0.8	5153	15.2	6473	19.1	2469	7.3	501	1.5	19016	56.1
2015	36282	255	0.7	5113	14.1	6625	18.3	2716	7.5	399	1.1	21174	58.4
2016	38367	436	1.1	5139	13.4	7842	20.4	2870	7.5	486	1.3	21594	56.3

表1-38 2010—2016年北京市不同地区幼儿园教师职称等级

年份		合计	中学高级		小学高级		小学一级		小学二级		小学三级		未定职级	
			人数	比例(%)	人数	比例(%)	人数	比例(%)	人数	比例(%)	人数	比例(%)	人数	比例(%)
2010	城区	19297	171	0.9	3913	20.3	4269	22.1	1529	7.9	221	1.1	9194	47.6
	镇区	2331	17	0.7	611	26.2	476	20.4	132	5.7	13	0.6	1082	46.4
	乡村	1759	9	0.5	436	24.8	338	19.2	84	4.8	9	0.5	883	50.2
	全市	23387	197	0.8	4960	21.2	5083	21.7	1745	7.5	243	1.0	11159	47.7
2011	城区	22459	191	0.9	4116	18.3	4556	20.3	1569	7.0	238	1.1	11789	52.5
	镇区	2381	13	0.5	531	22.3	525	22.0	127	5.3	19	0.8	1166	49.0
	乡村	1107	3	0.3	321	29.0	218	19.7	73	6.6	12	1.1	480	43.4
	全市	25947	207	0.8	4968	19.1	5299	20.4	1769	6.8	269	1.0	13435	51.8

续表

年份		合计	中学高级		小学高级		小学一级		小学二级		小学三级		未定职级	
			人数	比例(%)	人数	比例(%)	人数	比例(%)	人数	比例(%)	人数	比例(%)	人数	比例(%)
2012	城区	24226	201	0.8	4176	17.2	4808	19.8	1761	7.3	244	1.0	13036	53.8
	镇区	2742	10	0.4	558	20.4	618	22.5	158	5.8	8	0.3	1390	50.7
	乡村	1254	2	0.2	311	24.8	246	19.6	70	5.6	2	0.2	623	49.7
	全市	28222	213	0.8	5045	17.9	5672	20.1	1989	7.0	254	0.9	15049	53.3
2013	城区	26090	217	0.8	4337	16.6	5120	19.6	2010	7.7	338	1.3	14068	53.9
	镇区	3345	23	0.7	587	17.5	788	23.6	158	4.7	0	0.0	1789	53.5
	乡村	1450	7	0.5	284	19.6	251	17.3	56	3.9	5	0.3	847	58.4
	全市	30885	247	0.8	5208	16.9	6159	19.9	2224	7.2	343	1.1	16704	54.1
2014	城区	28574	238	0.8	4276	15.0	5243	18.3	2235	7.8	452	1.6	16130	56.4
	镇区	3529	15	0.4	521	14.8	881	25.0	157	4.4	39	1.1	1916	54.3
	乡村	1768	6	0.3	356	20.1	349	19.7	77	4.4	10	0.6	970	54.9
	全市	33871	259	0.8	5153	15.2	6473	19.1	2469	7.3	501	1.5	19016	56.1
2015	城区	30296	231	0.8	4205	13.9	5373	17.7	2504	8.3	374	1.2	17609	58.1
	镇区	3898	17	0.4	546	14.0	892	22.9	131	3.4	8	0.2	2304	59.1
	乡村	2088	7	0.3	362	17.3	360	17.2	81	3.9	17	0.8	1261	60.4
	全市	36282	255	0.7	5113	14.1	6625	18.3	2716	7.5	399	1.1	21174	58.4
2016	城区	32018	390	1.2	4231	13.2	5976	18.7	2426	7.6	448	1.4	18547	57.9
	镇区	3962	29	0.7	493	12.4	1220	30.8	265	6.7	18	0.5	1937	48.9
	乡村	2387	17	0.7	415	17.4	646	27.1	179	7.5	20	0.8	1110	46.5
	全市	38367	436	1.1	5139	13.4	7842	20.4	2870	7.5	486	1.3	21594	56.3

此外，从幼儿园特级教师的发展来看，首先，在数量上，2014年北京市共评定了23名特级教师，2017年评定了16名特级教师，共计39名特级教师。其次，从特级教师在16个市辖区的分布情况来看，西城区和海淀区的特级教师人数最多(各8人)，随后依次为：朝阳区和丰台区(各5人)、东城区(3人)、顺义区和昌平区(各2人)，门头沟区、石景山区、房山区、通州区、怀柔区和延庆区(各1人)，大兴、平谷和密云尚没有特级教师。再次，从特级教师的来源来看，39名特级教师中，33名教师均来自幼儿园，占84.6%，6名教师来自区教研室或研修学院，占15.4%。最后，从特级教师

的性别来看，100%为女性。

表 1-39 北京市各区幼儿园特级教师人数 （单位：人）

年份 辖区	2014 年	2017 年	小计
东城	2	1	3
西城	5	3	8
海淀	5	3	8
朝阳	4	1	5
丰台	4	1	5
门头沟	1	0	1
石景山	0	1	1
房山	0	1	1
通州	0	1	1
顺义	1	1	2
昌平	0	2	2
大兴	0	0	0
怀柔	1	0	1
平谷	0	0	0
延庆	0	1	1
密云	0	0	0
小计	23	16	39

表 1-40 北京市幼儿园特级教师来源 （单位：人）

年份 来源	2014 年	2017 年	小计
幼儿园	10	23	33
区教研室或研修学院	6	0	6
合计	16	23	39

4. 北京市幼儿园专任教师与公立中小学专任教师学历水平对比

通过对北京市幼儿园与小学教师的学历水平进行对比可以发现，小学教师的学历以本科为主，幼儿园教师则以大专和本科为主。2013至2016年，北京市拥有本科学历的小学教师占比达到80%以上，同期达到本科学历的幼儿园教师比例约为35%—40%；拥有大专学历的小学教师占比从2013年的12.8%下降到2016年的8.8%，而同期大专学历的幼儿园教师所占比例则一直保持在50%左右。此外，小学教师中研究生学历占比也高于幼儿园教师，同时，高中及高中以下的小学教师所占比例显著低于幼儿园教师（详见表1-41）。

表1-41 北京市幼儿园教师与小学教师学历对比[①]

年份	学历水平	总数	研究生		本科		大专		高中		高中以下	
			人数	比例	人数	比例	人数	比例	人数	比例	人数	比例
2013	小学	54981	1286	2.3%	45562	82.9%	7065	12.8%	1035	1.9%	33	0.1%
	幼儿园	30885	337	1.1%	10509	34.0%	15161	49.1%	4657	15.1%	221	0.7%
2014	小学	56870	1984	3.5%	47774	84.0%	6454	11.3%	637	1.1%	21	0.0%
	幼儿园	33871	393	1.2%	11939	35.2%	16694	49.3%	4650	13.7%	195	0.6%
2015	小学	59267	2916	4.9%	50033	84.4%	5814	9.8%	488	0.8%	16	0.0%
	幼儿园	36282	443	1.2%	13624	37.6%	17409	48.0%	4567	12.6%	239	0.7%
2016	小学	61811	3641	5.9%	52304	84.6%	5470	8.8%	375	0.6%	21	0.0%
	幼儿园	38367	498	1.3%	15126	39.4%	18797	49.0%	3734	9.7%	212	0.6%

（三）幼儿园教师薪酬

1. 北京市幼儿园专任教师与保育员工资水平

本项目组调研结果显示，从当前全市幼儿园专任教师的月工资[②]水平来看，46.6%的幼儿园教师月工资在4000—6000元，34.0%的教师月工资在2000—4000元，还有11.8%的教师月工资达到6000—8000元，月收入达到8000—10000元和10000元以上的幼儿园教师占比不足3%，另外还有4.7%的教师月工资不足2000元；保育员方面，51.4%的保育员月工资在2000—4000元，40.3%的保育员月工资在4000—6000元，有4.2%的保育员月工资不足2000元（见表1-42）。

---

① 教育部. 教育统计数据（2013—2016）[EB/OL]. http://www.moe.gov.cn/s78/A03/moe_560/jytjsj_2016. 2012年及以前年份教育部各级学校的教师数据是按全国进行统计的，没有省市的数据。因此，本表中呈现的是2013年及以后的北京市小学和幼儿园教师的学历数据。

② 本次调研采用的"月工资"是指教师每个月税后的实际收入。

表1-42 2018年北京市幼儿园专任教师和保育员月工资

工资（元）		2000元及以下	2001—4000元	4001—6000元	6001—8000元	8001—10000元	10000元以上	小计
专任教师	人数（人）	18	130	178	45	8	3	382
	百分比（%）	4.71	34.03	46.60	11.78	2.09	0.79	100
保育员	人数（人）	3	37	29	2	1	0	72
	百分比（%）	4.17	51.39	40.28	2.78	1.39	0.00	100

2. 北京市公立幼儿园专任教师、保育员起点月工资水平及其增长

项目组调研结果显示，从北京市公立幼儿园专任教师起点工资的发展趋势来看，2008—2012年入职的被调查幼儿园教师，起点月工资在2000元及以下的教师占比达44.3%，2000—4000元的占比27.9%，4000—6000元的占比21.3%，仅有不足7%的教师起点月工资在6000元以上。2013—2015年期间入职的被调查幼儿园教师，起点月工资在2000—4000元的增加至38.3%，比此前年份入职的教师增长了超过10个百分点，4000—6000元月工资的教师占比也达到了32.1%，与此前入职的教师相比，其起点月工资水平增幅超过10个百分点，6000元以上起点月工资水平的教师占比则基本未变。2016—2017年入职的被调查幼儿园教师，起点月工资在2000—4000元的教师占比增长至49.7%，4000—6000元起点月工资的教师占比达到37.7%（见表1-43）。

表1-43 2008—2016年北京市公立幼儿园专任教师起点月工资水平[①]

教龄	入职年份	2000元及以下	百分比（%）	2001—4000元	百分比（%）	4001—6000元	百分比（%）	6001—8000元	百分比（%）	8001—10000元	百分比（%）	小计
1—2年	2016—2017	22人	7.75	141人	49.65	107人	37.68	12人	4.23	2人	0.70	284人
3—5年	2013—2015	20人	24.69	31人	38.27	26人	32.10	3人	3.70	1人	1.23	81人
6—10年	2008—2012	27人	44.26	17人	27.87	13人	21.31	3人	4.92	1人	1.64	61人

3. 北京市公立幼儿园专任教师、保育员15年教龄月工资水平

根据项目组调研结果，以2018年为例，从教龄为11—15年的教师工资水平来看，

---

① 调研采用回溯法，通过不同教龄的教师回顾入职第一年的工资来了解入职当年的教师起点工资。

有 50.0％的教师工资水平为 4001—6000 元，19.23％的教师工资为 6001—8000 元，另外，工资水平为 2001—4000 元和 8000—10000 元区间的教师均占 15.38％。同时，从教龄为 16—20 年的教师工资水平来看，工资水平为 4001—6000 元和 6001—8000 元区间的教师占比均为 42.31％，11.54％的教师工资水平为 2001—4000 元，另有 3.85％的教师工资水平为 8000—10000 元。可见，随着教龄的增长，15 年以上教龄的教师工资水平也有所增长（见表 1-44）。

表 1-44　北京市公立幼儿园教师 15 年教龄月平均工资水平

教龄	工资(元)	2001—4000 元	4001—6000 元	6001—8000 元	8000—10000 元	小计
11—15 年	人数	4	13	5	4	26
	百分比	15.38％	50.00％	19.23％	15.38％	100％
16—20 年	人数	3	11	11	1	26
	百分比	11.54％	42.31％	42.31％	3.85％	100％

4. 北京市公立幼儿园专任教师、保育员工资结构

据项目组调研结果，从北京市公立幼儿园教师的工资结构来看，主要包括岗位工资、薪级工资、绩效工资、岗位津贴、住房公积金、医疗养老金、年终奖及其他补贴等（见表 1-45）。

表 1-45　北京市公立幼儿园教师工资结构①

工资结构	办园性质	公办园		公办性质园		民办园	
		人数	百分比	人数	百分比	人数	百分比
岗位工资		121	96.03％	298	98.68％	78	90.7％
薪级工资		87	69.05％	165	54.64％	32	37.21％
绩效工资		112	88.89％	276	91.39％	64	74.42％
岗位津贴		91	72.22％	180	59.6％	37	43.02％
补贴		83	65.87％	173	57.28％	17	19.77％
住房公积金		100	79.37％	218	72.19％	34	39.53％

---

① 公办园是指财政全额拨款的幼儿园，主要是指教委办园；公办性质幼儿园是指由高校、企事业单位、街道、部队或村委会等举办的幼儿园，包括高校附属园、企事业单位办园、街道园、部队办园等；民办园是指由个人或公司举办的，自收自支的幼儿园。

续表

办园性质	公办园		公办性质园		民办园	
工资结构	人数	百分比	人数	百分比	人数	百分比
医疗养老金	93	73.81%	206	68.21%	36	41.86%
年终奖金	52	41.27%	131	43.38%	22	25.58%
其他	14	11.11%	34	11.26%	13	15.12%

从北京市公立园非在编教师的工资结构来看，有薪级工资、岗位津贴、补贴的非在编教师占比很少或几乎为零，有住房公积金和医疗保险的非在编教师占比分别为57.1%和42.9%，另外，还有14.3%的非在编教师有年终奖（见表1-46）。

表1-46 北京市公立幼儿园在编和非在编教师工资结构

编制	在编		非在编	
工资结构	人数	百分比	人数	百分比
岗位工资	107	95.54%	14	100%
薪级工资	86	76.79%	1	7.14%
绩效工资	101	90.18%	11	78.57%
岗位津贴	88	78.57%	3	21.43%
补贴	83	74.11%	0	0%
住房公积金	92	82.14%	8	57.14%
医疗养老金	87	77.68%	6	42.86%
年终奖金	50	44.64%	2	14.29%
其他	12	10.71%	2	14.29%

5. 北京市幼儿园教师与其他相关人员平均工资水平的对比

(1) 北京市幼儿园专任教师、保育员与北京市事业单位人员平均工资水平的对比

根据项目组调研的数据，北京市专任幼儿园教师的月工资在2000元以下、2000—4000元、4000—6000元、6000—8000元、8000—10000元和10000元以上的比例，分别是4.7%、34.0%、46.6%、11.8%、2.1%和0.8%；保育员的工资在2000元以下、2000—4000元、4000—6000元的比例，分别是4.2%、51.4%和40.3%。

以2017年为例，北京市人力资源和社会保障局北京市统计局公布2017年北京市

职工平均工资为101599元，月平均工资为8467元①。由此可看出，北京市绝大多数幼儿园教师与保育员均未能达到北京市职工平均工资水平。

(2)北京市公立幼儿园专任教师、保育员起点月工资水平与北京市最低月工资标准的对比

根据项目组调研的数据，从公办园教师起点工资来看，在编教师的月工资在2000元以下、2000—4000元和4000—6000元的比例分别是22.3%、37.5%和33.0%；非在编教师在上述三类工资区间的比例分别是7.1%、71.4%和21.4%（见表1-47）。

表1-47 2016年北京市不同性质幼儿园教师的起点工资

办园性质	月工资	2000元及以下	百分比(%)	2001—4000元	百分比(%)	4001—6000元	百分比(%)	6001—8000元	百分比(%)	8000—10000元	百分比(%)	小计
公办园	在编	25	22.32	42	37.5	37	33.04	7	6.25	1	0.89	112
	非在编	1	7.14	10	71.43	3	21.43	0	0	0	0	14
公办性质园	在编	32	17.02	52	27.66	88	46.81	13	6.91	3	1.6	188
	非在编	37	32.5	53	46.5	23	20.18	1	0.88	0	0	114
民办园		30	34.8	41	47.6	10	11.6	3	3.5	2	2.3	86

以2016年为例，北京市最低月工资标准为1890元②。由此，北京市公办园中约有22.3%的在编教师和7.1%的非在编教师税后实际收入刚刚达到或低于这个标准。

(四)幼儿园教师教育

幼儿园教师教育包括职前教育与职后培训两部分。其中，职前教育主要指北京市大中专院校提供的学前教育专业培养，职后培训则主要指幼儿园教师的非学历继续教育，如各级教委提供的培训项目，各培训单位提供的不同类别不同内容的继续教育培训等③。本部分调查还包括幼儿园教师与保育员专业发展的主要途径，继续教育的主要培训单位与相关教育经费的来源等。

1. 北京市学前教育院校培养规模

从北京市各级各类学前教育院校的培养规模来看，综合首都师范大学、中华女子

---

① 北京市人力资源和社会保障局北京市统计局关于公布2017年北京市职工平均工资的通知．京人社规发〔2018〕115号文件[EB/OL]．http：//tjj.beijing.gov.cn/zwgk/tzgg/201805/t20180525_398431.html．中职院校数据主要来自北京青年政治学院相关调查数据．

② 北京市人力资源和社会保障局：关于调整北京市2016年最低工资标准的通知．京人社劳发〔2016〕128号文件．

③ 因为普查难度问题，此部分数据不包括园本培训．

学院，以及北京青年政治学院课题组《北京市职业院校学前教育专业布局》的调查①，据不完全统计，2014—2016年中职和职高毕业生的规模分别为1362人、2290人和2076人；2013和2014年中专毕业生的规模分别为398人和449人；2014—2016年高职毕业生的规模分别为437人、1018人和1105人；2011到2016年（其中，2013年数据缺失）大专毕业生的规模分别为298人、294人、102人、167人和295人，同期本科毕业生的规模分别为140人、150人、144人、173人206人和266人；此外，同期研究生毕业的规模每年均为20—30人。

2. 北京市幼儿园专任教师与保育员来源地

根据项目组调研结果，被调查的北京市幼儿园专任教师中，来自本地（北京市户籍）的占77.8%，外埠的占22.2%；被调查的保育员中，来自本地的占94.4%，外埠的占5.6%（见表1-48）。

表1-48 北京市幼儿园专任教师和保育员来源地情况

	北京	百分比(%)	外埠	百分比(%)	小计
教师	297人	77.8	85人	22.2	382人
保育员	68人	94.44	4人	5.56	72人

3. 北京市幼儿园专任教师与保育员专业发展途径

根据项目组调研结果，从北京市幼儿园专任教师专业发展具体途径的占比来看，从高到低依次是园本教研、在职培训②、继续教育、阅读专业书籍和反思实践。从保育员专业发展途径占比来看，从高到低依次是继续教育、园本教研、在职培训、阅读专业书籍和反思实践。两类教师的专业发展途径趋同，均以园本教研、继续教育和在职培训为主（见表1-49）。

表1-49 北京市幼儿园专任教师和保育员专业发展途径

岗位 途径	专任教师		保育员	
	人数	百分比(%)	人数	百分比(%)
阅读专业书籍	256	67.02	49	68.06
反思实践	242	63.35	44	61.11
园本教研	315	82.46	58	80.56

---

① 中专、大专、研究生的数据主要来自首都师范大学学前教育学院。本科的数据来自首都师范大学学前教育学院和中华女子学院儿童发展与教育学院。

② 此处为狭义的在职培训，指在岗教师接受的园外培训。

续表

岗位 途径	专任教师		保育员	
	人数	百分比(%)	人数	百分比(%)
继续教育	313	81.94	59	81.94
在职培训	279	73.04	52	72.22
其他	19	4.97	3	4.17
小计	382	100	72	100

4. 北京市公立幼儿园园长与专任教师非学历继续教育[①]情况

幼儿园教师的继续教育分为非学历教育和学历教育。其中，学历教育是对具备合格学历的教师进行的提高学历层次的培训，非学历教育一般包括：新任教师培训，即为新任教师在试用期内适应教育教学工作需要而设置的培训；教师岗位培训，即为教师适应岗位要求而设置的培训；骨干教师培训，即对有培养前途的中青年教师按教育教学骨干的要求和对现有骨干教师按更高标准进行的培训(见表1-50)。

据不完全数据统计，2011年至2015年培训项目包括学科带头人与骨干教师培训、幼儿园园长培训、城区与乡镇幼儿园不同发展时期的幼儿园教师培训，也包括幼儿园转岗教师培训与教师心理健康等专项培训等。

表1-50 北京市公立幼儿园教师非学历继续教育情况[②]

项目名称	计划培训人数(人)					计划资金(万元)				
	2011	2012	2013	2014	2015	2011	2012	2013	2014	2015
幼儿园学科带头人及市级骨干教师培训	139	139	133	157	157	139.5	112	56	129	127.3
幼儿园农村转岗教师培训	120	200	210	210	236	272.6	178	163	188	177.9
农村幼儿园3—5年成长期教师培训	—	—	350	—	—	—	—	79	—	—

---

① 中小学教师继续教育规定(中华人民共和国教育部令第7号 1999年9月13日)[EB/OL]. http://www.moe.edu.cn/srcsite/A02/s5911/moe_621/199909/t19990913_180474.html. 本规定所称中小学教师，是指幼儿园，特殊教育机构，普通中小学，成人初等、中等教育机构，职业中学以及其他教育机构的教师。

② 本数据由北京市幼教师资培训中心提供。北京市幼教师资培训中心负责2011至2015年大部分政府培训项目，但由北京教育学院、北京师范大学等部门负责的政府培训项目并未列入此调研。

续表

项目名称	计划培训人数(人)					计划资金(万元)				
	2011	2012	2013	2014	2015	2011	2012	2013	2014	2015
幼儿园教师心理健康培训	200	239	44	—	—	47	53.7	51	—	—
城区幼儿园成熟期教师素质提升培训	—	—	112	—	—	—	—	88	—	—
幼儿园园长高级研修班	61	48	46	86	—	96.2	77.8	125.6	115.8	—
幼儿园业务园长指导能力培训	30	60	80	50	—	77	63	79	85	—
民办幼儿园园长培训	200	200	—	—	—	60	100	—	—	—
农村幼儿园园长培训	—	—	200	200	—	—	—	130.7	191.3	—
优秀示范幼儿园园长(国际视野)境内高端培训	—	—	—	50	—	—	—	—	138.9	—

5. 北京市公立幼儿园教师继续教育经费的主要来源及构成

根据项目组的调研结果，从北京市公立园专任教师继续教育经费的来源来看，主要包括区教委投入的人均培训费、北京市或区县教委的专项经费，幼儿园申报的各级各类课题费，以及其他经费(如生均共用经费或保教费)。其中，人均培训费是教师在职培训费的主体，其次是教委专项经费，其他来源经费作为补充。以下选择几个区进行具体分析(见表1-51)。

表1-51 北京市公立幼儿园教师继续教育经费的来源

年份	各区	区教委投入的每年人均培训费(元)	市/区教委每年对每所公立园下拨专项经费(元)	其他来源
2010	西城区	800		—
	丰台区	300		课题费
	大兴区	300	10000	—
2011	西城区	800		
	丰台区	300		课题费
	大兴区	300		

续表

年份	各区	区教委投入的每年人均培训费（元）	市/区教委每年对每所公立园下拨专项经费（元）	其他来源
2012	西城区	800		—
	丰台区	300		课题费
	大兴区	300	10000	—
2013	西城区	800		—
	丰台区	300		课题费
	大兴区	300	10000	—
2014	西城区	800		—
	丰台区	300		课题费
	大兴区	1000	30000	—
2015	西城区	800		—
	丰台区	300		—
	大兴区	1000	30000	生均公用经费
2016	西城区	800		—
	丰台区	300		—
	大兴区	1000	30000	生均公用经费

6. 北京市幼儿园教师继续教育提供方

根据项目组调研结果，从不同性质幼儿园专任教师和保育员的在职培训提供方来看，区教委或区教师进修学校是教师职后的主要培训提供方，其次是市教委组织的市级培训，再次是培训机构组织的培训，最后是教育部组织的国家级培训（见表1-52）。

表1-52　北京市幼儿园教师继续教育提供方[①]

办园性质 培训提供方	公办园		公办性质园	
	人次	百分比	人次	百分比
教育部	31	24.60%	52	17.22%
市教委	68	53.40%	146	48.34%
区教委或教师进修学校	119	94.44%	260	86.09%
培训机构	44	34.92%	99	32.78%

① 由于每名教师均参与了各级培训，不同性质幼儿园教师参加各类培训的占比是以调研的不同性质幼儿园的教师人数为基数计算的。其中，公办园教师数为126人，公办性质园为302人。

第二章 北京市学前教育未来需求分析

近年来我国政府高度重视学前教育发展，北京市也逐年加大学前教育财政投入，改扩建、新建一大批园所，加强幼儿园教师队伍建设，在一定程度上缓解了此前"入园难"的突出问题。那么在未来一段时期内，北京市学龄前儿童规模变化趋势是怎样的，相应地对幼儿园学位供给、幼教师资供给提出了怎样的要求？对上述发展趋势与需求的科学测算，将对拟定与完善未来一段时期北京市学前教育事业发展特别是学位供给、幼教师资配备等发展规划与相关政策，科学有效地促进北京市学前教育事业健康可持续发展，提供重要依据和参考。

一、北京市学前教育需求分析的主要内容与基本思路

(一)研究目标与主要内容

本章旨在通过对北京市学龄前人口变动趋势的预测，结合师幼比水平，得出未来十年(2016—2025年)北京市幼儿园学位与幼儿园教师的整体规模需求及其变动趋势。研究的具体内容包括：(1)确立幼教师资需求预测的原则与框架。确定本研究中预测幼教师资需求的基本思路、主要原则和方法。(2)北京市学龄前人口变动趋势预测。根据北京市相关数据，对2016—2025年北京市学龄前人口变动进行预测。(3)北京市幼儿园学位与幼教师资整体规模需求及其变动趋势研究。根据确定的师幼比方案及学龄前人口变动趋势，预测2016—2025年北京市幼儿园学位需求与幼教师资规模需求情况。

(二)研究思路与方法

本着理论研究和实证研究结合、定性分析和定量分析结合、教育学与人口学研究相结合的基本思路。建构幼教师资需求变动预测的基本原则与方法；确定可供展开预测的师幼比高、中、低方案；对未来北京市幼儿园学位与幼教师资需求进行不同层次、不同角度的预测。综合运用多种方法，主要有：(1)人口预测法。根据经典队列要素预测方法，结合多状态人口预测模型，科学、细致预测未来北京市学龄前人口变动趋势；在此基础上，通过多方案情景模拟，测量未来北京市幼教师资需求及其供需缺口。(2)比较法。对国内外师幼比标准及现状进行比较分析。(3)访谈法。对市区两级学前教育行政管理部门相关负责人、部分北京市幼儿园管理者进行半结构访谈，了解北京市幼

教师资配备现状与需求情况。

二、"五普"以来北京市人口发展基本特征

(一)"五普"以来北京市人口规模变化总体特征

2000 年"五普"以来,无论是北京户籍人口还是常住人口,总体上都呈现增长的态势。如图 2-1 所示,1978 年北京市户籍人口 849.7 万人,到 2016 年年末增长到 1362.9 万人,38 年间增长了 59.4%。常住人口也由 1978 年 871.5 万,增长到 2016 年 2172.9 万人,增长了 1301.4 万人。

但自 2015 年以来,北京人口变动出现新特征。2017 年北京户籍人口和常住人口出现双降,分别比前一年减少 3.7 万人和 2.7 万人。这种变化主要原因是政府主导的人口调控政策和雄安新区建设规划。"以房控人""以业控人"和"规范外来人口随迁子女入学标准"等人口调控政策的实施,使北京外来人口减少 15.1 万[①]。同时雄安新区建设规划启动,疏解非首都功能,同时疏解部分北京人口。

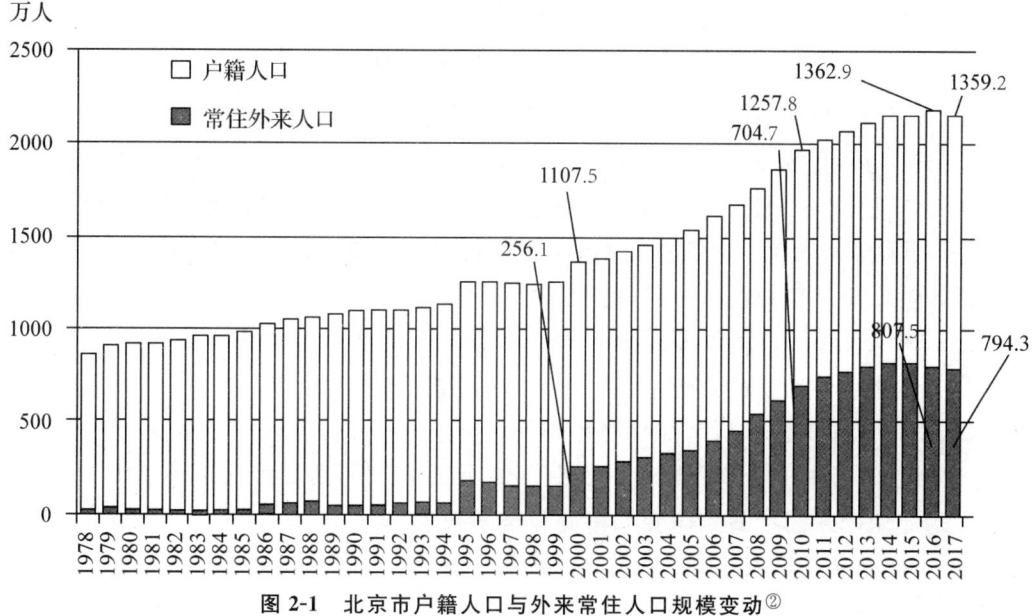

图 2-1　北京市户籍人口与外来常住人口规模变动[②]

如图 2-2 所示,改革开放以来北京户籍人口增长模式可以分为三个阶段。1990 年

---

① 徐芳,齐明珠. 经济新常态下大都市人口管理研究——以北京市为例[J]. 管理世界(月刊),2017(5).
② 北京统计年鉴 2017[EB/OL]. http://tjj.beijing.gov.cn/nj/main/2017;北京市 2017 年国民经济和社会发展统计公报.

以前是以自然增长为主导的人口增长模式，其后到 2012 年迁移增长迅速提高、户籍增长缓慢，2012 年以后迁移增长逐渐降低而户籍增长有所回升。

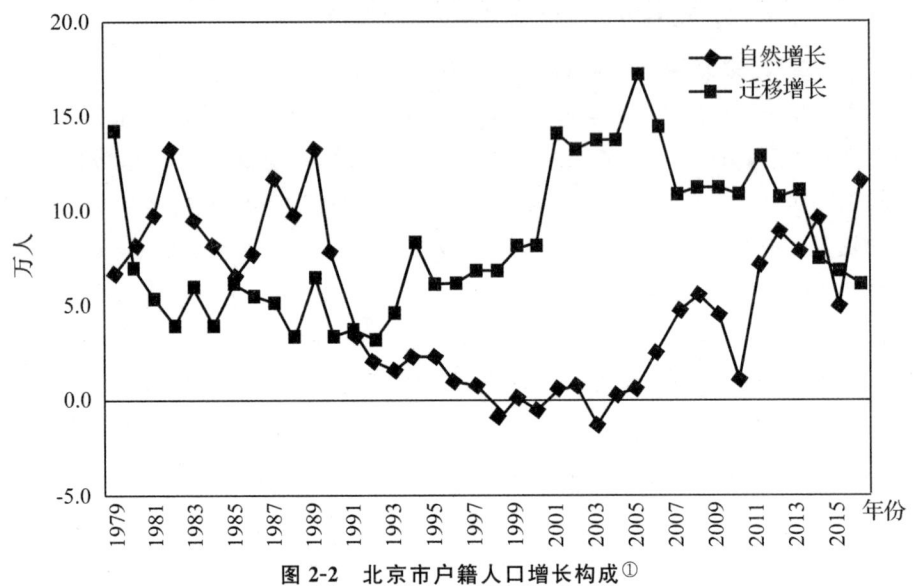

图 2-2　北京市户籍人口增长构成①

北京常住人口增长幅度显著高于户籍人口，2016 年已达 2172.9 万人，是 2000 年的 1.59 倍。无论是常住人口的增量还是增速，都高于 20 世纪八九十年代的水平。北京常住人口规模快速增长，显然是由非户籍人口迁移增长引起。随着首都经济实力逐步增强，就业需求增大，对外来人口吸引力日益增强，外来人口迁移日趋活跃。人口流动或常住人口迁移构成常住人口增长的主要来源。外来常住人口占全市常住人口的比重由 1990 年的 5%，提高到 2000 年的近 18.8%，到 2010 年外来常住人口规模快速增长到 700 余万，比重提高到近 35.9%；2016 年进一步提高到 37.2%。20 世纪 90 年代后期以来，北京外来人口常住化趋势日趋明显。离开户口登记地半年以上的外来人口在全部外来人口中的比例不断上升，由 2000 年的 83.3% 提高到 2010 年的 90.8%。

（二）北京市人口年龄结构变动特征及未来趋势

20 世纪 90 年代以来，北京即进入低出生、低死亡、低自然增长的人口转变后期。人口转变带来最为明显的人口发展特征是人口老龄化。特别在中国生育水平和人口迁移受到严格控制的情况下，大城市人口的老龄化一般都比其他地区发展快、水平高。伴随北京人口转变的日益深入，以及人口预期寿命的延长，北京出现人口出生率降低引起的底部老龄化，以及人口预期寿命延长引起的顶部老龄化共存的急速老化发展态

---

① 北京统计年鉴 2013[EB/OL]. http://tjj.beijing.gov.cn/nj/main/2013.

势。随着计划生育政策的调整,北京人口的老龄化趋势在一定程度上将有所缓和,但由于受现有年龄结构及其变动惯性的影响,在未来二三十年将仍处于快速发展时期,老龄化水平将会进一步提高。

1. 北京市常住人口年龄结构

北京人口年龄结构变动具有比较稳定的发展趋势。第一,如表2-1所示,改革开放以来,北京人口老龄化水平不断提高,1982年65岁及以上人口的比重为5.6%,到2000年即提高到8.4%,18年时间上升2.8个百分点,2010年老龄化程度进一步提高到8.7%。2000年以来,北京外来人口剧增,使2010年北京20—35岁青壮年劳动力快速扩张,这一变动趋势使2000年以来北京人口老龄化逐步加剧的发展趋势得以减缓。第二,在20世纪80年代,北京0—14岁的少儿人口比重相对稳定在20%左右,但进入2000年出现大幅下降,下降到13.6%,2010年更下降到8.6%。说明在20世纪80年代北京人口只有老龄化在单向推进,而进入90年代,则出现老龄化与少子化"二元"同时推进,显示北京人口年龄结构的矛盾更加复杂和凸显。第三,劳动年龄人口一直稳定在70%左右的水平,21世纪以来,北京人口迁入更为活跃,北京人口的年龄结构保持着劳动力资源丰富、社会抚养指数低、有利于经济发展的"黄金年龄结构";单从年龄结构上看,北京市的劳动力资源一直十分富足,为北京经济社会的发展提供了良好的劳动力资源条件。

表2-1　北京市历次人口普查年龄结构[①]　　　　（单位:%）

年份 项目	1953	1964	1982	1990	2000	2010	2015
各年龄组人口比重							
0—14	30.1	41.5	22.4	20.2	13.6	8.6	10.1
15—59	64.3	51.9	69.1	69.7	73.9	78.9	73.5
60岁及以上	5.6	6.6	8.5	10.1	12.5	12.5	16.4
#65岁及以上	3.3	4.1	5.6	6.3	8.4	8.7	10.7
总抚养比	50.2	83.8	38.9	36.1	28.2	20.9	36.1
老年抚养比	5.0	7.5	7.8	8.6	10.8	10.5	22.3
少儿抚养比	45.2	76.3	31.1	27.5	17.4	10.4	13.8

如图2-3所示,2010年北京常住人口性别年龄呈现15—64岁劳动年龄人口庞大,65岁及以上老年人口以及14岁及以下少儿人口较少的两头尖中间粗的纺锤形结构。在

---

① 北京统计年鉴2013[EB/OL]. http://tjj.beijing.gov.cn/nj/main/2013；2015年北京市1%人口抽样调查资料.

未来二、三十年，北京人口的老龄化仍将迅速发展，老龄化水平将会进一步提高。从21世纪开始，双独子女陆续进入生育年龄，"双独二孩"的政策以及2014年初正式落地执行的"单独二孩"政策、2016年初全面实施的二孩政策，均将进一步放松对生育的限制，进而促使生育率回升。应该说，这些改革措施都将在一定程度上缓和北京人口的老龄化趋势。但由于生育观念现代化的影响日益深入，及北京严格控制城市人口规模政策影响，北京未来的人口老龄化趋势更受现有年龄结构及其变动惯性的影响，人口的老龄化仍将迅速发展，估计到21世纪三四十年代北京将可能跨入人口老龄化水平达25％以上的"高龄社会"，进入人口老龄化高峰期。

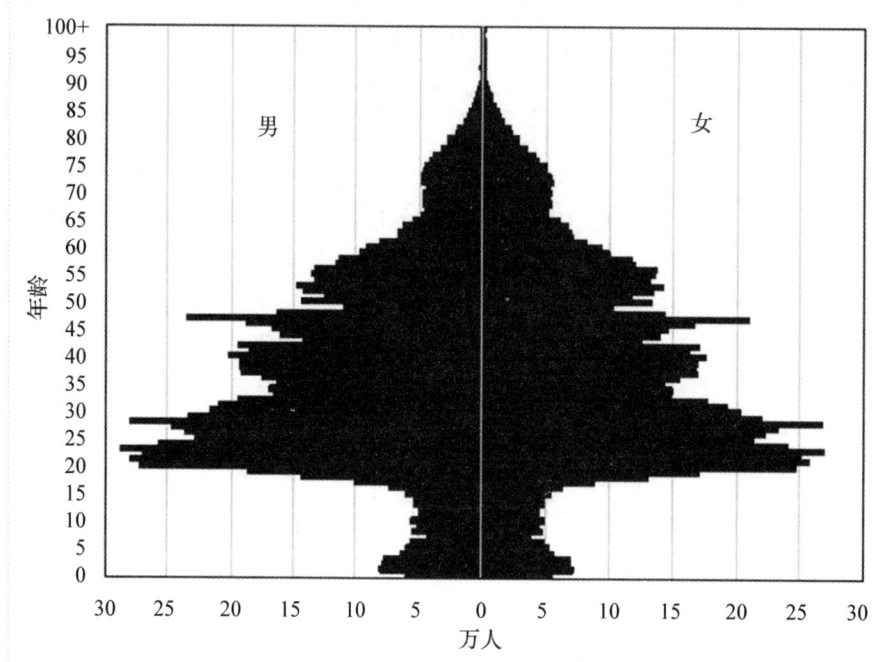

图 2-3　2010 年北京市常住人口金字塔①

2. 外来常住人口年龄结构

北京外来常住人口的年龄结构与户籍人口年龄结构有较大差异（见图 2-4）。外来常住人口多集中在 15—64 岁劳动适龄年龄，特别是 15—30 岁。2010 年北京外来常住人口中，15—64 岁人口占 91％，其中 15—30 岁人口占全部人口的 48％；65 岁以上老年人口比重非常低，仅占 1.8％。长期以来北京外来人口的主体是劳动年龄人口。

北京户籍人口则呈现严重老龄化态势。2010 年北京户籍人口中 65 岁以上人口比重

---

① 2010 年人口普查数据整理。

已经达到 12.6%，远高于外来常住人口。15—64 岁劳动年龄人口占 77.8%，比外来常住人口低 13.5 个百分点。由人口增长的惯性可以判断，未来 20 年北京户籍人口老龄化速度更快，劳动适龄人口比重将迅速下降，老年人口抚养比将进一步上升。

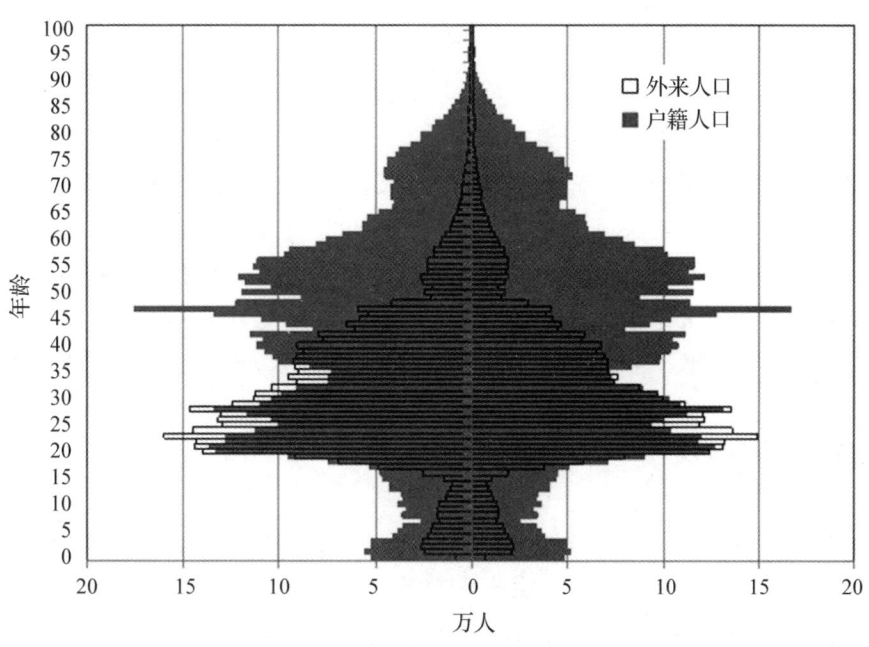

图 2-4　2010 年北京市户籍常住人口及外来常住人口年龄结构①

北京户籍人口的"少子化"及平均预期寿命的延长，已带来户籍人口呈底部少子化和顶部老龄化的双重压力，使北京户籍人口和劳动力的老龄化趋势日益加剧。在这种情况下，外来人口的入迁，使北京常住人口和劳动力的高龄化趋势及年龄结构得到很大程度的缓解和改善。外来人口对缓解北京人口、劳动力年龄结构的高龄化产生积极影响，其替代性迁移的作用可降低北京的总抚养系数，缓解北京人口、劳动力的高龄化程度，延长人口"红利"时间，增加城市税收和社会保障金的积累，减轻城市发展的社会负担。

三、北京市未来学龄前人口发展趋势预测

人口学基本理论及大量人口变动的事实说明，当一个区域人口达到较大的规模时，人口存活率、妇女生育水平等人口变量一般都具有比较稳定的特征，因此其不同性别、

---

①　2010 年人口普查数据整理。

年龄人口随时间的推移将表现出有规律的变动。队列要素法，就是利用这一人口特征，将各队列（年龄组）人口随时间推移（年龄增长）的变动分解为出生、死亡和迁移等影响要素，并以此为基础进行人口预测。

（一）预测方法与预测方案

队列要素预测法的基本思路基于人口年龄增长（岁）与时间（年）推移具有一致性，因此在封闭人口下，某年 x 岁的人口数与从 x 岁活到 $(x+1)$ 岁的存活概率之乘积就是下一年 $(x+1)$ 岁的人口数，再考虑迁移因素，以此就可以推算出下一年1岁以上各年龄组人口。同时，根据妇女生育率和育龄妇女人数可以推算出出生的0岁人口数。

本研究采用队列要素法通过年龄移算预测到2025年北京人口规模及结构。预测以2015年1‰人口抽样调查数据、北京市统计局发布常住人口数据为基础数据。根据现有数据、必要性以及北京未来人口变动的可能趋势，对北京未来人口变动主要设定了高、中、低三种生育模式，一种死亡模式，以及高、中、低三种迁移模式，并据此设计了高生育高迁移、中生育中迁移、低生育低迁移等三种组合的预测方案。

（二）预测参数假定

1. 生育模式

北京是中国最发达的城市之一，也是全国较早提倡和实施计划生育政策的地区，因此其人口转变受经济发展水平、生育观念转变及计划生育政策的多重影响，表现出率先、快速实现的显著特点。自建国以来北京妇女生育水平一直处于下降状态，1974年总和生育率下降到更替水平以下，为1.44；90年代初下降到1.3以下，2010年第六次人口普查进一步下降到0.70，2015年1‰抽样调查数据表明北京人口总和生育率略有回升，达到0.76。说明北京的人口转变在上世纪90年代初期前后即跨入人口转变的新阶段——以超低生育率甚至自然负增长为主要特征的第二人口转变。

北京未来人口的生育水平，受经济发展水平、生育观念转变及生育政策的多重影响。2016年全面两孩政策开始实施，北京人口生育率也出现回升。根据北京市统计局公布数据，2016、2017年北京市户籍出生人口分别为20.5万人、17.1万人，"全面二孩"政策效果开始显现。根据2016年1月北京市卫计委的工作通报[①]，北京市卫计委推断"预计2017至2021年间将累计新增常住出生人口58万，年均新增出生人口约11万，年度出生人口总量将达到30万。2017年本市常住人口总和生育率将从1.1上升至1.6，出生堆积基本在三至五年内释放完成，2021年后人口出生回归常态"。

综合各种影响因素，本预测设定了高、中、低三种生育水平，并假定未来北京妇女年龄别生育模式保持2015年模式不变，由此得出高、中、低三种年龄别生育模式。

---

① 北京市卫生和计划生育委员会，北京市实施全面两孩政策工作情况。

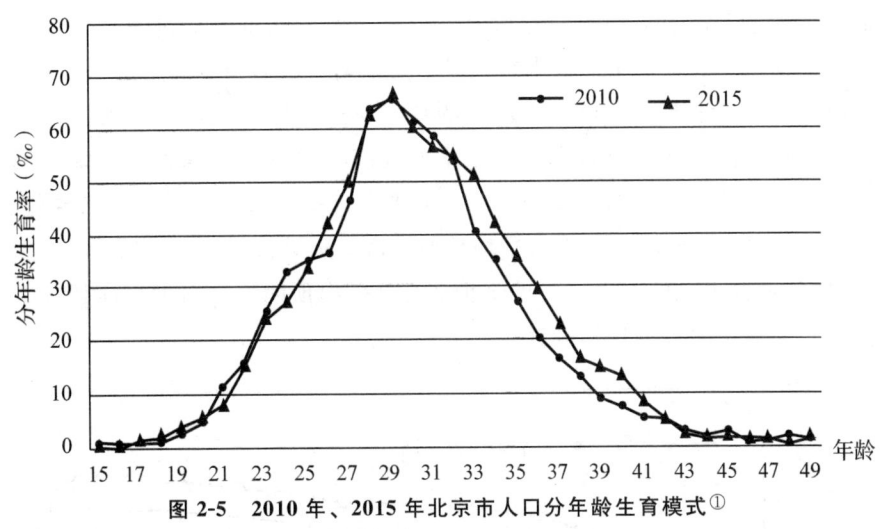

图 2-5　2010 年、2015 年北京市人口分年龄生育模式①

在三个假定方案中，低生育方案略高于 2015 年生育水平，该方案总和生育率在 2016 年到 2020 年开始略有回升，2021—2025 年达到 1.1，2026—2030 年达到 1.3。方案中，总和生育率从 2015 年开始逐步升高，总和生育率到 2016 年后升高到 1.1，2021—2025 年提高到 1.5，其后至 2030 年稳定在 1.6。高方案总和生育率的变动轨迹与中方案类似，只是上升速度较快、相对水平更高一些。这一方案假定 2016 年后即上升到 1.3，2020 年达到 1.6，2021—2030 年稳定在 1.8。以上三个方案，反映的生育水平也有差异，但总体上看仍都维持在一个较低的水平上，距离更替水平尚有差距。

表 2-2　北京市人口总和生育率假定

年份	低方案	中方案	高方案
2016—2020	0.9	1.1	1.3
2021—2025	1.1	1.5	1.6

2000 年与 2010 年人口普查显示，进入 21 世纪以来，北京常住人口出生性别比略高，2000 年为 114，2010 年略有降低，为 112，2015 年继续小幅降低到 110。因此，这里假定 2016 年以后北京人口出生性别比为 108，2021 年以后随政策继续放开以及生育观念继续转变，人口性别比压力逐渐减小，性别比逐步降低，以 106 作为长期发展趋势。

2. 平均预期寿命假定

未来平均预期寿命，也是进行北京未来人口预测需要设定的基本指标之一。本预

---

① 2010 年北京人口普查数据、2015 年 1% 抽样调查数据计算。

测所用的北京未来人口的平均预期寿命值,主要是根据北京人口过去平均预期寿命的变化趋势建立预测模型,得出北京未来人口平均预期寿命的初步假定值。

考察改革开放以来北京人口死亡水平的变化轨迹可以发现,中华人民共和国成立以来,随着医疗卫生条件的改善和生活水平的提高,北京人口死亡率大幅度下降,平均预期寿命有了显著提高。如表2-3,1979年北京户籍人口平均预期寿命男性为69.5岁、女性为72.3岁,到2013年男女平均预期寿命分别增长到79.5岁和83.6岁,分别比1979年增长近岁10岁和11岁。目前北京人口平均预期寿命居世界前列,而且已经与平均预期寿命最长的日本日趋接近。

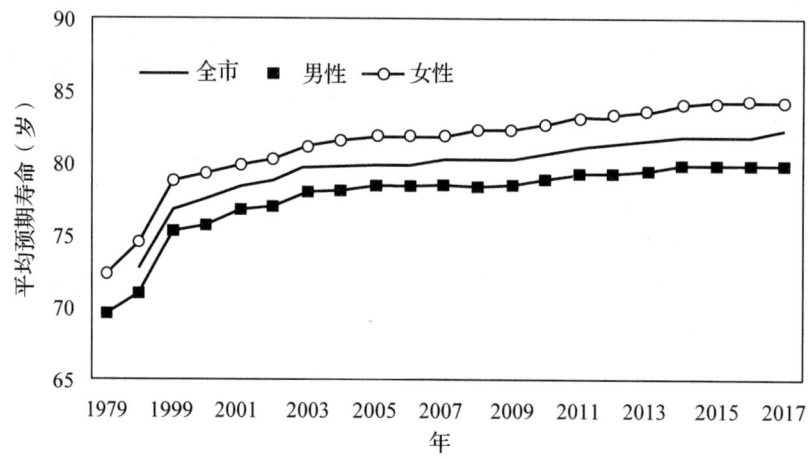

图2-6 北京市人口平均预期寿命

北京人口平均预期寿命在1979—1989年10年间的变化相对缓慢和平稳,而1989—1999年间增长较快,进入21世纪增长又趋缓。如表2-3及表2-4所示,2000年以来,平均预期寿命变动相对比较平稳,年均增长低于0.3岁,其中男性平均预期寿命增长略快。

表2-3 北京市户籍人口平均预期寿命(1979—2017年)[①]

年份	全市	男性	女性
1979	—	69.51	72.26
1989	72.61	70.91	74.43
1999	76.93	75.37	78.55

---

① 北京市卫计委网站[EB/OL]. http://www.phic.org.cn/tonjixinxi/weishengshujutiyao/jiankangzhibiao/201304/t20130425_60133.htm.

续表

年份	全市	男性	女性
2000	77.46	75.81	79.15
2005	80.09	78.47	81.76
2010	80.81	79.09	82.60
2015	81.95	79.81	84.16
2016	82.03	79.83	84.31
2017	82.15	79.98	84.41

表 2-4 北京市户籍人口平均预期寿命的年均增长速度

年均增长（岁）	男性	女性
1979—1989	0.14	0.22
1989—2000	0.45	0.43
2000—2010	0.33	0.34
2010—2017	0.13	0.26

考虑到人口寿命增长的有限性，未来人口寿命延长速度将逐渐减慢。本研究假定，北京人口平均预期寿命在 2020 年前仍然继续按照 2010—2017 年平均幅度增长，男性和女性平均预期寿命每年分别增长 0.13 岁和 0.26 岁（见表 2-5）。2020 年至 2025 年年增长幅度略有下降，分别为 0.12 岁和 0.20；其后增长速度进一步放缓，年均增长 0.10 和 0.15 岁。

表 2-5 北京市人口未来平均预期寿命的假定

年　份	男性	女性
2016	79.83	84.31
2017	79.98	84.41
2018	80.11	84.67
2019	80.24	84.93
2020	80.37	85.19
2021	80.49	85.39
2022	80.61	85.59
2023	80.73	85.79
2024	80.85	85.99
2025	80.97	86.19

3. 迁移模式

如前所述,北京外来人口迁入是北京人口与发展的重要动力。改革开放以来,尽管受户籍制度、就业体制、社会保障等制度性因素的制约,北京常住人口迁移仍日益活跃,并与广东、上海一同成为全国三大人口迁入吸引中心。2010年人口普查数据及2015年1‰人口抽样调查数据显示,北京外来常住人口占常住人口比重均保持较高水平,分别为35.9%和35.4%,外来人口已成为北京实现可持续发展和世界城市不可或缺的重要力量。

但"十二五"时期以来北京外来常住人口规模快速增长的趋势发生新的变化:由较快增长向缓慢增长过渡的趋势。常住外来人口增量从2011年的37.7万人,降至2015年的3.9万人,增速从5.4%降至0.5%。随着非首都功能疏解各项措施的推进,常住外来人口增速明显放缓,从2011年高于常住人口增速2.5个百分点降至2015年低于常住人口增速0.4个百分点[1]。2016年常住人口增量、增速继续保持"双下降"态势,增量从2011年的56.7万人降至2016年的2.4万人,增速从2011年的2.9%降至2016年的0.1%。2016年末,全市常住外来人口总量为807.5万人,较上年减少15.1万人,占全市常住人口的37.2%,增速下降1.8个百分点[2]。

(1)北京市人口净迁移强度及模式

根据美国人口学家A. 罗杰斯提出的迁移人口年龄表(age table),每一个居民都是一个潜在移民,其发生迁移的概率随人的生命周期变化而呈有规律变化。如15—34岁人口,由于经历升学、就业、婚姻等生命事件迁移概率最大,形成迁移概率最大高峰;到60岁左右伴随退休、离职迁移概率又将出现一个小高峰,而少儿人口随年龄增长跟随父母迁移的概率呈下降趋势。迁移人口年龄表模型为北京未来人口迁移模式的假定提供了重要理论依据。

考察北京2010年人口普查数据做出北京迁移人口(迁移概率)年龄模型图,可以发现北京的迁移人口(迁移概率)年龄模型与罗杰斯年龄表模型十分相似。比较不同普查时点北京常住人口分年龄净迁入率可以发现,总体而言北京人口净迁入率在几乎所有年龄段都呈现不断提高趋势,北京分性别年龄人口迁移强度全面提高。同时,人口分年龄迁移模式发生深刻变动,迁移峰值的宽度不断加宽,由1995—2000年的20—29岁年龄段,快速扩展为15—44岁年龄段。

---

[1] 北京市统计局、国家统计局北京调查总队,2015年全市人口发展变化情况[EB/OL]. http://www.bjstats.gov.cn/tjsj/zxdcsj/rkcydc/dcsj_4597/201601/t20160128_333790.html, 2016-1-9.

[2] 北京市统计局、国家统计局北京调查总队,2016年全市人口发展变化情况[EB/OL]. http://www.bjstats.gov.cn/tjsj/zxdcsj/rkcydc/dcsj_4597/201707/t20170703_377217.html, 2017-7-3.

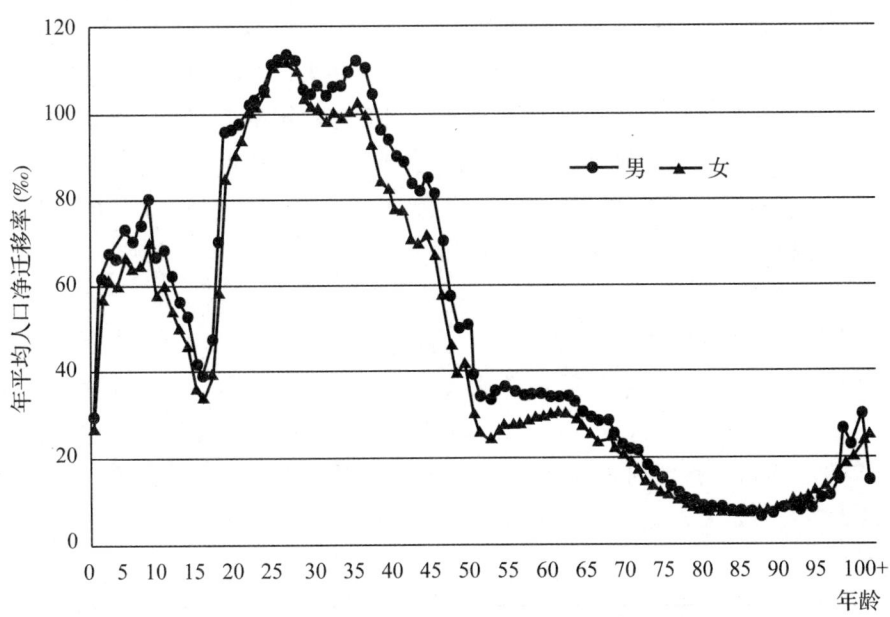

图 2-7　北京市分性别年龄常住人口年平均迁移率①

（2）迁移方案假定

如前文所述，近二十年北京常住人口增长主导力量是外来人口迁入。因此外来人口迁移强度、分年龄迁移模式等变化特征是影响未来北京人口规模、结构变动的决定性因素。而经济学的基本理论以及发达国家或地区的经验都表明，收入差距或者就业岗位是影响迁移的重要因素。北京的实践经验也证明这一点，即北京经济发展水平及产业结构将决定对劳动力的需求，进而影响外来人口迁入。

北京外来人口迁移规模急剧扩大，经济性迁移仍是最主要迁移原因。根据普查数据，2010 年外来常住人口总量已猛增至 704.5 万人，省外迁入人口中 73.9％是由于务工经商原因而迁移；比 2000 年提高了 5.6 个百分点。可见经济因素仍然是北京市省际迁入的决定性因素。毫无疑问是北京经济持续增长带动就业岗位迅速扩张等经济因素导致北京劳动力规模的大幅度增长。而由于北京本地户籍劳动力规模增长有限，新增就业岗位则主要为外来劳动力填补。

本预测以迁移人口年龄表模型为基础，根据 2010 年人口普查、2015 年 1％人口抽样调查数据，计算 5 年间年均北京迁移人口年龄别净增率，并据此设定高、中、低三种迁移模式，并根据不同模式在未来时间上组合，设定高中低三种迁移方案。

如前所述，受到全球经济放缓的影响，中国及北京未来经济增长速度将放缓，对

---

① 北京 2010 年人口普查数据。

就业岗位的带动效应减弱；未来产业特别是第二产业向外转移扩散将持续。设定的高、中、低三种强度迁移模式均以2005—2010年北京常住人口年平均年龄别净迁移率为基础，分年龄净迁移模式与2005—2010年相同，只是迁移水平有差异。考虑到未来经济放缓的可能性，假定未来高强度迁移模式是2005—2010年迁移强度的35%；中迁移模式则为25%；低迁移模式为20%。高迁移强度基本上是2000—2010年的平均迁移强度；中强度迁移则基本回复到2000年以前的迁移水平。低方案以北京2016—2030年规划的人口调控目标为约束。

本研究设定三种迁移方案（见表2-6）。高迁移方案假定到2015年北京人口仍然保持现有高强度迁移模式。随后与周边各地区经济差距逐步缩小，北京辐射带动作用逐步显现，迁入强度有所减弱，2016—2020年人口迁移转为中强度模式。中迁移方案假定2010年北京人口迁移即回复到2000—2005年水平，转为中强度模式，保持中迁移模式。低方案则假定未来北京人口迁移一直保持相对较低迁移强度。

表2-6 迁移方案假定

年份	高方案	中方案	低方案
2016—2020	高迁移模式	中迁移模式	低迁移模式
2021—2025	中迁移模式	中迁移模式	低迁移模式

（三）未来北京市人口规模及结构预测结果

根据以上预测方法和模型、人口数据及假定参数，对北京未来人口发展趋势进行预测，主要得到以下结果。

第一，北京未来常住人口规模的预测结果，如表2-7所示。在三个预测方案中，常住人口规模总体均呈持续增长趋势。如根据中方案（中迁移中生育方案）预测，北京常住人口规模到2020、2025年将分别增长到约2299万人和近2386万人；根据高方案和低方案也同样呈持续增长趋势。

第二，北京未来常住劳动年龄人口规模变动的预测结果，如表2-8所示。如果按照高方案发展，北京常住人口中15—64岁劳动适龄人口将持续增长，在2020年超过1675万。中方案预测的常住劳动年龄人口在2020年达到1625万，到2025年达到1567万人。低方案预测则显示北京劳动年龄人口在2020年约1557万，2025年达到1493万。由此可见人口迁移对北京未来劳动年龄人口规模增长的影响，以及对常住人口总量规模增长的影响非常显著。

第三，北京未来老龄人口规模。根据本研究预测中方案，到2020年北京65岁以上老人超过360万，2025年进一步增长到465万以上约占北京总人口的19.5%。

表 2-7　北京市未来常住人口总量规模预测　　　（单位：万人）

年份	高方案	中方案	低方案
2016	2215.3	2197.4	2173.9
2017	2260.7	2224.0	2176.8
2018	2306.5	2249.9	2178.9
2019	2352.4	2275.0	2180.0
2020	2398.0	2299.2	2180.0
2021	2449.0	2321.3	2189.7
2022	2481.1	2341.2	2197.9
2023	2510.4	2358.7	2204.5
2024	2536.7	2373.7	2209.2
2025	2559.4	2385.9	2212.1

表 2-8　北京未来常住劳动年龄人口(15—64 岁)规模预测　　（单位：万人）

年份	高方案	中方案	低方案
2016	1677.18	1667.24	1652.44
2017	1679.09	1658.92	1629.77
2018	1677.93	1647.62	1604.82
2019	1676.95	1636.57	1580.66
2020	1675.79	1625.46	1556.83
2021	1676.72	1610.61	1541.24
2022	1667.89	1597.94	1527.77
2023	1659.51	1585.83	1514.60
2024	1655.13	1577.72	1505.14
2025	1648.55	1567.04	1492.77

第四，未来北京少儿人口规模。未来 10 年北京 14 岁及以下常住少儿人口规模逐渐扩大。以中方案为例，2020 年，常住少儿人口将达到 310 万，占总人口的 13.4%；2025 年约 354 万，占 14.8%。

表 2-9　北京市未来常住 65 岁及以上、0—14 岁人口规模预测（单位：万人）

年份	65 岁及以上			0—14 岁		
	高方案	中方案	低方案	高方案	中方案	低方案
2016	276.76	275.08	273.02	261.32	255.13	248.48
2017	299.11	295.34	290.86	282.52	269.71	256.19
2018	322.28	315.81	308.17	306.32	286.46	265.89
2019	348.80	339.02	327.63	326.62	299.41	271.70
2020	377.35	363.53	347.70	344.90	310.20	275.44
2021	405.56	385.79	367.22	366.69	324.87	281.26
2022	432.26	408.67	387.42	380.92	334.55	282.72
2023	457.69	430.15	406.40	393.23	342.75	283.48
2024	477.95	446.61	420.64	403.62	349.40	283.46
2025	499.69	465.23	437.72	411.21	353.65	281.60

(四)未来北京市学龄前人口规模预测结果

受人口惯性的影响，近几年北京进入人口生育小高峰，人口出生率节节攀升，出生规模逐渐扩大。同时，已实施的"单独二孩""全面二孩"政策，也会放松对人口出生的限制。另外，外来人口规模扩大、家庭化趋势显著，外来学龄前人口规模也将扩张。诸多因素共同作用下，未来北京市学龄前人口规模将持续扩大。

以下是分别根据高方案、中方案和低方案预测的北京市未来十年学龄前人口规模（见表 2-10 至表 2-12）。

表 2-10　北京市未来十年学龄前人口规模预测结果(高方案)　（单位：万人）

年份	0 岁	1 岁	2 岁	3 岁	4 岁	5 岁	6 岁	合计
2016	27.82	17.21	26.48	21.81	23.61	19.25	17.02	153.20
2017	28.17	28.41	17.95	27.09	22.48	23.72	19.29	167.11
2018	27.95	29.16	28.90	18.72	27.74	22.62	23.76	178.85
2019	27.45	28.97	29.96	29.43	19.52	27.87	22.67	185.86
2020	26.62	28.47	29.80	30.79	29.99	19.68	27.91	193.26
2021	31.24	27.62	29.29	30.67	31.65	30.10	19.74	200.31
2022	29.42	31.72	28.03	29.74	31.09	31.75	30.10	211.85
2023	27.42	29.98	32.10	28.46	30.15	31.20	31.75	211.07
2024	25.24	27.95	30.43	32.52	28.86	30.26	31.20	206.46
2025	22.97	25.74	28.37	30.90	32.90	28.96	30.26	200.10

表 2-11　北京市未来十年学龄前人口规模预测结果(中方案)　（单位：万人）

年份	0 岁	1 岁	2 岁	3 岁	4 岁	5 岁	6 岁	合计
2016	23.41	16.76	26.18	21.49	23.32	19.21	16.99	147.36
2017	23.38	23.69	17.13	26.49	21.80	23.38	19.21	155.09
2018	23.01	23.79	23.93	17.52	26.78	21.87	23.38	160.29
2019	22.44	23.43	24.12	24.18	17.87	26.85	21.88	160.79
2020	21.62	22.86	23.77	24.48	24.42	17.96	26.86	161.96
2021	27.85	21.81	23.02	23.94	24.64	24.45	17.96	163.67
2022	26.24	28.03	21.97	23.19	24.10	24.68	24.44	172.65
2023	24.46	26.47	28.18	22.13	23.35	24.14	24.68	173.41
2024	22.54	24.68	26.66	28.33	22.29	23.39	24.14	172.04
2025	20.56	22.75	24.86	26.87	28.48	22.33	23.39	169.24

表 2-12　北京市未来十年学龄前人口规模预测结果(低方案)　（单位：万人）

年份	0 岁	1 岁	2 岁	3 岁	4 岁	5 岁	6 岁	合计
2016	18.96	16.17	25.81	21.06	23.00	19.14	16.99	141.12
2017	18.68	18.87	16.07	25.72	20.98	22.98	19.14	142.44
2018	18.21	18.57	18.81	15.97	25.65	20.96	22.98	141.15
2019	17.61	18.11	18.50	18.74	15.88	25.63	20.96	135.43
2020	16.83	17.51	18.04	18.43	18.69	15.86	25.63	130.97
2021	19.54	16.89	17.57	18.10	18.49	18.70	15.86	125.15
2022	18.45	19.60	16.95	17.63	18.16	18.50	18.70	127.99
2023	17.27	18.52	19.65	17.01	17.69	18.17	18.50	126.82
2024	16.00	17.34	18.58	19.71	17.07	17.70	18.17	124.58
2025	14.69	16.06	17.40	18.65	19.77	17.08	17.70	121.36

以上对北京市未来十年学龄前人口规模的预测将为未来北京市幼儿园学位需求与幼教师资需求分析提供重要基础和依据，在人口预测的基础上并结合师幼比方案，将进一步推算未来十年北京市对幼儿园学位与师资规模的整体需求。

四、北京市未来幼儿园学位与幼教师资需求分析

(一)幼教师资规模预测的基本方法与数据来源

1. 基本方法

首先在学龄前人口规模预测结果的基础上,选取3—5岁年龄组人口总和即学前教育适龄人口规模,并参照《北京市第三期学前教育行动计划》中制定的北京市入园率目标水平:适龄儿童入园率达到85%以上①,推算出未来十年北京市幼儿园在园幼儿规模,该结果也分为高方案、中方案和低方案三种情况。

在此基础上,结合三种不同水平的师幼比标准,推算出各年份所需幼儿园教师数量。由于对北京市未来在园幼儿数的预测包括高、中、低三种方案,同时师幼比也存在着现实水平、政策规定水平及国际水平三种水平,因此两项指标在不同水平上交叉计算,进而得出2016—2025年北京市幼教师资需求规模的九套预测结果,分别为:在园幼儿数高方案—师幼比现实水平(简称"高方案—现实水平",下同)、在园幼儿数高方案—师幼比规定水平、在园幼儿数高方案—师幼比国际水平,在园幼儿数中方案—师幼比现实水平、在园幼儿数中方案—师幼比规定水平、在园幼儿数中方案—师幼比国际水平,以及在园幼儿数低方案—师幼比现实水平,在园幼儿数低方案—师幼比规定水平、在园幼儿数低方案—师幼比国际水平。(参见表2-13)。

表2-13 2016—2025年北京市幼教师资需求量预测方案

	在园幼儿数高方案	在园幼儿数中方案	在园幼儿数低方案
师幼比现实水平	高方案—现实水平	中方案—现实水平	低方案—现实水平
师幼比规定水平	高方案—规定水平	中方案—规定水平	低方案—规定水平
师幼比国际水平	高方案—国际水平	中方案—国际水平	低方案—国际水平

2. 师幼比数据来源

师幼比是衡量学前教育质量的重要结构性指标之一,也是本研究中借以预测和分析幼教师资需求的重要依据。纳入师幼比计算的幼儿园教师,指那些直接指导和参与幼儿保教活动的一线教师,而不包括行政后勤人员②。本研究中师幼比采取三种不同的水平,主要依据和数据来源如下:(1)师幼比的现实水平。自行编制和发放《北京市幼儿园师幼比现状及师资需求调查问卷》,并对部分园所行政管理人员进行半结构访谈,

---

① 北京市教育委员会. 北京市第三期学前教育行动计划[EB/OL]. http://jw.beijing.gov.cn,2018-6-6.
② OECD. Quality Matters in Early Childhood Education Care:Japan,2012.

对北京市幼儿园保教人员师幼比的实际情况进行调研,得出目前北京市全日制公立幼儿园保教人员师幼比的平均水平为1∶10.5[①];(2)师幼比的规定水平。采用教育部制定颁布的《幼儿园教职工配备标准(暂行)》中所制定的标准,即全日制幼儿园全园保教人员师幼比平均水平为1∶8[②];(3)师幼比的国际水平。通过对世界主要国家和地区师幼比的比较研究,选取其中较高水平师幼比1∶7[③]。国际师幼比数据主要来自于以下四类国际报告:一是经济合作与发展组织(OECD)发布的专题系列报告[④],二是联合国教科文组织(UNESCO)与联合国儿童基金会(UNICEF)发布的年度报告与专题报告[⑤],三是UNESCO统计研究所发布的年度统计报告[⑥],四是部分国家教育部、国家幼教研究机构的年度报告和专题研究报告等[⑦]。

(二)未来北京市在园幼儿规模分析

根据对北京市学前教育适龄人口的预测及北京市入园率可进一步估算出2016—2025年期间北京市的在园幼儿规模。同样,该预测结果也分为高方案、中方案和低方案三种情况。

依据上述对北京市学前教育适龄人口规模预测的三种方案,主要参照《北京市第三期学前教育行动计划》中制定的85%的入园率目标水平,对未来十年北京市幼儿园学位需求规模的预测亦呈现高、中、低三种方案。如表2-14所示,高方案预测结果显示,未来北京市在园幼儿数将由2016年的54.97万人逐渐增长至2022年的78.69万人,而后逐年下降至2024年的77.89万人;依据中方案的预测,未来北京市在园幼儿数将由2016年的54.41万人逐年增长至2021年的62.07万人,而后下降至2023年的59.18万人,2024年有小幅反弹,增长至62.91万人,最终在2025年上升至66.02万人;依据低方案预测显示,未来北京市在园幼儿数由2016年的53.72万人逐渐增长至2021年的47.00万人,此后逐年下降至2023年的44.95万人,2024—2025年期间则有所增长,分别为46.31万人和47.18万人。

---

① 沙莉,吴红霞,杨彩霞.北京市幼儿园师幼比现状、主要问题与对策建议——基于各区县调研及国际数据的比较[J].教育导刊(下半月),2015(2):17—21.
② 中华人民共和国教育部.幼儿园教职工配备标准(暂行)[EB/OL]. http://www.moe.gov.cn.
③ OECD (2012). Quality Matters in Early Childhood Education Care:Finland 2012:38.
④ OECD(2012). Starting Strong III:A Quality Toolbox for Early Childhood Education and Care(Executive Summary):10;OECD(2006),Starting Strong II:Early Childhood Education and Care:378.
⑤ UNESCO-UIS (2007). Education counts Benchmarking Progress in 19 WEi countries:136.
⑥ UNESCO-UIS (2012). Global Education Digest 2012,Opportunities lost:The impact of grade repetition and early school leaving:181−121.
⑦ NIEER (2012). State Preschool Yearbook:The State of Preschool 2012;Thomas Coram Research Unit (2002). Research on Ratios,Group Size and Staff Qualifications and Training in Early Years and Childcare Settings:25—30.

表 2-14 2016—2025 年北京市幼儿园学位需求预测结果　　（单位：万人）

年份	高方案	中方案	低方案
2016	54.97	54.41	53.72
2017	62.30	60.92	59.23
2018	58.72	56.25	53.19
2019	65.29	58.57	51.22
2020	68.39	56.83	45.03
2021	78.56	62.07	47.00
2022	78.69	61.17	46.15
2023	76.34	59.18	44.95
2024	77.89	62.91	46.31
2025	78.85	66.02	47.18

(三)未来北京市幼教师资需求规模分析

1. 2016—2025 年北京市幼教师资需求高方案预测结果

在高方案预测结果中，依据现实水平、规定水平和国际水平三种不同水平的师幼比来估算，未来十年北京市幼教师资需求量如表 2-15 所示。依据高方案，三种水平的预测结果中，北京市幼儿园教师需求量有两个高峰，第一个出现在 2022 年，当年现实水平幼儿园教师需求量为 7.49 万人，规定水平幼儿园教师需求量为 9.84 万人，国际水平则为 11.24 万人。第二个高峰出现在 2025 年，当年现实水平幼儿园教师需求量为 7.51 万人，规定水平幼儿园教师需求量为 9.86 万人，国际水平则为 11.26 万人。

表 2-15 2016—2025 年北京市幼教师资需求量预测结果(高方案)　　（单位：万人）

年份	现实水平	规定水平	国际水平
2016	5.24	6.87	7.85
2017	5.93	7.79	8.90
2018	5.59	7.34	8.39
2019	6.22	8.16	9.33
2020	6.51	8.55	9.77
2021	7.48	9.82	11.22
2022	7.49	9.84	11.24
2023	7.27	9.54	10.91
2024	7.42	9.74	11.13
2025	7.51	9.86	11.26

如图 2-8 所示，高方案中 2016—2025 年期间北京市幼儿园教师需求量出现较大幅增长的时段出现在 2021 年前后，2021 年现实水平、规定水平和国际水平的幼儿园教师需求量比上一年度分别增长 0.97 万、1.27 万和 1.45 万人。

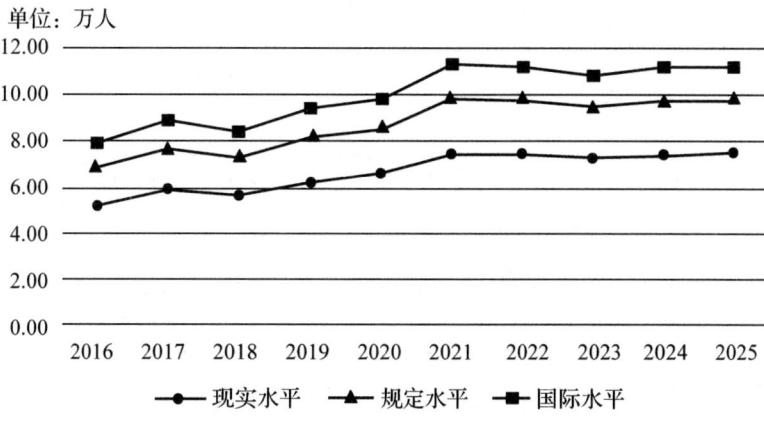

图 2-8　2016—2025 年北京市幼教师资需求量变化趋势（高方案）

2. 2016—2025 年北京市幼教师资需求量中方案预测结果

在中方案预测结果中，2016 年至 2021 年北京市幼教师资需求规模的三种水平在整体上均呈现波浪式增加的态势。第一个波峰出现在 2017 年，第二个波峰出现在 2022 年，第三个波峰出现在 2025 年，这也是中方案中未来十年幼儿园教师需求量最大的年份，其现实水平、规定水平和国际水平幼教师资需求分别为 6.29 万人、8.25 万人和 9.43 万人。

表 2-16　2016—2025 年北京市幼教师资需求量预测结果（中方案）　　（单位：万人）

年份	现实水平	规定水平	国际水平
2016	5.18	6.80	7.77
2017	5.80	7.62	8.70
2018	5.36	7.03	8.04
2019	5.58	7.32	8.37
2020	5.41	7.10	8.12
2021	5.91	7.76	8.87
2022	5.83	7.65	8.74
2023	5.64	7.40	8.45
2024	5.99	7.86	8.99
2025	6.29	8.25	9.43

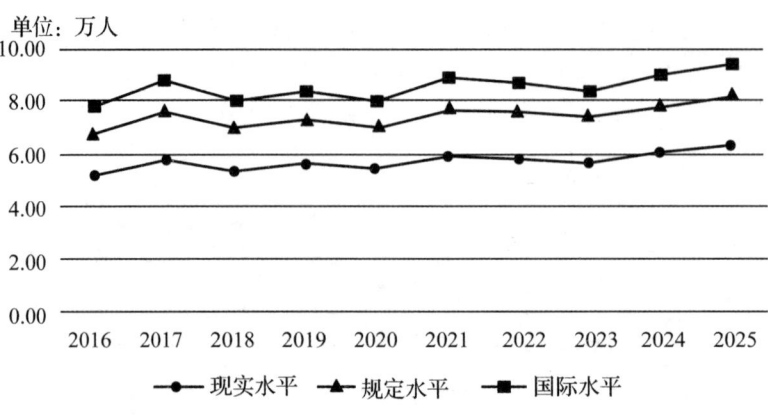

图 2-9　2016—2025 年北京市幼教师资需求量变化趋势（中方案）

3. 2016—2025 年北京市幼教师资需求量低方案预测结果

低方案预测结果所显示，未来十年北京市三种水平幼教师资需求量在 2017 年有较显著增加，当年现实水平幼儿园教师需求量为 5.64 万人，规定水平幼儿园教师需求量为 7.40 万人，国际水平则为 8.46 万人（参见表 2-17）。

表 2-17　2016—2025 年北京市幼教师资需求量预测结果（低方案）　　　（单位：万人）

年份	现实水平	规定水平	国际水平
2016	5.12	6.71	7.67
2017	5.64	7.40	8.46
2018	5.07	6.65	7.60
2019	4.88	6.40	7.32
2020	4.29	5.63	6.43
2021	4.48	5.87	6.71
2022	4.40	5.77	6.59
2023	4.28	5.62	6.42
2024	4.41	5.79	6.62
2025	4.49	5.90	6.74

如图 2-10 所示，就整体趋势而言，低方案所显示的未来十年北京市幼教师资需求量变化趋势与高、中方案略有不同。较前两种方案而言，低方案中师资需求量在 2017 年的三年间先是出现下降趋势，而后从 2021 年开始又出现缓慢增长趋势。

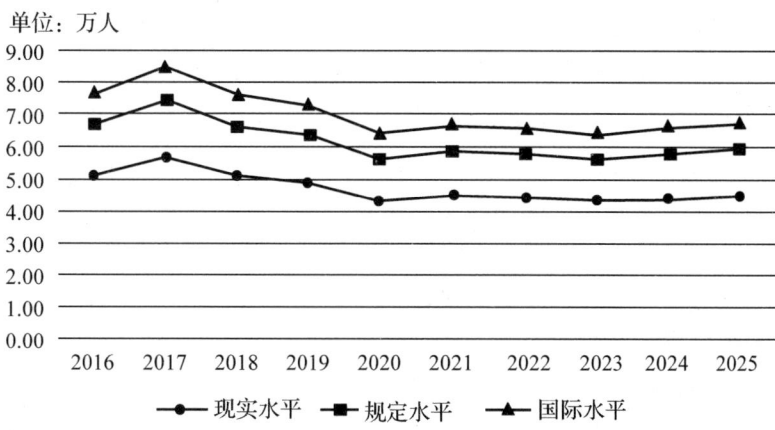

图 2-10 2016—2025 年北京市幼教师资需求量变化趋势(低方案)

五、讨论与建议

(一)小结与讨论

通过上述预测分析可见,未来 3—4 年内北京市在园幼儿数及其所需幼教师资规模将持续增长,并在 2021—2022 年出现一个峰值,此后缓慢下降,又自 2024 年开始缓慢增长,2025 年北京市幼教师资需求出现十年间的第二个峰值。对北京市 2016—2025 年幼教师资需求量的预测结果分为高方案、中方案和低方案三套方案,每个方案中根据采用的不同师幼比标准又包含现实水平、规定水平和国际水平,因而本研究最终预测结果共有九个方案,幼教师资需求量变化趋势与同期北京市在园幼儿数预测结果相吻合,其中,高方案—国际水平所预测的需求量最大,其北京市幼教师资需求量由 2018 年的 8.39 万人持续增加,2022 年达到 11.24 万人,而后缓慢下降至 2023 年的 10.91 万人,2025 年再次增至 11.26 万人的高水平;中方案三个水平的预测结果中,第一波需求高峰出现在 2021 年,中方案—现实水平、中方案—规定水平和中方案—国际水平的幼教师资需求量依次为 5.91 万人、7.76 万人和 8.87 万人。2025 年是中方案的第二波需求高峰,其现实水平、规定水平和国际水平的幼教师资需求量分别为 6.29 万人、8.25 万人和 9.43 万人。

(二)相关对策建议

基于上述对未来北京市幼教师资需求的预测分析及有关师幼比水平的调研,可对未来北京市幼教师资培养及相关学前教育政策制定提出以下几方面建议:

第一,制定符合人口发展趋势的幼教师资培养规划。从科学客观的角度来讲,幼教师资的培养和储备应达到怎样的规模,首先应考量的即客观需求。具体到学前教育领域，首先应研究的就是适龄学龄前儿童规模，以及在园幼儿数。本研究得出的未来一段时间北京市幼教师资需求量与同时期适龄人口变化趋势一致，均呈现出先显著持续增长、而后缓慢下降的整体态势。具体而言，未来3—4年内北京市学龄前人口及在园幼儿数将持续显著增长，出现幼教师资需求的第一个高峰，而后缓慢下降，并在2025年达到第二个峰值，由此预测得出的北京市幼儿园教师未来需求量也呈现此变化趋势。因此，有关部门在研究制定相关发展规划与师资培养政策时，需参考此变化趋势，将有助于使幼教师资培养及储备的相关规划与客观需求更加吻合，尽可能避免幼教师资资源的短缺或盲目扩充。

第二，扩大幼教师资培养规模。选取九个方案预测结果中处于中等水平的"中方案—规定水平"，其预测结果显示，未来十年北京市幼教师资需求的峰为2021年的7.76万人和2025年的8.25万人。而据官方统计数据显示，2016年北京市包括园长、专任教师和保育员在内的幼教师资实际仅4.91万人①，即意味着未来几年内北京市至少需新增幼教师资2.85万人。而如果以本研究中更高水平的预测结果为依据，那么未来北京市幼儿园教师的缺口就更加显著。因此，北京市未来一段时间内需持续扩大学前教育专业培养规模，增加幼教师资供给。建议北京市大专及以上层次院校学前教育专业特别是师范院校的学前教育专业扩大招生规模，加强学前教育专业人才培养的规模和质量；同时，扩大招生的生源地范围，适当调整招生就业制度，不仅限于招收本市生源，而是适度向北京市以外地区的优秀生源敞开大门。

第三，根据需求增减量合理调整幼教师资力量。依据本研究不同方案中预测的未来北京市幼教师资需求量变化，2021—2022年起均呈现先增加、而后缓慢减少、再增加的波浪式增长趋势。因此在规划幼教师资培养规模与储备的过程中，需参照预测得出的增量，按照不同培养层次所需的培养年限，提前制定符合幼教师资需求增减量的招生规模与培养方案。

第四，加大投入、制定政策，增加城市发展新区与生态涵养发展区保教人员配备。通过本项目对全市各区公立幼儿园师幼比与师资需求的调研发现，与首都功能核心区与城市功能拓展区相比，前两个地区的幼儿园对增加幼儿园教师配备的需求更为迫切。建议进一步增加对城市发展新区与生态涵养发展区幼儿园的重视与财政投入程度，以保证并增加该区域幼儿园保教人员配备。首先，加大对郊区县学前教育事业发展的财政投入，将班额控制在适当范围内，政府依据合理的保教人员配置标准给予充足财政保障；其次，增加其学前教育专业招生比例和规模，并制定相应倾斜性政策鼓励学生

---

① 中华人民共和国教育部发展规划司.中国教育统计年鉴(2016)[EB/OL]. http://tongji.cnki.net/kns55/Navi/YearBook.aspx?id=N2017120244&floor=1.

毕业后回到原郊区县从事幼教工作；再次，在幼儿园教师资格考试社会化后，制定相关政策鼓励非幼教专业出身的优秀人才获得幼儿园教师资格证，并通过相关优惠政策吸引其积极投身该区域幼教事业发展。同时，凡在这两类区域特别是偏远贫困地区幼儿园从教的教师应在职称评定、评优评先等方面给予优惠和照顾。

第三章　发达城市学前教育发展特点与经验分析

近年来，北京市学前教育稳步发展，学前教育的普及水平、财政投入、办园条件和师资水平都有了明显提高，学前教育基本公共服务体系的政策框架已经建立。但在国际视野内审视北京市学前教育的发展水平，尤其是将北京市学前教育的发展与世界上其他发达国家的超大城市进行比较，更能够客观、清楚地看到北京市学前教育的发展水平在国际中的地位，从而发现差距与不足，并借鉴其他城市有益经验，加快北京市学前教育发展的步伐。

本部分选择了美国的纽约市、日本的东京都市作为比较研究对象，用证据和数据，从学前教育的普及情况、幼儿园办园体制与格局、学前教育的投入与成本分担、教师队伍状况、学前教育课程等几个方面，力图比较全面系统和深入细致地分析其学前教育发展状况，以期发现可以借鉴的政策、措施和发展路径，加快北京市学前教育服务体系的完善和在实践层面的落实，尽快实现学前教育普及普惠、公平优质的发展目标。

一、纽约市学前教育发展特点与经验分析

作为美国经济最为发达、人口最为众多的城市，从科技到交通，从金融服务到时尚，从医疗保健到教育，纽约市一直在各个行业处于全球领先地位。在教育领域，纽约市教育规模庞大、就学人数众多、种族和文化复杂、学校结构多元，在多次改革与发展进程中也不断面临新的问题，纽约市政府在不同时期采取了不同的对策取得了引人注目的教育成就，纽约市的教育改革与发展一直引发着美国乃至世界范围的关注，其在教育发展中产生的问题也具有一定的普遍性。在我国学前教育改革步入深水区的历史时期，对纽约市学前教育发展的情况进行研究，对我国学前教育改革与发展有重要的借鉴意义。

（一）纽约市市政与教育概况

本部分对纽约市政府的机构设置的做法和纽约市教育概况进行梳理，有利于从宏观上认识纽约市政府的工作职能及其整体的教育发展规划。

1. 纽约市市政概况

纽约市（City of New York），是纽约都会区的核心，也是美国最大的城市。纽约市

隶属纽约州管辖,为了与其所在的纽约州相区分,被称为纽约市。纽约市位于美国东海岸的东北部,人口总数超过 850 万,是美国人口最多的城市,也是个多族裔聚居的多元化城市,纽约市拥有来自全球 180 多个国家和地区的大量移民,有超过 200 种语言,来自世界各地的人聚在一起构成了世界上最具活力的城市之一。

纽约市有五大行政区(Boroughs),包括曼哈顿区(Manhattan)、布鲁克林区(Brooklyn)、布朗克斯区(Bronx)、皇后区(Queens)和斯坦顿岛区(Staten Island),如从另一个行政角度划分,纽约市可以划分为 5 个郡,分别为纽约郡(New York County)、国王郡(Kings County)、布朗克斯郡(Bronx County)、皇后郡(Queens County)和里士满郡(Richmond County),五个郡和五个区的边界分别相同。这里要说明一下美国的行政区划制度,在美国第一级行政区划为州(States),准确来说,州并不是国家下设的区划,而是由这些州联合组成国家,因为美国为联邦制,跟其他联邦制国家一样,其一级行政区拥有很大的主权。郡(county)是二级行政区,相当于我国的县,通常各郡会在下设不同层级的区划,大部分是在郡的管辖区内有很多市(city),而纽约市是划分了 5 个郡或行政区,这一行政划分和美国其他地方郡大于市的情况有所不同。

表 3-1 纽约市行政区划等基本信息

管辖区		人口估计	土地面积	人口密度
行政区	郡	(2016 年)	平方公里	人数/平方公里
曼哈顿区	纽约郡	1643734	59.1	27826
布朗克斯区	布朗克斯郡	1455720	110	13231
布鲁克林区	国王郡	2629150	180	14649
皇后区	皇后郡	2333054	280	8354
斯坦顿岛区	里士满郡	476015	152	3132
纽约市		8537673	781.1	10947

美国有三大市政体制,即委员会制(20 世纪 20 年代后由于体制缺陷被基本放弃)、市长—议会制(Mayor-Council)、城市经理制(Council-Manager)。纽约属于市长—议会制,在形式上模拟联邦政府体制,实行分权制衡原则。纽约市政府由一位市长(Mayor)和一个由 51 人组成的议会委员会(Council)领导,有 30 多万名公务员,包括警察、消防队员、教育工作者、医生、护士、艺术家和工程师,以确保城市促进公共安全和公共健康。市长、区长(Borough Presidents)、市议会成员(City Council Members)、公共倡导者(Public Advocate)和审计员(Comptroller)由选民选举产生。纽约市《城市宪章》(The City Charter)规定了每个官员或机构(包括社区委员会)的权力,以及它们之间的

关系。

其中，市长是城市的首席执行官，负责制定城市及其财政议程，并任命副市长和机构负责人。纽约市市长拥有独一无二的行政管理权。纽约重要机构，如警察局、学校负责人的人事任免权、制定执行预算和否决议会法案的权利。纽约市市长任期为4年，一般不得超过三届。议会有权利批准或否决市长的任何决定。同时，议会的决议也需要得到市长签字批准。当前在任的是纽约市第109任市长白思豪（Bill de Blasio）。公共利益倡导者，作为独立选举产生的公职人员，公共倡导者代表着城市服务的消费者，负责审查和调查有关城市服务的投诉，评估机构是否对公众作出回应，并建议改进机构项目和投诉处理程序；公共利益倡导者作为申诉专员，或中间人，为那些在获得市政机构所需的服务、帮助或回答方面遇到困难的人提供帮助；公共利益倡导者监测城市公共信息和教育工作的有效性。审计长是独立选举产生的官员，是纽约市的首席财务官，向市长、市议会和公众提供有关该市财政状况的建议，并就城市项目和运营、财政政策和金融交易提出建议。审计长还审查与城市财政有关的所有事项。市议会是纽约市的立法机构。市议会有51个选举产生的成员，纽约市下面共有51个选区，每个选区产生一名议员。除了立法，市议会还批准城市的预算，并对城市机构的活动拥有监督权力。市议会监督市政机构的运作和绩效，做出土地使用的决定，并全权负责批准城市的预算。它还在许多其他问题上制定法律。在纽约市的治理中，市议会与市长是平等的伙伴。区长是每个行政区的行政官员，《城市宪章》赋予他们的权力包括：与市长合作，编制提交市议会的年度行政预算，并直接向市议会提出行政区预算的优先事项；审查和评论主要的土地使用决定，并在各自的行政区内提出城市设施用地；监察及修改各市镇的市政服务；并为他们的选区制定战略计划。

除此之外，纽约市社区委员会（Community Boards）是地方代表机构。全市共有59个社区委员会，每个委员会由多达50名无薪成员组成，其中一半由他们所在地区的市议会成员提名。委员会成员由区长从活跃的社区中挑选和任命，涉及每个社区的人，他们必须居住、工作或对社区有其他重大的兴趣。[①]

在城市财政方面，扩张的牛市和持续高涨的房地产让让大量的金钱流入纽约市，纽约市政府2015财政年度财政总收入为810亿美元[②]，大概相当于同年度北京市的财政收入（4723亿元）[③]。但2015年财政年度，纽约市的普通基金储备只占支出的

---

① 纽约市政府官网. https://www1.nyc.gov/office-of-the-mayor/admin-officials.page, 2018-07-01.

② 银行信息港. 美国百大城市市财政排名 纽约倒数第二［EB/OL］. http://www.yinhang123.net/news/543487.html, 2018-07-01.

③ 网易财经. 2015年全国31省市财政收入数据排名［EB/OL］. http://money.163.com/16/0107/00/BCM-HDCUK00253B0H.html, 2018-07-01.

0.67%，远远少于政府财务主管协会（Government Finance Officers Association，GFOA）建议的 16.67%。除此之外，纽约市的债务也相当多。根据纽约市主计长斯静格（Scott M. Stringer）发布的报告，纽约市的人均债务大大超过其他美国大城市，甚至比芝加哥高 50%。

2. 纽约市教育概况

纽约市拥有美国最大的学校系统，教育规模庞大、就学人数众多、种族和文化复杂、学校结构多元。目前纽约市共有 1135334 名学生，在这些学生中，13.5% 的学生是英语学习者，19.7% 是残疾学生，74.0% 的人在经济上处于劣势；40.5% 的西班牙裔，26.0% 的黑人，16.1% 的亚洲和 15.0% 的白人。纽约市教育局（Department Of Education）负责运作纽约市的 1800 多所学校，包括 227 所特许学校，约 110 万学生，140000 名教职人员，是美国最大的学校系统。教育局由教育总监负责领导，总监一职由市长委任，其责任是确立并指导全市教育政策。总监及其领导团队要负责包括托儿所（Pre-Kindergarten）至 12 年级在内的纽约市所有公立学校学生的学业表现与进步情况。教育政策专门小组（PEP）也属于教育局管理架构的一部分，重要的教育政策、规定以及学校使用办法的重大更改，必须事先呈交 PEP，由其审核批准方可执行。

自 2002 年至 2013 年，纽约市在市长布隆伯格（Michael R. Bloomberg）的领导下开展了大刀阔斧的基础教育改革，针对基础教育领域存在的就学人口众多、种族和文化背景复杂、学校结构多元、教师质量参差不齐等问题，布隆伯格在 12 年间对基础教育的各个领域主导了改革，包括对效率低下的教育行政体系进行改组，大力发展特许学校，广泛吸收家长参与学校管理和教育改革，极力提高教师素质等，由于改革措施雷厉风行，布隆伯格时期纽约市的基础教育改革被称作美国公立学校系统最大胆而激进的改革案例。

自 2015 年秋季，纽约市第 109 任市长白思豪（Bill de Blasio）和教育总监法瑞纳（Carmen Fariña）确立了一套纽约市公立学校学生需要达到的高标准目标，即到 2026 年，80% 的纽约市学生能够按时高中毕业，三分之二的学生能够为进入大学学习做好准备。为达成这些目标，纽约市教育局推出了"平等与杰出"（Equity and Excellence for All）计划，包括："Pre-k for All""3-k for All""学生在 2 年级达到普通读写标准""全体学生学代数""全体学生读大学先修班""人人都能上大学"等计划都属于该计划的一部分。①

纽约市教育质量在美国名列前茅，根据纽约州 2017 年评估结果，纽约市公立学校

---

① 纽约市教育局官网. 2017—2018 学年纽约市成就：学前班至 12 年级 [EB/OL]. http://schools.nyc.gov/AboutUs/default.htm, 2018-06-20.

的学生在数学和英语语言艺术的国家评估上成绩整体提高,三年级到八年级的学生在该州的年度数学和英语语言艺术考试中取得了较好成绩。从2016年到2017年,纽约市学生英语语言考试达到国家的熟练程度标准比例增加了2.6个百分点(从38.0%到40.6%)。数学成绩提高了1.3个百分点(从36.4%到37.8%)。在学前教育阶段,进入初等学校前一年的教育叫作幼儿园教育(Kindergarten),是公立教育系统的组成部分。幼儿园接收5岁儿童,旨在为儿童入学做好准备。美国对幼儿园的儿童实行免费义务教育。近年来,美国学前教育的免费范围逐渐扩大至托儿所(Pre-kindergarten)教育,即向下延伸至4岁幼儿。纽约市政府对学前教育的投入力度加大,将学前教育的免费范围进一步扩大,在2014年开始实施免费托儿所教育(Pre-K for all)并取得成功的基础上,2017年4月21日纽约市进一步推出"3岁及以上儿童免费学前教育计划"(3-K for all),[①] 这一计划旨在为纽约市所有的3岁儿童提供免费、高质量的全日制早期教育,无论他们的家庭收入如何。此外,而纽约市政府还向弱势群体儿童提供提前开端计划、早期提前开端计划等免费学前教育项目,旨在帮助处境不利儿童在入学前接受必要的入学准备,这种面向处境不利幼儿群体的补偿教育计划由联邦政府负责经费投入,符合项目准入资格的2—5岁幼儿均可接受免费教育。

(二)纽约市学前教育发展现状

以下将从学前教育的机构设置、学前教育管理体制、幼儿园教师队伍、学前教育课程以及特色学前教育项目几个方面对纽约市学前教育发展现状进行研究。

1. 纽约市学前教育机构设置、学位与入园率

(1)纽约市学前教育机构设置

纽约市学前教育机构有幼儿园、托儿所、学前班等多种类型,每种类型都有自己的特点。

①幼儿园(Kindergarten)

纽约市的幼儿园早已纳入了公立学校系统,通常招收满5周岁的儿童,幼儿园多为公立,且绝大部分的幼儿园附设在初等学校中,是初等学校的一部分,但家长也有权利选择让幼儿入读私立幼儿园。越来越多的初等学校把幼儿园和初等学校的一、二或三年级组成一个早期教育单位,与高年级分开。幼儿园分为全日制和半日制两种类型,以幼儿每天在园的时间为标准来区分。在教育内容方面,幼儿园是K-12公共教育系统的组成部分。"纽约州将幼儿园纳入州内的课程框架与内容标准之中,私立幼儿园也遵循公办学校的课程框架与运作情况。"

目前,纽约市提供幼儿园教育的机构包括以下四种类型:(1)划片学校(Zoned

[①] 周京岭. 美国:纽约推出"3岁及以上儿童免费学前教育计划"[J]. 上海教育,2017(29):37—39.

Schools)。如果幼儿住在划片有特定学校的学区房,幼儿可以优先就读该学校。(2)非划片学校(Non-Zoned Schools)。这些学校不属于划片范围,住在该学区或该行政区任何地方都可以申请就读。(3)选择学校(Choice Schools):纽约市的三个选择学区(学区1、7和23)没有划片学校。住在这三个学区的学生可以优先就读他们居住地区的学校。① 另外,幼儿也可以申请到特许学校(Charter Schools)接受幼儿园教育。

②托儿所(Pre-kindergarten)

托儿所教育是纽约市免费的普及性学前教育项目,主要招收4岁幼儿。起初,托儿所教育绝大多数都为非普及性项目,均设有入读限制,它主要是为特定儿童设立,只招收符合规定的儿童,从20世纪90年代开始,纽约州开始普及学前班或托儿所(Universal Preschool或Universal Pre-kindergarten)的运动,目前,纽约市为每名4岁儿童提供免费、全日制和高品质的"免费托儿所"计划,为4岁儿童在入读幼儿园前提供一年的教育。

③日托中心(Day Care Centers,DCC)

日托中心为6名以上的注册儿童在非私人住宅场所提供每天至少3个小时的保育服务,服务对象为0—2岁婴儿或3—5岁幼儿,有的也接受学龄儿童。日托中心可分为全日制和半日制两种类型,其中全日托从早上七点半到下午两点半,半日托从早上九点到十二点,或从下午两点到五点,也有每周入托1—3天。日托中心的工作重点是照顾儿童的饮食起居,保证其安全,教育方面的内容较少。日托中心大部分教师未受过系统的专业训练,师资水平较低,可容纳的幼儿数由机构的实际面积所决定。除了纽约市,日托中心由纽约州儿童和家庭服务办公室(Office of Children and Family Services,OCFS)颁发许可证并接受其检查,但纽约市的日托中心需要获得纽约市卫生和心理卫生部(NYC Department of Health and Mental Hygiene,简称DOHMH)的许可和检查。

④家庭式日托(Family Day Care Home,FDC)

家庭日托是指保育人员在家庭中为3至6名幼儿(非亲戚幼儿)提供3个小时以上的日托服务。家庭日托中心可以在学校不上课的时候照顾另外两个学龄儿童,在家庭日托中心中,每两个2岁以下的孩子必须有一个照顾者。家庭日托中心由OCFS颁发注册证书,并由OCFS、儿童保育资源和转诊机构、当地社会服务部或DOHMH检查,具体视所在的区县而定。

⑤小组家庭式日托(Group Family Day Care Home,GFDC)

小组家庭日托中心是由保育人员在家庭中为7至12名幼儿提供每天不少于3小时

---

① 纽约市教育局官网. https://www.schools.nyc.gov/enrollment/enroll-grade-by-grade/kindergarten,2018-07-15.

的服务,也有一些家庭日托中心只能照顾七到八个幼儿。小组家庭日托中心可以在学校不上课的时候照顾另外四个学龄儿童。在小组家庭日托中心中,每两个2岁以下的孩子必须有一个照顾者。纽约市小组家庭日托中心需要获得纽约市卫生和心理卫生部的许可证并接受其检查。

⑥保育学校和学前班(Part-day Nursery School and Pre-school)

保育学校性质复杂、种类繁多,部分保育学校属于公立系统,保育学校以半日制为主,一般招收2.5—5岁幼儿。保育学校的重点是对儿童进行早期教育,师资水平较高,多数教师接受过大学以上的专业训练,学费昂贵。

⑦安亲班(School-age Programs)

安亲班的服务时间为儿童上学前、放学后或者学校假期,目的在于配合家长的托儿需要,帮助上班、参加培训或上学的家长,为其儿童提供保育服务。纽约州的安亲育儿班(School Age Child Care,简称 SACC)是为7名以上的注册儿童在非私人住宅场所提供学校时间外的保育服务,容纳的幼儿数由机构的实际面积决定。

(2)纽约市学前教育机构学位与入园率

①纽约市学前教育机构数量与在园幼儿规模

从不同类型学前教育机构的数量来看,纽约市家庭式学前教育机构的数量远远超出中心式学前教育机构的数量,从2015到2017年一直保持这种趋势。例如,2015年,纽约市有3743所中心式学前教育机构(包括日托中心和安亲中心),家庭式学前教育机构(包括家庭日托和小组家庭日托)共7245家。2017年,纽约市中心式机构的数量为3757所,家庭式学前教育机构共6770家。

表3-2 2015—2017年纽约市许可和注册的学前教育机构的数量和容量[①]

年份		中心式		家庭式		总数
		日托中心	安亲班	家庭日托	小组家庭日托	
2015年	机构数量	2283	1460	1929	5316	10988
	容纳幼儿数	136474	197380	14358	79943	428155
2016年	机构数量	2233	1452	1658	5193	10536
	容纳幼儿数	137985	202133	12376	78458	430952
2017年	机构数量	2251	1506	1510	5260	10527
	容纳幼儿数	139485	217612	11364	79599	448060

① New York State Office of Children and Family Services (OCFS). Child Care Facts and Figures 2017[EB/PL]. http://ocfs.ny.gov/main/childcare/Resources_for_Families.asp. 2018-05-21.

从参与学前教育机构的幼儿数量来看,2014—2017年接受中心式学前教育的幼儿数量远远高出接受家庭式学前教育的数量。例如,2014年全部学位数(Total spaces/slots)为397949个,其中中心式学前教育机构容纳幼儿数占75%,家庭式学前教育机构容纳幼儿数占25%;2017年,中心式机构容纳的幼儿学位数为357097个,占79.7%,家庭式学前教育机构容纳幼儿学位数为90963个,占20.3%。

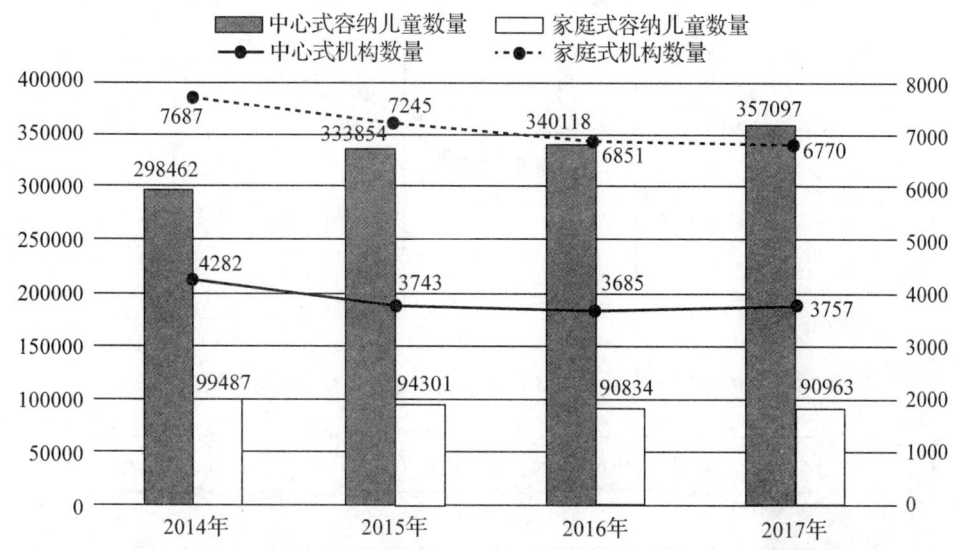

图3-1 2014—2017年纽约市中心式和家庭式学前教育机构的数量和容量①

从纽约市不同学前教育计划服务的幼儿数来看,2014年开始实施的"免费托儿所教育计划"目前为该市近7万名4岁儿童提供全天免费学前教育;自2017年纽约市开始实施"3岁儿童免费学前教育计划",根据纽约市2018年数据,2017—2018学年有1500多名幼儿申请参加该计划,2018年秋季将超过5000名幼儿参加3-K项目,到2021年秋季纽约市将在12个区提供约19000个3-K的名额。②而"提前开端计划"服务儿童数2010年为19013人,2011年为18978人。

②纽约市学前教育机构入园率

根据纽约市儿童公民委员会(Citizen's Committee For Children,简称CCC)对3岁和4岁儿童的调查数据显示,近5年(2011—2015年)以来,纽约市3岁和4岁儿童参加

---

① 中心式包括日托中心(Day Care Center)和安亲班(School Age Care Center),家庭式包括家庭日托和小组家庭日托(Family Day Care 和 Group Family Day Care)。

② Mayor de Blasio and Chancellor Carranza Announce Four Times More Children Receiving 3-K for All Offers [EB/OL]. https://www1.nyc.gov/office-of-the-mayor/news/263-18/mayor-de-blasio-chancellor-carranza-four-times-more-children-receiving-3-k-all#/0,2018-07-24.

学前教育项目(early education programs)(包括学前班、保育学校和幼儿园)的数量逐年增加,2015年度较上年度增加3523人,从2011年度的122806人逐步增加到2015年度的135789人,每年以平均2%左右的增幅增长。

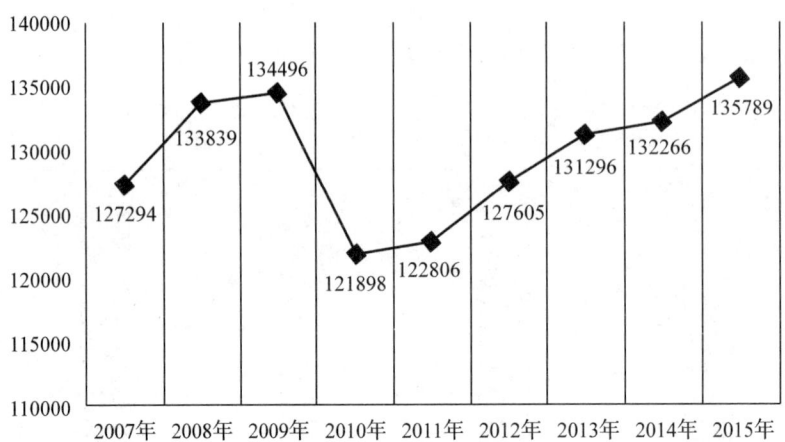

图3-2 2007—2015年纽约市3岁和4岁儿童入园数量变化(单位:人)①

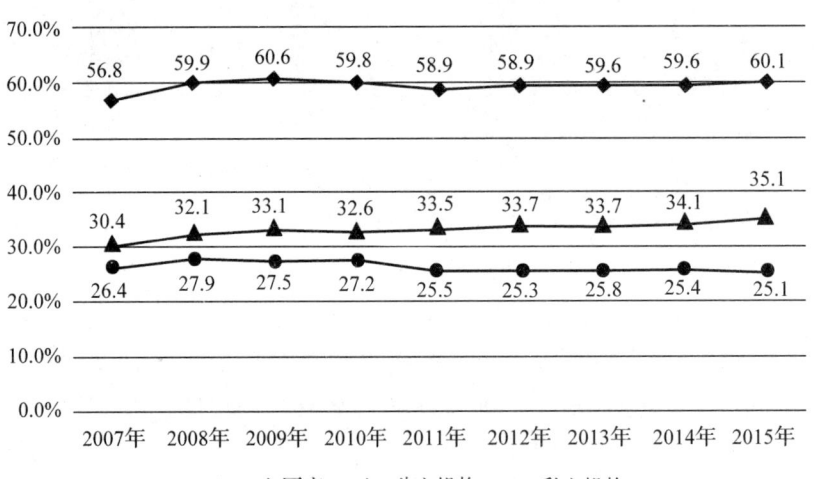

图3-3 2011—2015年纽约市3岁和4岁儿童公立机构与私立机构入园率②

---

① 数据针对所有3岁和4岁幼儿在学前教育项目中的注册数。图中学前教育机构(early education programs),包括学前班(pre-school)、保育学校(nursery school)和幼儿园(kindergarten)。数据来源:纽约市儿童公民委员会(CCC). https://www.cccnewyork.org/data-reports, 2018.05-21.

② 数据针对所有3岁和4岁幼儿在学前教育项目中的注册数。图中学前教育机构(early education programs),包括学前班(pre-school)、保育学校(nursery school)和幼儿园(kindergarten)。由于一些较小的区域样本数小,数据呈现的所有年份5年的平均值。数据来源:纽约市儿童公民委员会(CCC)[EB/OL]. http://data.cccnewyork.org/data/map/1290/early-education-enrollment#1290/a/2/1494/22/a, 2018-05-21.

2011年，纽约市的3岁和4岁幼儿入园率为58.9%，2015年入园率达到60.1%，五年间学前儿童的入园率有所提升，但增幅不大。从公立和私立学前教育机构两种类型来看，近年来入读公立学前教育机构的儿童数一直在扩大。2011年，入读公立机构的儿童数占33.5%，私立机构的儿童数占25.5%；到2015年，入读公立机构的儿童数占35.1%，入读私立机构的儿童数占25.1%。

2. 纽约市学前教育管理体制

美国是联邦制国家，宪法把权力给予了各州而非联邦政府。每个州都有自己的议会和州政府，州政府下属不同等级的管理部门负责提供当地的服务：郡、自治区、郊区、城市、城镇和学区。美国对学前教育也采取地方分权制的管理方式，即地方教育机关享有独立自主的行政权限，地方政府是地方行使教育权力的最高教育行政机关，而联邦政府无权统一发布指令，也不得干涉地方政府所管辖的教育事项。联邦政府和地方政府在学前教育的管理和实施上承担着不同的责任，纽约市学前教育的管理属于这一体制，由联邦政府、纽约州政府和纽约市政府共同在学前教育的管理中承担不同的责任，例如，纽约市教育局和州政府、联邦政府共同合作致力于为每个学区提供免费的3-K学前教育。

(1) 联邦政府的学前教育职责

① 美国学前教育行政体制及联邦政府职责

美国由于具有分散的殖民地自治和自己管理教育的传统，决定了美国教育行政体制的地方分权性质。① 在形式上，美国的教育行政分为联邦、州和地方学区三级，联邦设教育部，为中央负责教育行政之机关。州设有教育委员会与教育厅，地方学区则设有学区教育委员会与教育局。但教育实权实属各州政府和地方教育当局，联邦政府只是通过间接的方法（如通过教育援助立法提供补助金，以达到振兴教育的目的）对各州的教育事业发展及教育改革方向发挥指导作用。②

美国中央教育行政体系（即联邦一级的教育行政体制）包括联邦宪法、国会及教育部等多个方面。③ 其中，美国国会作为最高的立法机关，在教育方面也拥有着相应的立法权。其在教育行政方面的主要权限有：①联邦教育法律的立法权；②联邦教育经费的筹款权；③联邦教育经费预算的决议权；④联邦最高教育行政官员任命的同意权。依据法律，联邦教育部的部长、副部长及各司司长均须由总统提名经国会（参议院）同意后方可任命。同时，国会对违法失职的联邦教育行政官员拥有弹劾权。

---

① 陈永明. 教育经费的国际比较[M]. 天津：天津教育出版，2006：21.
② 陈永明. 主要发达国家教育[M]. 天津：天津教育出版社，2006：60.
③ 陈永明. 主要发达国家教育[M]. 天津：天津教育出版社，2006：60.

具体来说,联邦政府的学前教育职责主要在于提出学前教育与保育的一般性政策和目标,协助各州政府根据区域和地方的需要落实保教政策。联邦学前教育政策法案和预算支出的重点在于满足特定人群,尤其是低收入家庭和有特殊需要儿童的需求,使全国儿童都能接受到高质量的学前教育,促进美国社会公平的发展。例如,联邦政府为低收入家庭儿童和残疾儿童的学前教育提供资助和资金保障,并通过制定公共政策,为3—5岁的处境不利幼儿提供综合性补偿教育,同时十分关注幼儿的健康和营养问题。①《不让一个儿童掉队法》明确规定了联邦政府在学前教育上的重要职责:"确保高质量的绩效责任体系、学术评价标准、教师培训与教育资源的竞争型分配;满足弱势群体儿童的教育需求;缩小成绩优异与成绩欠佳学生、非少数民族学生之间的学业成绩差距;确保各州、地方教育机构与学校能够促进所有儿童的学业进步;将教育资源合理配置到最需要的地方教育机构和学校中"等。② 2015年修订案《每个学生都成功法》(*Every Student Succeeds Act*,ESSA)废除了《不让一个儿童掉队法》(*No Child Left Behind Act*,NCLB)对各州的各种统一要求、统一标准,将教育的控制权重新还给了州和地方政府,给予了各州广泛的自主权和灵活度,联邦政府的职能再次回到了《不让一个儿童掉队法》颁布前的状态,即:通过制定政策、颁布法律,对美国教育发展施加间接影响,而不是直接控制。③

总之,美国联邦政府在学前教育方面主要定位于:规划学前教育发展的整体政策和目标,根据各地区的实际需要,推动各州在学前教育和保育项目中发挥作用。其重点关注对象是低收入家庭儿童和有特殊需要的儿童。

②美国教育部的学前教育管理职责

美国教育部是在1980年由过去的教育署升级而成立的,但它并不直接管理地方教育,主要负责统一处理联邦教育政策和经费,通过设立项目和财政拨款的方式来推动和引导地方教育发展。按照《教育部组织法》(*Department of Education Organization Act*)的规定,其宗旨为"通过资助相关研究、进行评价活动、交流信息来提升教育的质量,实现教育的价值"。④ 在学前教育方面,教育部主要在根据联邦政府在《不让一个儿童掉队法》及其2015年修订案《每个学生都成功法》的指引下,通过提供联邦补助金等措施对地方教育部门管辖之外的学前教育项目等提供支持。《每个学生都成功法》明确授权用联邦资金向更多的儿童提供高质量的学前教育。2017年纽约州教育理事会(The

---

① OECD. OECD Country Note: Early Childhood Education and Care Policy in the United States of America. 2005,p. 25.
② U. S. Congress. No Child Left Behind. http://thomas.loc.gov/bss/d107/d107laws.html,2018-7-2
③ 谷贤林. 破解《每个学生都成功法案》的"成功密码"[J]. 人民教育,2016(5):70—74.
④ 陈永明著. 主要发达国家教育[M]. 天津:天津教育出版社,2006:60.

New York State Board of Regents)根据《每个学生都成功法》通过了本州的相应计划方案并提交联邦教育部审批。[①] 可见,《每个学生都成功法》将教育的控制权重新还给了州和地方政府,联邦政府的职能再次回到了《不让一个儿童掉队法》颁布前的状态,即:通过制定政策、颁布法律,对美国教育发展施加间接影响,而不是直接控制。[②]

③美国健康与人类服务部的学前教育职责

除教育部外,同属联邦政府的健康与人类服务部、农业部、国防部、劳工部,以及国家科学基金会等部门和委员会也都负有相应的教育行政职责。健康与人类服务部即为美国政府对国民健康实施保护并提供必要人类服务的主要机构,特别是为那些没有能力实现自助的群体提供服务。美国健康与人类服务部现有雇员64750名,其服务范围包括300多个项目,包括多种活动,主要负责管理全美最大的联邦学前教育项目——提前开端项目。其他部门也从诸如帮助幼儿家长进入劳动力市场,促进幼儿在基础素养课程方面的学习等角度为学前教育的发展提供支持。而每年联邦补助金的来源除教育部外,也包括其他联邦部门的相关项目,例如健康与人类服务部负责的"提前开端"项目以及农业部的"营养午餐"项目(School Lunch Program)等。下面主要介绍一下提前开端计划的管理机构及部门职责。

提前开端计划隶属于美国健康与人类服务部(Department of Health and Human Services,HHS),在健康与人类服务部下设儿童与家庭管理处(Administration for Children and Families,ACF);其下设立提前开端计划办公室(Head Start Office)——即为原来的提前开端计划管理局(Head Start Bureau),负责管理各地方提前开端计划地区办公室(Regional Office);在各提前开端计划办公室下设三个机构:指导委员会(Board of Director)、地区监督(Local Grantee)和政策委员会(Policy Council),具体负责各社区的提前开端计划项目[③]。同时,为了统筹管理儿童保育事项,美国政府于1995年成立了儿童保育局(Child Care Bureau,CCB)和国家儿童保育信息中心(The National Child Care Information Center,NCCIC)。儿童保育局隶属于健康与人类服务部的儿童与家庭管理处。儿童保育局在有关儿童保育计划的事务上发挥着广泛且重要的作用,它通过儿童保育资金支持低收入家庭,通过改善保教项目的质量促进儿童的良好发展。

提前开端计划办公室就提前开端计划(包括早期提前开端计划)的相关问题为儿童与家庭部的助理秘书帮办提供建议。该办公室负责提出立法提议和预算提议;决定研究领域、做示范、决定发展性活动;确定提前开端计划项目运营计划的目标和项目的

[①] 张帅. 美国纽约州提交《每个学生都成功法》连续3年表现最差学校或被关闭[J]. 世界教育信息,2017(21):76—76.

[②] 谷贤林. 破解《每个学生都成功法案》的"成功密码"[J]. 人民教育,2016(5):70—74.

[③] 周采. 美国先行计划的现状与趋势[J]. 比较教育研究,2001,22(10):49—53.

开展；监管经过批准的活动的进程。提前开端办公室还要为提前开端计划项目活动（包括提前开端计划地区项目机构范围内提前开端计划项目的活动）提供领导和协调，还要负责提前开端计划与联邦政府机构和非联邦政府机构等机构之间的跨机构合作。

具体来看，提前开端办公室的任务包括：为地方公立与私立非营利性和营利性机构提供补助金，为处于不利经济条件下的幼儿及其家庭提供综合性幼儿发展服务，为使学前幼儿能够在学校中获得成功，该计划尤其关注对幼儿早期阅读和数学技能的发展。提前开端计划项目通过为幼儿及其家庭提供教育、健康、营养、社会及其服务，促进幼儿社会和认知方面的发展，从而促进儿童的入学准备。该项目将让家长参与幼儿的学习并帮助他们在完成教育、读写及就业目标的过程中获得进步。在对当地提前开端项目的管理中，强调的是家长的参与。[①]

(2) 纽约州政府的学前教育职责

如前所述，美国教育行政采取地方分权制，全国各地的教育事务没有全国统一的标准，州政府和学区掌握着当地教育行政的实权。按照1994年出台的《2000年目标：美国教育法》，在首先确立联邦政府对学前教育宏观规划和领导的前提下，必须确保各州和地方的权利。[②] 因此，纽约州以颁布的州宪法及各项法规为该州教育行政的最高准则，并建立独立的教育体系，按照法律的规定制定教育方针、发展规划和政策举措，并自主地付诸实施以及进行各种教育改革。

具体来说，影响纽约州教育事务运作的州一级组织主要为州立法机关及行政机关。州议会为州立法机构，按照州宪法的规定负责决定学校的基本政策，建立及维持州内公立学校系统。纽约州设有教育委员会和教育厅，以州教育厅长为最高行政长官，由州教育委员会或州长指派。其中，纽约州教育委员会（New York State Board of Regent）由州立法委员表决通过产生，主要负责监督州内所有教育机构，制定纽约州大学和教育厅教育宏观政策，并且通常多由具有多元背景的人士共同组成。州教育厅长则主要负责：中小学视导、制定课程与学校组织的标准、课程材料的发展、教师资格的鉴定、经费预算的分配与执行、图书健康与交通等服务。近年来，纽约州政府通过提高资金投入大幅提升了其在学前教育中的介入角色，就资助项目类型而言，包括补充资助提前开端计划项目、免费托儿所计划（对象为4岁幼儿）、免费3-K计划、补充联邦政府在幼儿托育的补助金和税收退款的资金投入等[③]。例如，纽约州会选择对联邦政

[①] 霍力岩，黄爽，陈雅川. 美、英、日、印四国学前教育体制的比较研究[M]. 北京：北京师范大学出版社，2013.
[②] U. S. Congress. Goals 2000: Educate America Act[EB/OL]. http://loc.gov/bss/d103/d103laws.html, 2018-7-10.
[③] OECD. OECD Country Note: Early Childhood Education and Care Policy in the United States of America. 2000, p. 25.

府提前开端项目的资金投入进行补充。

此外，纽约州政府还发挥着关键的协调作用。当前，纽约州政府积极采取措施，促进多种学前教育项目和服务间的合作关系，例如纽约州通过当地咨询委员会促进提前开端计划项目和幼儿园项目之间的关系，该咨询委员会由幼儿园代表和提前开端计划代表组成。通过协调这些合作关系的建立，促使纽约州儿童更易于获得优质、连贯、适合需要的学前教育服务。

除纽约州教育部门外，多个其他州立部门也共同参与儿童健康及发展方面的事务，例如，纽约州的总检察长要负责提供教育问题的法律意见，而州教师认证委员会则要负责教师认证的相关事务等。总之，多个州立部门的合作，共同保障了纽约州一级学前教育事务的顺利开展。

(3) 纽约市政府和学区的学前教育行政职责

纽约市政府设有教育局，纽约市教育局(Department of Education)负责运作纽约市约1800所学校，约110万学生，140000名教职人员，是美国最大的公立学校系统。教育局由教育总监(Chancellor)负责领导，总监一职由市长委任，其责任是确立并指导全市教育政策。总监及其领导团队要负责包括托儿所(Pre-k)至12年级在内的纽约市所有公立学校学生的学业表现与进步情况。教育政策专门小组(PEP)也属于教育局管理架构的一部分，重要的教育政策、规定以及学校使用办法的重大更改，必须事先呈交PEP，由其审核批准方可执行。纽约市另一个政府部门——儿童服务管理局(Administration for Children's Services，ACS)通过提供儿童福利、青少年司法、早期护理和教育服务来保护和促进纽约市儿童和家庭的安全和幸福。在儿童福利方面，ACS与私营非营利组织签订了合同，通过预防服务来支持和稳定面临危机的家庭，并为无法安全在家的儿童提供寄养服务。该机构的儿童保护司每年对涉嫌虐待或忽视儿童进行逾5.5万起调查。在少年司法方面，协会管理和资助服务，包括拘留和安置、为青年提供以社区为基础的密集替代方案以及为家庭提供支助服务。在早期护理和教育方面，ACS协调和资助了近10万有资格享受补贴照顾的儿童的项目和代金券。① 纽约市社会服务部(Departments of Social Services)负责管理公共资助的社会服务和现金援助项目，纽约市教育局、ACS以及相关部门并非单独展开工作，部门之间分工明确、协调一致共同负责对学前教育的管理和服务。在学区层面，纽约市共由5个行政辖区，并设有32个学区，各学区是推行教育政策最基层的行政单位，各学区内的基础教育运作，通常由地方人士组成的学务委员会(local school boards)来负责，负责核准和分配教育财政预算、决定学校用地的选择、安排儿童入学以及制定学区人事任用标准等职责。

---

① 纽约市政府官网. https://www.nyc.gov/site/acs/about/about.page，2018-07-24.

3. 纽约市学前教育经费

以下将对纽约市学前教育经费的来源、数量和投入体制进行说明，明确纽约市学前教育的财政投入责任，了解纽约市为发展学前教育提供的财政支出情况。

(1) 纽约市学前教育经费来源

政府财政投入，家庭投入和其他社会资源共同分担了纽约市学前教育的开支，不同主体在经费投入份额上存在差异。根据纽约市教育局发布的2018—2019学年财政预算总额为323亿美元，其中纽约市政府财政投入占57%，纽约州政府提供37%，联邦政府和其他经费来源占6%。① 可见，政府投入，包括联邦政府、州和地方政府层面的财政投入逐渐成为学前教育经费的主要来源。政府财政投入的增加为美国学前教育事业的发展提供了强有力的经费保障。

(2) 纽约市学前教育经费总额

目前纽约市政府正在大力推动的3-K教育计划，根据纽约市2018财政年度执行预算数据，2017—2018财年，纽约市教育局增加了1650万美元投入到实施3岁幼儿免费学前教育计划这一新的学前教育项目；② 在2018—2019学年，"免费3-K计划"将推至6个区（4，5，7，16，23，27区），为此纽约市政府将投入6600万美元用于这一项目。随着规模的不断扩大，到2021年，3-K免费计划将进一步扩展到12个区，按规模计算，这12个区的3-K投入将达到2.03亿美元。同时，针对托儿所教育，纽约市教育局在托儿所教育上增加了1174万美元的投入。为了实现整个城市的免费学前教育目标，纽约市政府在争取来自州政府和联邦政府合作伙伴的额外支持。③

4. 纽约市幼儿园教师队伍建设

(1) 纽约市幼儿园教师任职资格

① 幼儿园教师的任职资格

相对于其他性质的学前教育系统，美国对幼儿园教师的任职资格要求是最严格的。纽约州要求幼儿园教师至少拥有学士学位。公立学校的教师（New York City Department of Education，NYCDOE）必须具有纽约州政府颁发的教师资格证书。申请教师资格证的教师，需要完成由纽约州教育部所认可的教师教育项目之后，接受州政府的评

---

① 纽约市教育局官网. https：//www.schools.nyc.gov/about-us/funding/funding-our-schools，2018-07-24.
② Citizen's Committee for Children of New York INC. Summary of the New York City Fiscal Year 2018 Executive Budget（纽约市2018财政年度执行预算概要）[EB/OL]. https：//www.cccnewyork.org/data-reports/. 登记日期：2018-06-12.
③ Mayor de Blasio and Chancellor Carranza Announce Four Times More Children Receiving 3-K for All Offers [EB/OL]. https：//www1.nyc.gov/office-of-the-mayor/news/263-18/mayor-de-blasio-chancellor-carranza-four-times-more-children-receiving-3-k-all#/0，2018-07-24.

价，由州政府向满足特定标准的个体颁发教师资格证书。①

纽约州教育厅负责颁发的教师资格证书包括多种类型：一是，常规证书(traditional certificates)，包括初级证书(Initial Certificate)、专业证书(Professional Certificate)；二是过渡性证书(Transitional Certificates)，包括过渡性 A 证书(Transitional A Certificate)、过渡性 B 证书(Transitional B Certificate)；三是其他证书，包括有条件的初级证书(Conditional Initial Certificate)和实习证书(Internship Certificate)。每种证书都有特定的要求和考试方式。② 教师可以根据自己的实际情况选择一种证书进行申请，教师也可以选择多种证书进行申请，相对灵活富有弹性。幼儿园教师资格证书发放的统一标准是：申请者除修完必修的专业课程和实践学习外，必须参加"新教师专业评价"(Praxis)的考试。这一面向幼儿园教师的考试内容由三部分组成：基本技能、教学基本原理、学前教育，其中基本技能又分为阅读、数学和写作。

除了由州政府颁发的教师执照，以证明持有者达到了从事教学的最低标准外，还有专业协会颁布的教师资格证书。它以一种同行间进行专业评价的方式，来证明该证书持有者具有从事高水平专业活动的能力。全美专业教学标准委员会(National Board for Professional Teaching Standards，简称 NBPTS)还鉴定并颁发高级教资格证书，即主要负责制定 K-12 年级 31 个学科的教师资格标准，并组织相应的教师资格考试并颁发高级教师资格证书。③ 不同的资格证书都设定了明确的审核标准，对一般的幼儿园教师而言，其设定的获得资格证书的标准是：理解幼儿；公平、公正且有多样化的视角；评价促进儿童的发展和学习；整合课程的知识；采用多种教学策略，实现有意义的学习；家庭和社区的合作；专业性的合作；反思性的行为。④ 申请 NBPTS 教师资格证书的前提条件是：必须已获得学士学位或持有州授予的教师资格证书或具有三年或以上的教学经验，对教师资格的评审认定和资格证书的颁发都由 NBPTS 下属的有关机构办理。但这种证书由教师自愿获取，并不取代各州颁发的证书。⑤

②托儿所教师的任职资格

这里主要阐明纽约市对 3-K 计划和免费托儿所教育计划中对不同类型教师的资质要求。

主班教师(Lead Teacher)：主班教师必须获得纽约州幼儿教育资格证书，获得纽约州幼儿教育资格认证的教师，可以在任何的 3-K 机构和托儿所工作。教师必须拥有的

---

① 纽约州教育厅. http://teachnyc.net/certification/new-york-state-certification，2018-07-24.
② 纽约州教育厅. http://eservices.nysed.gov/teach/certhelp/CertRequirementHelp.do. 登陆日期：2018-7-19.
③ 李旭. 美国提高颁发教师资格证书的标准及其局限[J]. 比较教育研究，2003(04)：53—57.
④ http://www.nbpts.org/the_standards/standards_by_cert?ID=17&x=31&y=6. 登陆日期：2018-7-19.
⑤ 李旭. 美国提高颁发教师资格证书的标准及其局限[J]. 比较教育研究，2003(04)：53—57.

（或在2018年9月1日前有望获得）纽约州认证的资格证书可以是以下其中一种：幼儿教育资格证（Early Childhood，Birth-Grade 2），保育园、幼儿园及1—6年级资格证（Nursery，Kindergarten and Grades 1-6，N-6），托儿所至6年级资格证（Prekindergarten-Grade 6，P-6），或者残疾学生教学资格证（Student with Disabilities，Birth-Grade 2）。[①]

学习计划领导教师（Study Plan Lead Teacher）：对于尚未获得以上几种纽约州教师资格证，在2018年9月1日也无法获得认证的教师，可以作为学习计划领导教师在提供3-K和Pre-K服务的纽约市早期教育中心（NYCEEC）工作。但是要求在托儿所工作的教师必须：在幼儿教育或相关专业具有本科学历；完成了一些幼儿教育课程或者具有跟6岁以下儿童工作的重要的幼儿教育经验；承诺在工作三年内获得纽约州幼儿园教师资格证书。相对来说，对在3-K工作的教师要求必须：在幼儿教育或相关专业具有本科学历；持有副学士学位，承诺在工作七年内获得纽约州幼儿园教师资格证书。

助教（Assistant Teacher）：在纽约市早期教育中心（NYCEEC）的3-K或托儿所项目工作的助理教师，必须同时符合以下条件：至少18周岁；持有高中文凭或高中同等学历（GED）；并且持有有效的1级或以上纽约州教学助理证书（NY State Teaching Assistant certification）。

教师助手（Teacher's Aide）：在纽约市早期教育中心（NYCEEC）的3-K或托儿所项目工作的教师助手，必须同时具备以下条件：至少18周岁；持有高中文凭或同等学历（GED）。

教育主管（Education Director）：在纽约市早期教育中心（NYCEECs）工作的教育主管必须具备以下条件：在幼儿教育或相关专业具有本科学历；持有纽约州普及托儿所教育（UPK）条例（New York State Universal Prekindergarten (UPK) regulations）规定的幼儿服务的教学许可证或证书；在6岁以下的幼儿教育项目中有2年以上的主班教师经验（只有保育机构要求）。

可见，纽约市针对教师的不同类型，对教师背景、资格证书的要求都是不同的，这既为不同背景、拥有不同证书的教师提供了不同的就业机会，也是在努力满足不断扩大的免费学前教育项目对师资数量的要求。

③提前开端计划教师的任职资格

纽约市"提前开端计划"教师的任职资格采用提前开端计划设置的儿童发展助理证书（Child Development Associate，简称CDA）制度，CDA制度创立于1971年，目的在于设立"提前开端"项目自己的专业学位和证书，并致力于提高其综合服务的质量。该

[①] 纽约市教育局官网. Pre-K Teaching Opportunities. https：//www.schools.nyc.gov/careers/teachers/pre-k-teaching-opportunities. 登陆日期：2018-07-23.

证书由早期儿童专业认证委员会（Council for Early Childhood Professional Recognition）管理。目前，CDA 学位和证书计划在美国得到了广泛的认可，被列入了所有"提前开端"计划认证要求中。①

CDA 的申请者要符合以下四个条件：18 周岁以上；获得高中或同等学历；有 480 小时学前教育工作经验；5 年内完成 120 小时的学前教育课程，包括 8 个 CDA 培训项目，每个不能少于 10 小时，特别强调与婴儿/蹒跚学步儿或学前儿童相关的内容：保健与安全、身体与智力发展、社会性与情绪情感的发展、与家庭的关系、课程的设置与安排、专业化发展；此外，还要具有 CDA 所要求的六大能力领域的能力标准，包括建立并且保持一个安全健康的学习环境；发展幼儿身体和智力水平；支持幼儿社会性和情绪情感的发展并给予引导；与家庭建立积极有效的联系；确保制定并实施一个适合于儿童需要的活动计划；促进专业化的持续发展。②

CDA 培训为学员提供了三种不同类型的培训模式：中心本位模式、家庭育儿模式及家访模式，通过培训学员可获得相应的资格证书。参加"中心本位模式"培训的学员必须进入国家承认的某个儿童发展中心，担任指定的某一群儿童的主班教师，以便评估者观察其工作情况。这种培训模式提供两种签署证书：为从事 3—5 周岁儿童教育的教师提供的"幼儿园教师"证书和为从事 0—36 个月儿童教育的教师提供的"育婴师"证书。参加"家庭育儿模式"的学员需要进入一个符合州县或本地法规要求的家庭式育儿场所，至少为两个与学员不存在亲属关系的 5 岁左右幼儿提供基础性的幼教服务。参加"家访模式"的学员必须参加一个既定的 5 岁左右儿童的家访项目，满足其幼教需求。学员和儿童的父母一样，都以成年人的身份在该家庭中监督工作。

CDA 申请者可以通过 CDA 职业培训项目或直接通过国家评估来获得资质认证。第一种方式是通过 CDA 职业培训项目获得资质认证。通过 CDA 职业培训项目获得资质认证的学员必须年满 18 岁，有高中学历或高中同等学历，在学习期间确定一个导师一起工作，在过去五年里有 480 小时与儿童在一起的工作经验；在实地培训中完成 8 个月早期教育课程的阅读和练习，在儿童照料中心以工作人员、志愿者或是带班教师、成人教育者的身份工作，每周见一次导师；完成并提交导师用来考核的所有任务，同时要完成 120 小时的研讨培训，完成早期教育研究论文文献综述部分。在此之后，导师进行正式观察，分发并收集家长问卷，完成委员会代表所做的情景评估的口语部分。

---

① OECD. OECD Country Note: Early Childhood Education and Care Policy in the United States of America. 2000, p. 29.
② 成丽媛,等. 美国幼儿园教师资格及其认证方式简介[J]. 学前教育研究. 2007(12): 45-49.

顺利完成这些工作后，该学员就可以收到委员会颁发的证书。

第二种方式是通过国家评估获得资质认证。要通过国家评估获得资质认证，必须满足一些基本条件，包括候选人必须年满18岁，有高中毕业学历或高中同等学历，有480小时与从出生到5岁儿童在一起工作的经验，完成了满120小时的早期教育培训。具备六大CDA能力领域的技能，在儿童照料中心与儿童工作时被早期教育专业人员正式观察过，分发并收集家长问卷，完成专业资源文件。如果满足了这些条件，候选人还需要在事先设定的时间和地点准时出席，并完成由委员会代表指导的口头或书面的早期教育研究文献综述/评论，提交家长问卷和专业资源文件供委员会代表审查评阅。顺利完成这些工作后，候选人才能收到委员会颁发的证书。①

(2) 纽约市幼儿园教师在职培训

纽约州指出儿童保育需要高度的专业性，高质量的培训是保证儿童安全与健康、促进儿童成长与发展的基本前提。纽约州儿童和家庭服务办公室下属的儿童保育服务司(Division of Child Care Services，DCCS)实施了全州内协调一致的"许可和注册机构的儿童保育培训和专业发展项目"(Child Care Training and Professional Development for Licensed and Registered Programs)，该项目要求在儿童保育和教育机构工作的教职工保证每两年完成至少30个小时的在职培训，并鼓励教师提高继续培训时间，以保证保教质量。② 培训必须包含以下九项主题内容：①儿童发展的原则，主要是保教机构中不同年龄段儿童的发展阶段和特点；②儿童保教中心的发展；③婴儿和幼儿的营养与健康需要；④健康和安全规程；⑤业务记录维护与管理；⑥儿童虐待鉴定和预防；⑦有关儿童日托的法规和规章；⑧关于虐待儿童的法规和规章；⑨有关婴儿摇晃综合症的识别、诊断和预防的信息和教育。

教师需要准确记录所参加的培训，包括结业证书、成绩单或对成绩的准确记录。按照OCFS的要求，教师必须能够提供在两年内完成了覆盖所要求的9大主题的30个小时培训的证明。这些证明是教师获得学分认证的重要文件，OCFS开发了个人培训记录表(Individual Training Tracking Form（OCFS-4880))和儿童保育培训记录表(Day Care Training Tracking Chart (LDSS-4879))两种形式帮助教师跟踪记录个人的培训计划和时间。

在培训方式上，教师可以选择现场培训和在线培训两种类型，但必须符合该州的规定要求才能获得学分。现场培训包括：课堂培训、会议和工作坊、学院/大学课程和

---

① 嵇珺. 美国学前教育专业人员CDA培训方案的依据、内容、实施及其启示[J]. 学前教育研究, 2011(5)：25—29.

② 纽约州儿童和家庭服务办公室. https：//ocfs.ny.gov/main/childcare/child-care-training.asp, 2018-07-22.

在职培训；在线培训包括：远程学习、早期教育和培训项目在线学习课程和视频会议培训等方式。

在培训花费上，不同机构的培训费用有所不同，从免费到数千美元不等。如，OCFS赞助支持的一些视频会议培训、在线学习课程以及授权专家培训（Mandated Reporter training）等活动是免费的。教师可以根据自身情况安排培训的花费。[①]

（3）纽约市幼儿园教师工资待遇

与美国教育部门幼儿园（DOE schools）的教师相比，纽约市在社区学前教育机构里工作（Community-based Organizations）的学前教育教师收入较低。同样是具有本科学历和八年工作经验的有资质的托儿所教师，教育部门的教师年薪为74207美元，社区机构的教师年薪为44605美元。在社区机构工作的托儿所教师的平均工资只有教育部门教师的60%。

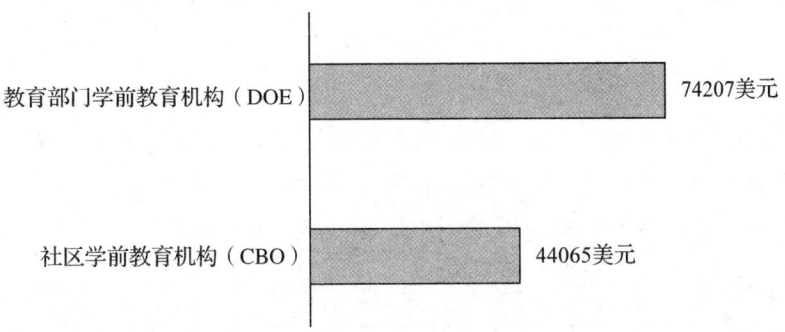

图3-4 2018年纽约市教育部门学前机构和社区学前机构教师工资水平[②]

具有相同学历的教师，在社区学前教育机构工作的有资质教师比在教育部门学前教育机构工作的教师年薪少得多。而且，随着时间的推移，教师的年薪差距不断扩大。同样是本科学历的教师，社区机构的教师，工作第一年平均工资为41265美元，第八年工资为44065美元。教育部门的教师第一年平均工资为55059元，第八年平均工资为74207美元。在第一年，社区机构的教师年收入比在教育部门的教师低将近14000美元，占社区机构教师年收入的32%，到第八年，这一差距达到30000美元，占社区机构教师年平均工资的68%。

---

① 纽约州儿童和家庭服务办公室. https://ocfs.ny.gov/main/childcare/child-care-training.asp, 2018-07-22.

② Citizens' Committee for Children of New York. http://www.campaignforchildrennyc.com/facts, 2018-07-24.

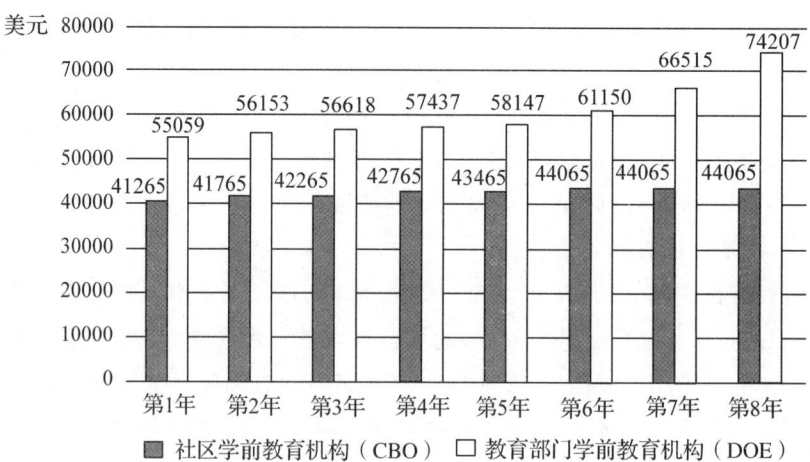

图3-5 纽约市教育部门学前机构和社区学前机构教师(本科学历)工资增长情况对比①

同样是具有硕士学历的教师，在工作的第一年，社区机构中具有硕士学位的教师比在教育部门的教师平均工资少15000美元(占社区机构教师年平均工资的32%)；随着时间推移这一差距逐渐增大，到工作的第8年，社区机构中具有硕士学位的教师比在教育部门的教师年平均工资少32000美金(占社区机构教师年平均工资的66%)。

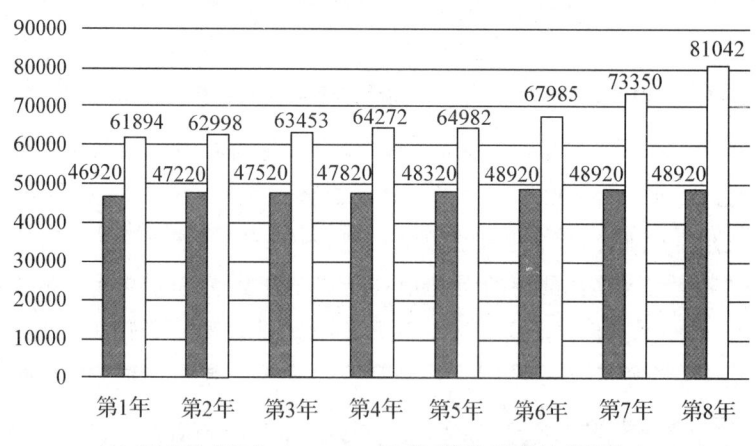

图3-6 纽约市教育部门学前机构和社区学前机构教师(硕士学历)年收入增长情况对比②(单位：美元)

---

① Citizens' Committee for Children of New York. http://www.campaignforchildrennyc.com/facts，2018-07-24.
② Citizens' Committee for Children of New York. http://www.campaignforchildrennyc.com/facts，2018-07-24.

具有硕士学历的教师比本科学历教师的年薪要高。同样具有 8 年工作经验，在社区学前教育机构工作的本科学历教师年收入为 44065 美元，硕士学历教师收入为 48920 美元；在教育部门工作的本科学历教师年平均工资为 74207 美元，硕士学历教师收入为 81042 美元。

另外，在社区机构工作的学前教师比在教育部门教师的工作时间更长，在夏季这些教师要为儿童提供长达 10 个小时的服务，但是收入情况却要差很多。

5. 纽约市学前教育课程

纽约市对"高品质课程"给出了界定。指出：就读于高品质学前班课程的儿童将会在小学里获得优秀表现，并更有可能从高中和大学毕业。在高品质的学前课程中，儿童通过游戏、探索以及教师和同伴之间良好的互动关系来学习。教师将对教室进行特定的精心布置，以便儿童可以使用学习材料进行游戏、以小组形式学习并在学习中变得更加独立。学前阶段应该让儿童学会一起游戏、分享和轮流做事以及用语言表达想法和感受，使用多种多样的玩具和材料进行搭建、角色扮演、绘画和室内外游戏，学会问问题并探索新的想法。优质的学前课程将为儿童在学校、家庭和生活中取得成功打下重要基础。①

托儿所课程教幼儿学会解决问题、阅读、提问题、发展语言能力、并且学会相互合作。纽约市每名四岁儿童都可以就读免费的、全日制、高品质的托儿所。每个居民区都有相关课程，包括各个学区的学校、托儿所中心和纽约市幼教中心（NYCEEC）。在托儿所，幼儿学习的内容包括：1)解答问题、认识数字、认识并能写出字母、提问题、学会按照顺序轮流做事情、学会与同伴分享；2)通过书籍、儿歌、歌曲以及与老师和同伴的对话，增加词汇量和语言能力；3)通过素描、绘画、雕塑和其他艺术形式，以创新的手法表达自我；4)参加体育活动，养成良好的作息规律，形成积极、健康的习惯；5)积累对周围世界的知识，并学习如何将知识运用到数学、科学、社会和艺术科目上。②

幼儿园课程主要教幼儿打好读写与算术的基础，纽约市 5 岁儿童就可以申请就读幼儿园。幼儿在幼儿园学习的内容包括：1)学习字母，包括字母的发音、单词及其发音；2)通过语言、画画、书写等方式分享和表达自己的想法；3)音乐、动作和游戏；4)认识数字，能数到 100；5)学会 10 以内的加减法；6)学习什么是家庭、学校和社区成

---

① 纽约市教育局官网. 2017—2018 学年纽约市成就：学前班至 12 年级 [EB/OL]. http：//schools.nyc.gov/AboutUs/default.htm. 登录日期：2018-06-20.

② 纽约市教育局官网. 2017—2018 学年纽约市成就：学前班至 12 年级 [EB/OL]. http：//schools.nyc.gov/AboutUs/default.htm. 登录日期：2018-06-20.

员；7)学习动植物，认识具体的物质材料及其属性(如金属、木头)。①

6．纽约市特色学前教育项目

纽约市通过推行大型学前教育项目，不断扩大学前教育的服务范围，推进学前教育的普及程度，目前纽约市正在推行的学前教育项目有三个，分别为早期学习计划(Early Learn NYC)、3 岁儿童免费学前教育计划(3-K For All)和托儿所免费教育计划(Pre-K For All)。

(1)早期学习计划

早期学习计划②是纽约市为符合条件的 6 周到 4 岁儿童提供免费或低花费的儿童保育和教育服务，主要由"儿童保育"(Child Care)和"提前开端"(Head Start)项目为儿童提供服务。哪些家庭有资格申请这项计划取决于家庭的收入、规模和需要。其中，"儿童保育"项目为 6 周到 3 岁儿童提供早期保育和教育服务，每天服务时长达 10 小时，其中，中心式保育(Center-based care)服务对象是 6 周到 4 岁儿童，居家式保育(Home-based care)服务对象是 6 周至 3 岁儿童。家庭可以通过使用儿童保育资格向导(Childcare Eligibility Wizard)，了解是否符合儿童保育的资格。如果家庭获得现金援助并且有一个批准的"护理理由"，就有资格申请。可接受的条件包括：家长在参加人力资源管理局(HRA)批准的工作、教育或培训活动；家长正在找工作并且有批准的找工作计划和失业保险收据；证明住在临时住房里；家里在寄养一个孩子。

早期学习计划的"提前开端"项目旨在服务于 3—4 岁的幼儿及其家庭，提前开端每天至少提供 8 个小时的服务，纽约市也有少量的"早期提前开端计划"(Early Head Start)的名额，主要服务于低收入的孕期妇女、婴儿以及学步儿家庭。③这两个项目目前都由纽约市儿童服务管理局负责，但为了加强 0—5 岁学前教育体系的一体化建设，从 2019 年开始早期学习计划项目将转交由纽约市教育局全面负责。有资格参加提前开端项目的条件包括以下一个或多个类别：接受 HRA 现金援助；住在临时住房；接受补充安全保险（SSI，Supplemental Security Insurance）；招收寄养的孩子；收入低于一定数量。可见，申请早期学习项目的纽约市家庭必须要符合收入、家庭规模和确实需求等方面的要求才有资格申请。④

---

① 纽约市教育局官网．2017—2018 学年纽约市成就：学前班至 12 年级［EB/OL］．http：//schools. nyc. gov/AboutUs/default. htm. 登录日期：2018-06-20．

② 纽约市教育局官网［EB/OL］．http：//schools. nyc. gov/ChoicesEnrollment/3K-for-all/EarlyLearnNYC/default. htm. 登录日期：2018-07-20．

③ 纽约市政府官网．https：//www. nyc. gov/office-of-the-mayor/news/263-18/mayor-de-blasio-chancellor-carranza-four-times-more-children-receiving-3-k-all#/0．登陆日期：2017-07-23．

④ 纽约市政府官网．http：//schools. nyc. gov/ChoicesEnrollment/3K-for-all/EarlyLearnNYC/default. htm．登陆日期：2017-07-21．

(2)3 岁儿童免费学前教育计划

目前纽约大部分儿童从 4 岁开始进入免费的全日制学前班学习,至 2018 年,纽约市接受免费、全日制和高品质的免费学前一年班的儿童增长至 70000 名。在免费托儿所教育(Pre-K for all)基础上,2017 年 4 月 21 日纽约市进一步正式推出"3 岁及以上儿童免费学前教育计划①",这一计划旨在为纽约市所有的 3 岁儿童提供免费、高质量的全日制早期教育,无论他们的家庭收入如何。纽约市说明了 3-K 免费计划的益处:"免费、高质量的全日制 3-K 课程的学习将为儿童未来在学校和社会中取得成功提供独特的机会,大脑 85% 的发育发生在五岁前,通过参与免费 3-K 计划和免费托儿所教育计划为儿童未来学习奠定了重要基础。两年的高质量学前教育为儿童进入小学提供了更坚实的数学、阅读、语言和社会交往技能"②,呼吁更多家庭加入计划中。

这一计划第一年是在 7 区南布朗克斯(South Bronx)和 23 区布朗斯维尔(Brownsville)开始试点实施,为儿童新增上百个免费的、高质量的早期教育名额。从 2018 年秋开始,纽约市教育局和州政府、联邦政府共同合作致力于为每个学区提供 3-K 教育。2018—2019 年扩展到 4 区东哈莱姆(East Harlem),5 区哈莱姆(Harlem),16 区贝德福德司徒维桑特(Bedford-Stuyvesant)和 27 区布罗德通道、霍华德海滩、奥松公园和洛克威(Broad Channel,Howard Beach,Ozone Park,Rockaways)等学区;2019—2020 年扩大到 6 区华盛顿高地和茵伍德(Washington Heights and Inwood),9 区大广场街,高桥,莫里萨尼亚(Grand Concourse,Highbridge,Morrisania),19 区东纽约(East New York)和 31 区斯坦顿岛(Staten Island)等学区;到 2021 年扩大到 12 学区布朗克斯中心区(Central Bronx)和 29 学区东南皇后区(Southeast Queens)两个学区。参与计划的学区总数将达到 12 个学区。③

纽约市目前提供 3-K 服务的学前教育机构包括三种类型:

①学区学校(District Schools)。是由部分公立小学提供的 3-K 项目。由校长负责监管。

②托儿所(Pre-K Centers)。托儿所由纽约市教育局运行,但它们只提供幼儿园前的教育服务。

③纽约市早期教育中心(NYC Early Education Centers,NYCEECs)。一些与纽约市教育局(DOE)或儿童服务管理局签订合同的社区组织机构提供 3-K 教育,这些机构

---

① 周京岭. 美国:纽约推出"3 岁及以上儿童免费学前教育计划"[J]. 上海教育,2017(29):37—39.
② 纽约市教育局官网. http://schools.nyc.gov/Academics/EarlyChildhood/3-K/parentfamilies. 登陆日期:2017-07-23.
③ 纽约市政府官网. https://www.nyc.gov/office-of-the-mayor/news/263-18/mayor-de-blasio-chancellor-carranza-four-times-more-children-receiving-3-k-all#/0. 登陆日期:2017-07-23.

都经过了严格的筛选,取得了纽约市教育局幼儿教育司的支持。[①]

(3) 免费托儿所教育计划

2014年1月,纽约市市长白思豪(de Blasio)改变了纽约市的幼儿教育,承诺实施全民学前教育——无论家庭收入如何,为每一个4岁的孩子提供免费、全天、高质量的学前教育。当时,全市约有2万名幼儿报名参加全天的学前教育。如今,该市为近7万名4岁儿童提供全天免费学前教育。目前,纽约市为每名4岁儿童提供免费、全日制和高品质的免费托儿所教育计划,为纽约市的4岁儿童在入读幼儿园前提供一年的教育,从而为儿童在学校、家庭和人生成功奠定重要基础。基于纽约市教育局在"强校框架中"(The Framework for Great Schools)将纽约市Pre-K到12年级作为连续统一体打造高质量学校的愿景,免费托儿所质量标准(Pre-K for All Quality Standards)为所有的托儿所项目建立了一套共同的期望。学前教育部门、托儿所项目负责人和教育工作者,以及幼儿家庭将使用这一套质量标准来理解和提高托儿所项目的质量。[②]

在免费托儿所项目中,儿童将专注于发展由纽约州托儿所基金会共同核心标准中提出的基础知识和技能,核心标准中包括五个重要的发展领域:学习品质、身体发展与健康、社会与情绪发展、沟通与语言能力以及世界知识。在免费托儿所项目中,儿童将学习并尝试新事物、主动认识同伴、适应常规、解决问题并学会使用新的词汇,有机会使用丰富多样的学习材料,参加集体活动、小组活动和独立学习活动。[③]

Pre-K项目从九月到第二年六月每周开展五天,多数Pre-K项目是全日制(6小时20分钟),也有一些半日制(两个半小时)的项目供家长选择。纽约市提供Pre-K教育的机构主要包括四种类型:

①学区学校(District Schools):一些公办小学提供托儿所教育项目。由校长负责监管。

②托儿所(Pre-K Centers):与学区学校不同,托儿所只提供儿童进入幼儿园之前的教育。

③纽约市早期教育中心(NYC Early Education Centers,NYCEECs):是由与纽约市教育局或儿童服务管理局签订合同的社区机构提供的项目,这些机构都经过了严格的筛选,取得了纽约市教育局幼儿教育司的支持。

[①] 纽约市教育局官网. https://www.schools.nyc.gov/enrollment/enroll-grade-by-grade/3k. 登陆日期:2017-06-23.

[②] 纽约市教育局官网. http://schools.nyc.gov/Academics/EarlyChildhood/educators/PKQS.htm. 登陆日期:2018-06-12.

[③] 纽约市教育局官网. http://schools.nyc.gov/Academics/EarlyChildhood/educators/PKQS.htm. 登陆日期:2018-06-12.

④特许学校：作为不受纽约市教育局规定约束而独立运作的公立学校，也可以提供 Pre-K 服务。①

另外，为了帮助家长了解纽约市各地的 4 岁儿童免费学前教育项目在不同方面的质量，纽约市提供"4 岁儿童免费学前教育项目质量一览"，因为高品质课程包含很多要素，通过质量一览表便于家长查看一些重要的评估数据和问卷调查内容，从而帮助家长做出最适合儿童和家庭需要的选择。②

（三）纽约市学前教育发展的主要特点、现存问题与未来展望

1. 加大政府投入，大力推动全民学前教育

纽约市学前教育最突出的特点是自 2017 年开始对纽约市所有 3 岁儿童实行免费的学前教育项目。众所周知，所有 5 岁儿童提供免费幼儿园教育早已成为美国包括纽约市公立教育的组成部分，由纽约州教育主管部门统一管理。针对入园前儿童的学前教育服务尚未普及，纽约市政府一系列措施来进一步扩展学前教育服务的供应，不断扩大所服务儿童的年龄范围，为 4 岁乃至 3 岁更低龄儿童提供免费教育。纽约市先是发起了"免费托儿所教育计划"，为每名 4 岁儿童提供免费、全日制和高品质的"免费托儿所"教育，目前纽约市基于社区的教育资源和托儿所项目遍布整个城市，托儿所教育网络体系已经相对完善。在此基础上，纽约市开始推行 3 岁儿童免费教育计划，加强对 3 岁儿童的支持，将学前教育免费服务的年龄范围进一步扩大。而且，由于认识到生命早期几年对以后发展的重要影响，0—2 岁的婴幼儿阶段也引起了公众的进一步关注。一个典型的例子就是早期学习计划③，纽约市为 6 周到 4 岁儿童提供免费或低花费的儿童保育和教育服务，主要由"儿童保育"和"提前开端"项目为儿童提供服务。其中，早期开端计划旨在为低收入的婴幼儿家庭和孕妇提供综合性的服务，将服务范围延伸到了出生前的阶段。政府通过加大投入将免费学前教育的年龄范围进一步扩展，有利于更多学前儿童尽早地接受优质的教育服务，从而为其今后的发展和取得成功奠定良好的基础。但是，纽约市目前在推广 3 岁儿童免费学前教育计划时仍然面临很多问题，其中一个挑战是在财力上的巨大挑战，这一城市计划需要州和联邦政府超过 10 亿美元的财政投入，但现在州和联邦政府是否会帮助支付仍然未知；另外，纽约市之前针对 3 岁儿童的学前教育机构资源比较有限，只有进一步扩充资源体系才能为更多儿童提供

---

① 纽约市教育局官网. https://www.schools.nyc.gov/enrollment/enroll-grade-by-grade/pre-k. 登陆日期：2018-06-23.

② 纽约市教育局官网. http://schools.nyc.gov/Academics/EarlyChildhood/parentfamilies/default.htm. 登陆日期：2018-06-23.

③ 纽约市教育局官网. EarlyLearn NYC. https://www.schools.nyc.gov/enrollment/enroll-grade-by-grade/earlylearn-nyc. 登陆日期：2018-07-23.

教育机会，此外，很少有其他城市尝试过 3 岁儿童免费学前教育计划，其他城市推动的是针对 4 岁儿童的免费托儿所教育，因此纽约市也没有太多参考可以去寻找灵感或实用建议。① 因此，相对于之前迅速推广的免费托儿所计划，纽约市政府采用先小范围实施、逐渐扩大规模的方式慢慢推行 3-K 计划。

2. 严格且灵活控制教师资格，完善在职培训要求

幼儿园教师自身素质的不断增强对于教师师资水平的整体提高以及保证学前教育的质量至关重要。纽约市对学前教育教师的要求既严格又灵活。纽约市要求所有从事学前教育的教师必须具有教师资格证，从资格证的获取情况来看，要求教师至少为本科学历，幼儿园教师的学历起点要求较高，要求是严格的。但纽约市对教师资格的规定相对灵活，一方面纽约市提供了多种教师资格证书的类型，教师可以根据自身的需求和层次申请认证不同的资格证书，从而满足了多样化需求，也保证了学前教育教师的数量。另一方面，纽约市给教师获取资格证书留出一定的灵活时间。例如，在纽约市早期教育中心教学的教师，必须已经获得或者正在取得其中的一种证书，对一边工作一边进行资格认定的在职教师来说，必须在工作的 3 年内获得资格认定证书。也就是允许教师在工作过程中获取资格证书，严格而又灵活的入职资格要求既有利于保障选拔高素质的人材进入幼儿园教师队伍，也有利于保留教师师资并提升教师素质，从而推动学前教育的发展。

除此之外，纽约学前教育在师资方面的另一个突出特点是非常重视教师的在职培训和进修，并且拥有完善的在职培训制度。纽约州建立起了全州性的幼儿园教师培训体系，由州儿童和家庭服务办公室建立起了州内协调一致的"许可和注册机构的儿童保育培训和专业发展项目"，根据纽约州的规定，纽约市要求教师保证每两年完成至少 30 个小时的在职培训，并鼓励教师提高继续培训时间。在职进修不仅是教师的权利，也是应尽的义务，通过对在职培训时间的明确要求，以保证教师加强自身学习、提高保教质量。同时，教育主管部门和幼儿园教师所在的学前教育机构也积极为幼儿园教师的在职进修提供帮助和支持。总之，严格的入职资格要求以及完善的在职培训制度，使得纽约市的幼儿园教师队伍素质不断提高，进而成为促进学前教育事业不断发展的强大动力。

3. 建立高品质课程，不断提高学前教育质量

纽约市教育局十分重视"高品质课程"，不论是 Pre-K 计划还是最新提出的 3-K 计划都强调高品质的课程能够为幼儿在将来的学校和社会生活中取得成功奠定重要基础。

---

① UPK was a big success. 3K for All won't be so easy [EB/OL]．https://www.cityandstateny.com/articles/policy/education/upk-was-big-success-3k-all-wont-be-so-easy.html. 登陆日期：2018-07-24．

高质量的学前教育为儿童进入小学提供了更坚实的数学、阅读、语言和社会交往技能"①，并且对何谓高品质课程做出了基本界定，它指出：在高品质的学前课程中，儿童通过游戏、探索以及教师和同伴之间良好的互动关系来学习。教师将对教室进行特定的精心布置，以便儿童可以使用学习材料进行游戏、以小组形式学习并在学习中变得更加独立。

纽约市教育局在"强校框架中"将纽约市 Pre-K 到 12 年级作为连续统一体打造高质量学校的愿景，免费托儿所质量标准为所有的托儿所项目建立了一套共同的期望。学前教育部门、托儿所项目负责人和教育工作者，以及幼儿家庭将使用这一套质量标准来理解和提高托儿所项目的质量。② 在免费托儿所项目中，儿童将专注于发展由纽约州托儿所基金会共同核心标准中提出的基础知识和技能，核心标准中包括五个重要的发展领域：学习品质、身体发展与健康、社会与情绪发展、沟通与语言能力以及世界知识。在免费托儿所项目中，儿童将学习并尝试新事物、主 1 动认识同伴、适应常规、解决问题并学会使用新的词汇，有机会使用丰富多样的学习材料，参加集体活动、小组活动和独立学习活动。③ 总之，纽约市政府依据纽约州托儿所质量标准，确立了高质量发展学前教育的明确目标，推动学前教育中高品质课程的实施，加强相应教师培训，对提供免费托儿所项目的学前教育机构进行质量评价，家庭可以从网站浏览每个机构的质量情况再做出选择，这些举措对于保障学前教育向着高质量发展起到了非常积极的作用。但是，对于目前正在推行的 3-K 计划，如何在注重普及的同时而不牺牲质量是当前该计划面临的一个问题。例如，在最新参与 3-K 计划的 28 个教育机构中，大约有三分之一还没有评级，在有评级的教育机构中，大约 67% 的机构只能达到"良好"水平，只有一所机构的评级为"优秀"，还有一所机构的质量评级是"差"，④ 暂且不论没有评级的机构，大多数参与评级的这些机构质量并不能达到纽约市提出的高质量目标。

4. 关注处境不利儿童，努力追求教育公平

公平是美国教育的一贯追求，也是纽约市教育努力追求的目标。纽约市学前教育对处境不利儿童给予更多的关注和扶持，不断扩大服务范围，将为所有儿童提供高质

---

① 纽约市教育局官网. http：//schools. nyc. gov/Academics/EarlyChildhood/3-K/parentfamilies. 登陆日期：2018-07-24.

② 纽约市教育局官网. http：//schools. nyc. gov/Academics/EarlyChildhood/educators/PKQS. htm. 登陆日期：2018-07-23.

③ 纽约市教育局官网. http：//schools. nyc. gov/Academics/EarlyChildhood/educators/PKQS. htm. 登陆日期：2018-07-23.

④ New York City's 3-K For All preschool program starts this fall. Here are five things we know so far［EB/OL］. https：//www. cityandstateny. com/articles/policy/education/new-york-city-preschool-3-k-for-all-five-things-we-know-so-far. html. 登陆日期：2018-07-23.

量的早期教育服务视为努力的目标。为促进公平，纽约市公立学前教育首先考虑的是处境不利儿童，对此，纽约市的多项早期教育计划都优先解决处境不利儿童的教育问题，例如面向6周到4岁儿童的早期学习计划、3-K For ALL、Pre-K For All等计划都优先考虑解决处境不利儿童的教育问题，这是纽约市免费学前教育计划的第一步，在此基础上进一步扩大服务的范围。

另外，由于联邦政府的拨款规定，一些由ACS运行的儿童保育计划对儿童的移民身份进行了限制，但这一限制并不适用于纽约市的3-K计划和托儿所免费计划，纽约市提供了超过200种语言的信息，唯一要求就是家庭住在纽约市，幼儿是3岁和4岁适龄，面向全市所有适龄儿童提供免费的学前教育，是纽约市的最终目标，也体现了纽约市对学前教育公平的不懈追求。但另一方面，对于寻求离家方便的机构或者需要英语支持的家庭来说，可选择的3-K项目机构是有限的，大多数新参与的机构似乎对那些有身体残疾的幼儿不开放，例如，需要坐轮椅的幼儿，在能够查阅到相关信息的机构中，大约四分之一的机构坐落于部分开放的建筑物中。另外，纽约市7区中大约17%的学生是英语学习者，在23区5%的学生是英语学习者，根据国家学前教育研究所（National Institute for Early Education Research）2016年报告数据，纽约州三、四岁儿童中有30%是双语学习者，但纽约市能够提供语言支持的3-K项目和学位更少，只有两个新加入的机构提供"双语教学"或"语言提升"教学，而且都是西班牙语。① 因此，如何为幼儿提供切实公平的教育也是纽约市学前教育面临的一个问题。

（四）纽约市经验对北京市学前教育发展的启示

1. 继续扩大学前教育资源，推动学前教育普及普惠

学前教育普及普惠程度的提高意味着越来越多的适龄儿童有机会进入正式的学前教育机构接受有质量的学前教育。研究发现，纽约市投入大量资金推行免费学前教育项目，如3岁儿童免费学前教育计划、托儿所教育免费计划等为纽约市所有适龄儿童提供免费的有质量的学前教育服务，不断向低龄儿童扩大学前教育资源，推动学前教育的普及普惠。近年来，北京市学前教育普及普惠情况在不断完善，《中共北京市委教育工作委员会北京市教育委员会北京市人民政府教育督导室2018年工作要点》中明确规定：2018年，北京市将推动学前教育普及普惠，落实第三期学前教育行动计划，坚持公办民办并重，大力发展普惠性幼儿园，新增大量学位。但随着"全面二孩政策"的实施，新生二孩将全面影响学龄前人口的变化，继而影响到学前教育的发展结构、速

---

① New York City's 3-K For All preschool program starts this fall. Here are five things we know so far [EB/OL]. https://www.cityandstateny.com/articles/policy/education/new-york-city-preschool-3-k-for-all-five-things-we-know-so-far.html. 登陆日期：2018-07-23.

度、规模、质量及其配套的资源需求。北京市长期以来坚持以人为本统筹人口资源环境，但是其户籍人口总和生育率长期保持在极低水平（约为1）。如果按照每年多出生4万到5万名婴儿来进行估算，那么无论是在学位数，还是幼儿园专任教师上，对学前教育资源的需求会进一步扩大，学前教育将面临物力资源供不应求，公共财政投入不足、生源变多将进一步拉大教师缺口等局面①。据统计，到2020年，北京户籍适龄儿童45.5万人，非户籍适龄儿童28万人，按照教育部要求的85%的入园率来测算，北京仍将面临约17万个学位缺口。②因此，虽然北京市的学前教育普及水平整体上比较高，但相对于人们日益增长的对学前教育的需求，对比纽约市学前教育普及的水平，北京市有待进一步扩大学前教育资源总量，合理规划和调整学前教育资源和供给，进一步提高学前教育普及普惠程度，以解决学前教育需求与供给的矛盾，让更多的适龄儿童能够进入正规的学前教育机构接受有质量的学前教育，实现学前教育的科学和可持续发展。

2. 完善幼儿园教师资格认证和职后培训制度，提高师资专业水平

纽约市政府对学前教育教师执行严格而且灵活的资格认证制度，建立了完善的职后培训制度，这是保障和提高师资队伍质量，进而保证学前教育质量的关键。在职称方面，北京市学前教育师资队伍中未评职称的绝对人数及其在总教师人数中所占的相对比例都在不断增加，这意味着很多新进入学前教师队伍中的新教师没有机会参与职称评审，并且由于我国教师的福利待遇、在职培训等与职称直接挂钩，未评职称也导致很多幼儿园教师失去了提高待遇和促进专业发展的机会。而且，由于大部分未评职称的教师主要集中在民办园，这些教师的身份地位以及待遇保障更加难以落实。因此，北京市一方面要通过完善的资格认证制度，让优秀的、充足的人才进入学前教育行业，出台具体的、适合于我国国情的、非形式化的资格证书制度，根据幼儿园教师的实际工作需要和层次的不同设定幼儿园教师准入标准，增加幼儿园教师资格证书的类别，以满足多样化需求；另一方面，要建立起持续完善的在职培训制度，不断提高教师专业化水平。可以借鉴纽约市幼儿园教师的职后培训制度，在全市建立起统一的教师培训机制，包括对在职教师的培训时间有明确规定，在培训内容上符合教师实际工作需要，采取多种灵活的培训形式供教师选择，并且灵活丰富供并且采用多种方式，以最大限度地满足教师的培训需求、保障教师培训的效果。

在完善的资格认证制度和在职培训制度的基础上，各地区要根据自身情况，确保

---

① 洪秀敏，马群."全面二孩"政策与北京市学前教育资源需求[J]. 北京师范大学学报（社会科学版），2017（1）：22—33.

② 中新网. 北京学前教育将突出公益普惠 鼓励企事业单位办[N]. http://www.chinanews.com/sh/2018/05-31/8527148.shtml. 登陆日期：2018-07-15.

幼儿园聘用合格教师，支持幼儿园教师的在职培训和专业进修，不断提高保教水平。新入职教师应获得教师资格证。对没有教师资格证的在岗教师，要组织他们进行系统专业的进修，提高专业理念和师德、专业知识和专业能力，规定在一定时间段内取得幼儿园教师资格证书，成为合格教师。

3. 建立学前教育质量标准，着力提高学前教育质量

纽约市在推动全民学前教育、推动学前教育普及普惠的同时，强抓"质量"，并着力推动高品质的课程建设，保障幼儿能够接受高质量的学前教育。北京市学前教育质量取得了显著成就，但也不同程度地存在的幼儿园教育"小学化"倾向，部分幼儿园特别是民办园保教活动缺乏规范，保教质量亟待提高，许多新增和改扩建幼儿园以及大量新教师进入幼儿园也在严重影响幼儿园教育质量。因此，必须坚持"边普及、边提高"的原则，在保障基本办园条件，规范办园行为的同时，要进一步建立更加适宜学前教育发展的质量标准体系，促使幼儿园在课程体系建设、教学教研、幼儿发展等方面以高质量为参照依据和发展目标，不断向办"好"幼儿园、办"好"学前教育的方向发展，提高幼儿园保教质量。只有不断提高学前教育质量，才能满足人民群众日益增长的接受优质学前教育的需求，这应该成为未来一段时间北京市学前教育发展的重要目标。

4. 加强对弱势儿童的关注，重视学前教育均衡公平

纽约市公立学前教育首先考虑的是处境不利儿童，对此，纽约市推行的多项早期教育计划都优先解决处境不利儿童的教育问题，对于每一项教育计划，纽约市用不同语种的语言，明确说明了符合什么条件的幼儿及其家庭可以申请，如何申请等，体现了纽约市政府对处境不利儿童给予更多的关注和扶持。北京市在学前教育的发展上突出公益普惠，但对公益普惠并没有明确界定。什么是公益普惠？弱势儿童与学前教育的公益普惠有什么关系？对公益普惠的政策没有具体化，对弱势人群的学前教育也就难以落到实处。弱势儿童学前教育权利的实现需要特别扶助，而政府应当成为实施特别扶助的责任主体和主导力量，政府应从规划、投入、机制等方面重视公平，只有确保源头公平，才能使学前教育获得实效的公平，促进学前教育科学、理性、可持续的发展。

纽约市是美国最大城市及第一大港，也是世界上最大的经济中心之一，东京是日本及亚洲第一大城市，与纽约市同属于"世界级城市"，也同为与北京市缔结为国际友城关系的城市。这两大城市不仅GDP在全世界大城市排名中位居佼佼者，其基础教育水平也一直走在世界前列。对美国纽约市和日本东京都的学前教育发展概况进行梳理，对处于学前教育快速发展阶段的北京市，改革与发展学前教育事业具有重要的参考意义。

二、东京都学前教育发展特点与经验分析

东京都，简称东京，是日本的首都和最大的城市，也是日本政治、经济、文化、

教育中心和海陆空交通的枢纽。东京都的学前教育在办园体制、管理体制、财政体制、教师资格认定与培养等方面均形成了独具特色的发展体系。

(一)东京都市政与教育概况

东京都是世界上人口最多的城市之一，同时也是世界经济发展度与富裕程度最高的都市之一。以下是东京都的市政与教育概况。

1. 东京都市政概况

东京都大致位于日本列岛中央、关东地区南部，东面以江户川为界与千叶县相邻，西面以山地为界与山梨县相邻，南面以多摩川为界与神奈川县相邻，北面则与埼玉县相邻。东京都是由23个特别区及26个市、5个町、8个村构成的广域自治体（见表3-3），面积约2190.93平方公里，占全国总面积的0.6%，人口约1364.68万人（2017年），占全国总人口的约11%，位居47个都道府县之首，人口密度为每平方公里6229人，位于全国之首。

日本的地方自治制度由都道府县与区市町村的双层结构构成。两者是对等的地方行政机构，相互分担、相互合作，办理地方行政事务。都道府县是包括市町村的广域地方行政机构，负责广域行政事务。市町村是与居民直接相关的基础地方行政机构，负责与居民生活密切相关的事务。市、町、村之间并无本质区别。"市"要求人口在5万人以上并需满足其他条件，"町"需要具备都道府县条例规定的条件。此外，除都道府县及区市町村等普通地方行政机构外，东京都还有为确保人口密度高度集中的大都市行政的一体化和统一性而设置的特别区（东京都23区，适用有关"市"的各项规定）。在设置特别区的区域，由东京都为确保行政的一体化、统一性负责"市"负担部分的行政事务（自来水、下水道、消防等事务），同时，对福祉、教育、住房等与居民生活密切相关的事务由特别区独立处理。

表3-3 东京都行政区划

类别	名称
特别区	千代田区、涩谷区、中央区、中野区、港区、杉并区、新宿区、丰岛区、文京区、北区、台东区、荒川区、墨田区、板桥区、江东区、练马区、品川区、足立区、目黑区、葛饰区、大田区、江户川区、世田谷区
市	八王子市、国分寺市、立川市、国立市、武藏野市、福生市、三鹰市、狛江市、青梅市、东大和市、府中市、清濑市、昭岛市、东久留米市、调布市、武藏村山市、町田市、多摩市、小金井市、稻城市、小平市、羽村市、日野市、秋留野市、东村山市、西东京市
町	日之出町、瑞穗町、奥多摩町、八丈町、大岛町
村	桧原村、青岛村、神津岛村、御藏岛村、三宅村、新岛村、小笠原村、利岛村

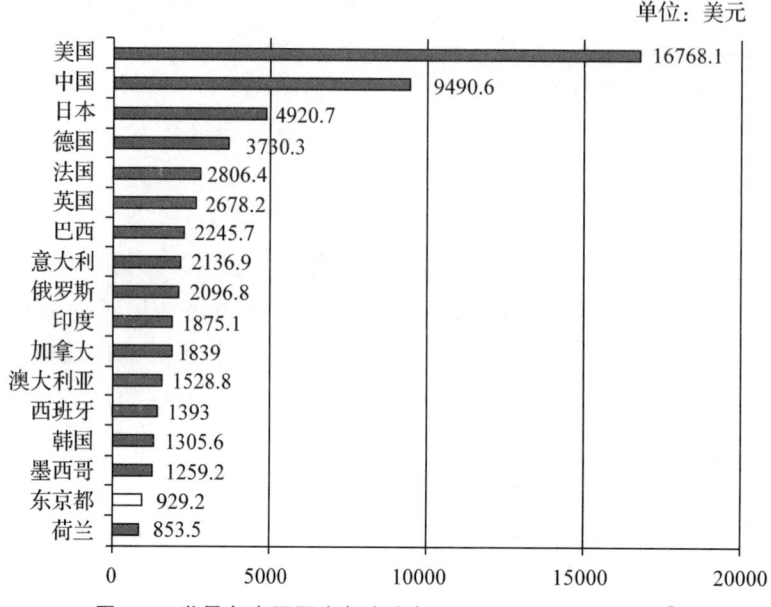

图 3-7 世界各主要国家与东京都 GDP 的比较（2013 年）①

东京都各区是作为日本政治、经济、文化中枢的基地，面积共约 627 平方公里，近年来区域人口有增长趋势，为约 924 万人（截至 2015 年 10 月 1 日），人口密度为约 14746 人/平方公里。多摩地区与东京区部相邻，城市化进程不断加快，在东京都以及整个首都圈占据着重要的地位，面积有约 1160 平方公里，人口约 422 万，人口密度为约 3640 人/平方公里。岛屿地区拥有丰富多样的自然资源和富有个性的历史文化，面积约 404 平方公里，人口持续减少，有约 2.6 万的都民居住在该地区，人口密度为 65 人/平方公里。②

2. 东京都教育概况

在日本，3—6 岁是学前教育阶段，6—12 岁是初等教育阶段，12—18 岁是中等教育阶段，18—24 岁是高等教育阶段，其中，小学和初中属于义务教育。学制系统如图 3-8 所示：

---

① 数据来源：日本总务省统计局《都民经济计算年报 2013 年度》、日本内阁府《2013 年度国民经济计算年报》，转引自东京都政府网站．统计资料[EB/OL]．http：//www.metro.tokyo.jp/chinese/about/appendix/appendix02.html，2018-03-22．注释：数据为 2013 年（历年）的比较。其中，东京都为 2013 年度（4/1—3/31），澳大利亚为 2013 年度（7/1—6/30）数据。东京都 GDP 使用东京外汇市场银行同业间折借即期汇率月平均值的 12 个月平均值（1 美元＝100.23 日元）换算。

② 东京都政府网站．东京都的行政区划[EB/OL]．http：//www.metro.tokyo.jp/chinese/about/history/history02.html，2018-03-22．

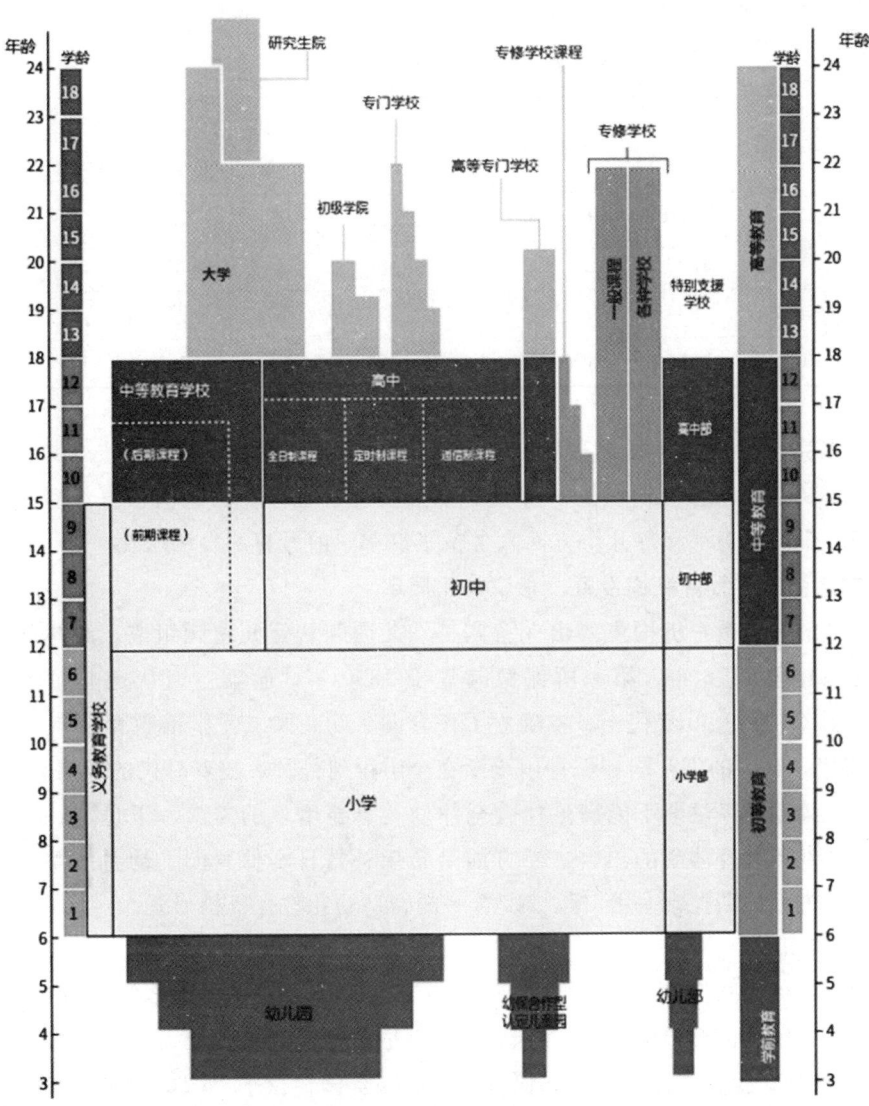

图 3-8 日本的教育制度①

东京都内学校包括幼儿园、小学、初中、义务教育学校、高中、高中通信制、中等教育学校、特别支援学校、初中通信制。据统计，2017 年东京都内学校系统中幼儿园 1004 所，小学 1339 所、初中 808 所、义务教育学校 6 所、高中 429 所、高中通信制

---

① 东京都教育委员会. 东京都的教育 2017[EB/OL]. http：//www. kyoiku. metro. tokyo. jp/administration/pr/multilanguages_tokyou_no_kyoiku. html，2018-06-24.

12所、中等教育学校8所、特别支援学校71所、初中通信制(公立)1所(见表3-4)。①

表3-4 东京都内学校数(2016年)

类别	幼儿园	小学	初中	义务教育学校	高中	高中通信制	中等教育学校	特别支援学校	初中通信制
国立	2	6	6	—	6	—	2	4	
公立	175	1280	614	6	186	3	6	63	1
私立	827	53	188	—	237	9	—	4	—
总数	1004	1339	808	6	429	12	8	71	1

(二)东京都学前教育发展现状

下面将从学前教育机构设置及规模、学前教育管理体制、学前教育经费、幼儿园教师队伍、学前教育课程等几个方面来考察东京都学前教育的发展状况。

1. 东京都学前教育机构设置、学位与入园率

东京都的学前教育机构主要由保育园、幼儿园和认定儿童园组成。日本的第一所国立幼儿园建于1876年,第一所保育园建于1890年,而第一所认定儿童园开始于2006年。在20世纪40年代,日本确立了保育园、幼儿园二元学前教育体制,20世纪50—70年代,日本的幼儿园和保育园逐渐在全国得到普及,随着时代的发展,保育园、幼儿园二元体制已经逐渐不能满足社会全体幼儿日益增多的需求,于是"认定儿童园"这种新型的幼儿教育体制的出台,一方面是希望补救日本保育园、幼儿园整体不足的现状,另一方面试图探索一种"保、教"合一的新型幼儿教育机构形式。

(1)保育园

东京都的保育园保育对象多为1岁到学龄前的幼儿。近年来很多保育园开始接受0岁婴儿。但是因为保育园里很多3岁以上的幼儿要转入幼儿园学习,所以保育园的孩子多是1—3岁。保育园偏重于幼儿保育,多数保育园在孩子入园前要求家长提供在职证明,并在所属的区役所登记,按登记顺序的前后排队入园。

保育园有公立也有私立。无论是公立还是私立都分为"认可保育园"和"非认可保育园"。"认可保育园"是指保育园的设立要由日本的都、道、府、县或人口在30万以上的城市政府根据《儿童福利法》进行审批。保育园获得"认可保育园"资格后即可以得到国家或地方政府的运营费补助。同时,市、区、町的公立"认可保育园"的老师为公务

---

① 东京都教育委员会.平成29年度东京都公立学校一览[EB/OL]. http://www.kyoiku.metro.tokyo.jp/administration/statistics_and_research/list_of_public_school/school_lists2017.html,2018-06-24.

员。他们在市、区、町范围内享有定期的人事调动机会。"非认可保育园"是那些在设施设置、保育园设置要求以及其他某些方面不符合国家所指定的标准，多数为小规模经营。所以保育费一般要高于"认可保育园"。

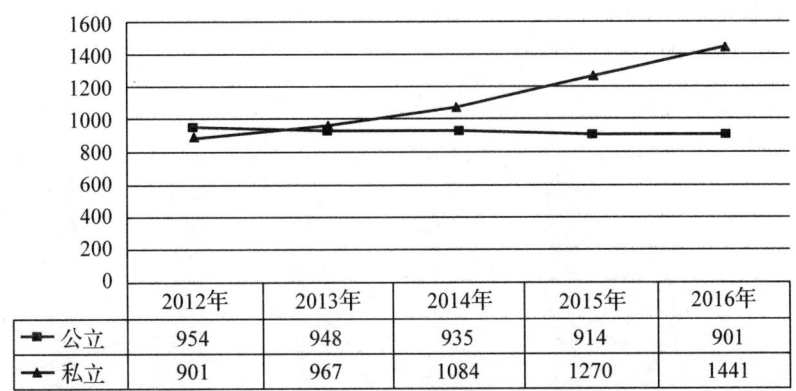

图 3-9　2012—2016 年东京都保育园数量变化情况①

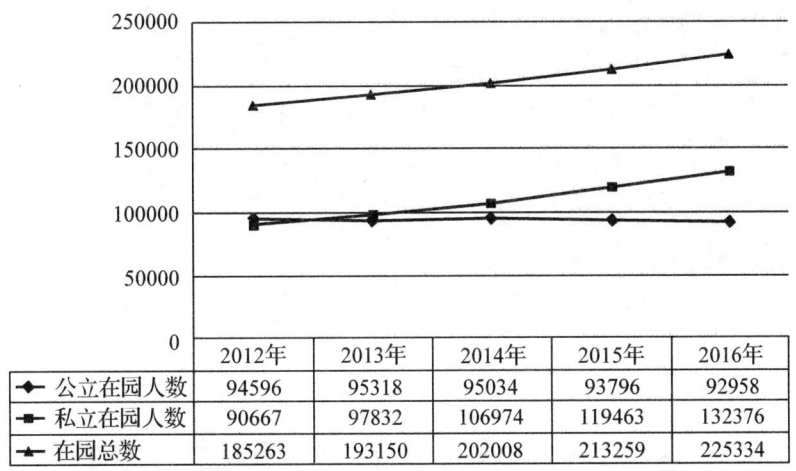

图 3-10　2012—2016 年东京都保育园在园儿童数量变化情况②

（2）幼儿园

1876 年日本最早的幼儿园——东京女子师范学校附属幼儿园出现在东京都，它是第一所日本国立幼儿园。幼儿园主要接收 3—5 岁的幼儿。在运营体制上，幼儿园有公立和私立之分。公立幼儿园由地方市、町、村设立，基本上一个学区设置一所公立幼儿园，公立幼儿园的幼儿大多是附近的居民子女，保教费用比较便宜。私立幼儿园的

---

①②　东京都总务局统计部．东京都统计年鉴平成 28 年［EB/OL］．http：//www.toukei.metro.tokyo.jp/tnenkan/2016/tn16q3i018.htm，2018-06-25.

学费大约是公立幼儿园的2—3倍,除了学费,很多私立幼儿园还要按人头向入园的幼儿家长征收赞助费。无论是公立幼儿园还是私立幼儿园,与保育园一样幼儿园也有"认可幼儿园"与"非认可幼儿园"之分。

从图3-11可见,东京都幼儿园中以私立幼儿园为主,私立幼儿园的绝对数量为国立和公立幼儿园数量总和的4倍多。2013—2017年,东京都幼儿园在园人数呈现缓慢下降趋势,2017年幼儿园在园人数比2013年下降了8.7%。

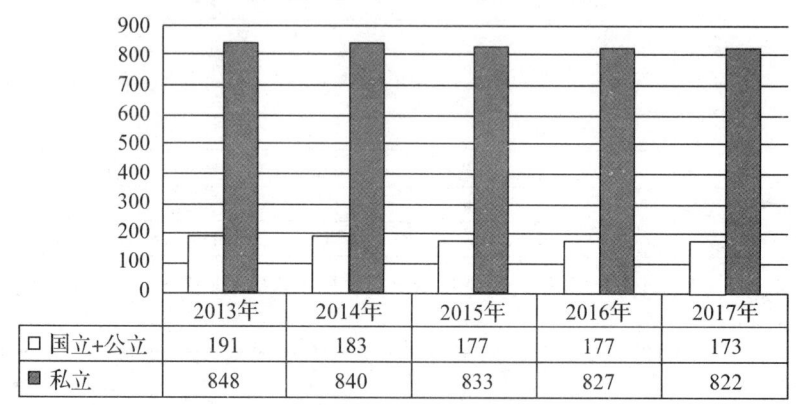

	2013年	2014年	2015年	2016年	2017年
国立+公立	191	183	177	177	173
私立	848	840	833	827	822

图3-11 2013—2017年东京都幼儿园规模(单位:所)

由图3-12可见,东京都私立幼儿园在园人数远远超过国立和公立幼儿园在园人数之和,2017年私立幼儿园在园人数约为国立和公立幼儿园在园人数的11.2倍。2013—2017年,东京都幼儿园在园人数呈现缓慢下降趋势,2017年幼儿园在园人数比2013年下降了8.7%。

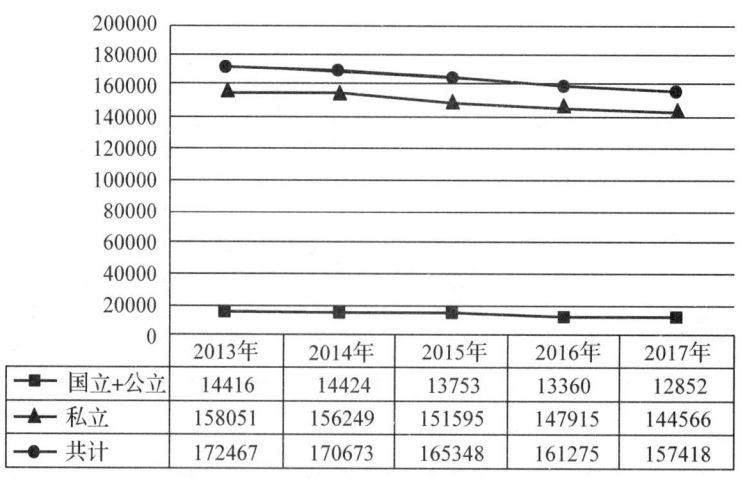

	2013年	2014年	2015年	2016年	2017年
国立+公立	14416	14424	13753	13360	12852
私立	158051	156249	151595	147915	144566
共计	172467	170673	165348	161275	157418

图3-12 2013—2017年东京都幼儿园在园人数情况(单位:人)

(3)认定儿童园

认定儿童园制度,是依据2006年日本政府出台的关于推进为学龄前儿童提供综合的保育、教育设施的法律,开始实行的一种"幼保一元化"的新型学前教育体制。认定儿童园兼顾了保育园和幼儿园的双重职能,将招收学龄前幼儿的年龄放宽到0—5岁,保育时间延长,孩子的入园也与家长是否就职无关。东京都2015年和2016年认定儿童园的数量分别为93和109所,分别占当年日本认定儿童园总数(2836所和4001所)的3.28%和2.72%。①

认定儿童园依其申请转型认定幼儿园前的不同类型机构,在保有幼稚园或保育所原有的教育或托育功能的基础上,分为四种模式:幼保联合型、幼儿园型、保育园型、地方政府审定型。四种不同模式的认定儿童园功能见表3-5。从图3-13可见,日本四种模式认定儿童园规模不均衡,其中幼保联合型认定儿童园数量最多且发展最迅速,2016年约占认定儿童园总数的70%,地方政府审定型认定儿童园数量最少。

表3-5 认定儿童园的类型及其功能②

类型	幼保联合型	幼儿园型	保育园型	地方政府审定型
功能	认可幼儿园和认可保育园联合运营,发挥认可幼儿园的功能	认可幼儿园为了保障缺乏托育服务,而兼有保育园功能的幼儿园型认定儿童园	认可保育园为了收托缺乏托育的幼儿以外的幼儿,而兼具幼儿园功能的保育园型认定儿童园	缺乏认可幼儿园或认可保育园的地方教育或托育机构,发挥认定儿童园的功能

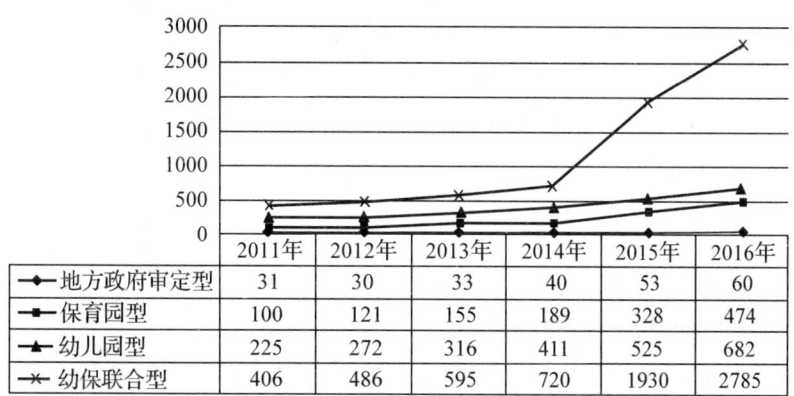

	2011年	2012年	2013年	2014年	2015年	2016年
地方政府审定型	31	30	33	40	53	60
保育园型	100	121	155	189	328	474
幼儿园型	225	272	316	411	525	682
幼保联合型	406	486	595	720	1930	2785

图3-13 2011—2016年日本四种模式认定儿童园数量变化情况(单位:所)③

---

① 东京都社会福祉协议会. 保育所保育指针[EB/OL]. https://www.tcsw.tvac.or.jp/bukai/hoiku/documents/29hoikushishin-2.pdf, 2018-03-29.
② 胡洪强,索长清,陈旭远. 日本"幼保一体化"的发展及其启示[J]. 基础教育,2015,12(6):102-108.
③ 东京都社会福祉协议会. 保育所保育指针[EB/OL]. https://www.tcsw.tvac.or.jp/bukai/hoiku/documents/29hoikushishin-2.pdf, 2018-03-29.

从图 3-14 可见,东京都幼保联合型认定儿童园也以私立为主,私立的幼保联合型认定儿童园数量约为公立的两倍,2015 年到 2017 年,公立和私立的幼保联合型认定儿童园均呈现增长趋势,2017 年幼保联合型认定儿童园约为 2015 年的 1.6 倍。从在园人数情况来看,2015 年到 2017 年,公立和私立的幼保联合型认定儿童园在园人数也呈现持续增长趋势,2017 年幼保联合型认定儿童园的在园人数约为 2015 年的 1.4 倍。

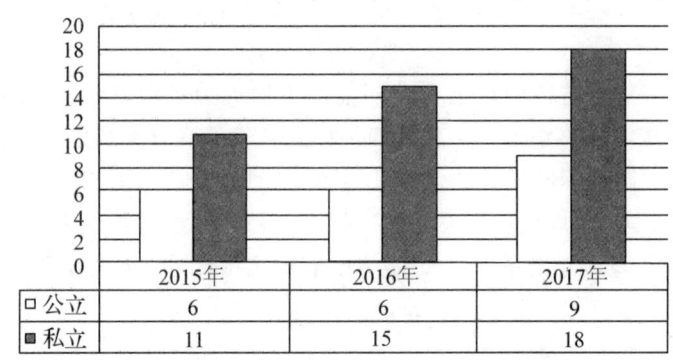

图 3-14　2015—2017 年东京都幼保联合型认定儿童园规模(单位:所)

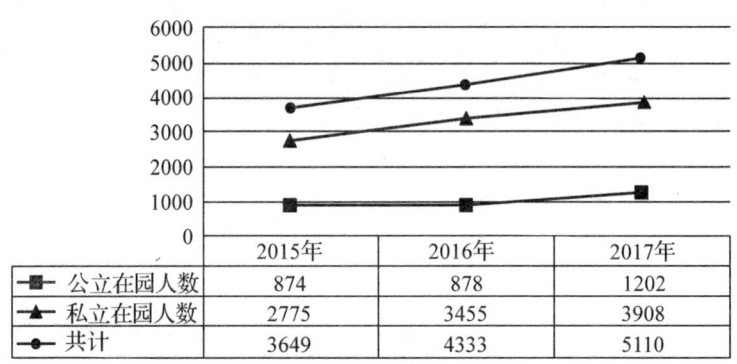

图 3-15　2015—2017 年东京都幼保联合型认定儿童园在园人数(单位:人)

2. 东京都学前教育管理体制

日本施行中央集权与地方自治相结合的教育管理体制,既加强中央教育行政部门的统一领导,又充分发挥地方的积极性,彼此取长补短。中央和地方的教育行政权力分属国家和地方政府,中央政府和地方政府对教育行政权力的分配较为均衡。依据日本《宪法》和《国家行政组织法》等法律规定,按照民主政治和地方自治的原则,二者之间进行紧密合作。中央注重指导和监督,地方注重执行和创新。① 文部科学省是在内阁

---

① 陈永明,等. 比较教育行政[M]. 上海:华东师范大学出版社,2005:34.

统辖之下的中央教育行政部门，负责制定教育方针及政策、各种教育规定、全国教育发展规划、教育课程的最低标准和全国教育统计等，根据日本《地方自治法》规定，地方自治体是具有法人性质的公共性组织机构，地方政府运行一切大政方针，地方议会负责除军事、外交以外的所有立法，知事和市、町、村长对其负责贯彻落实。

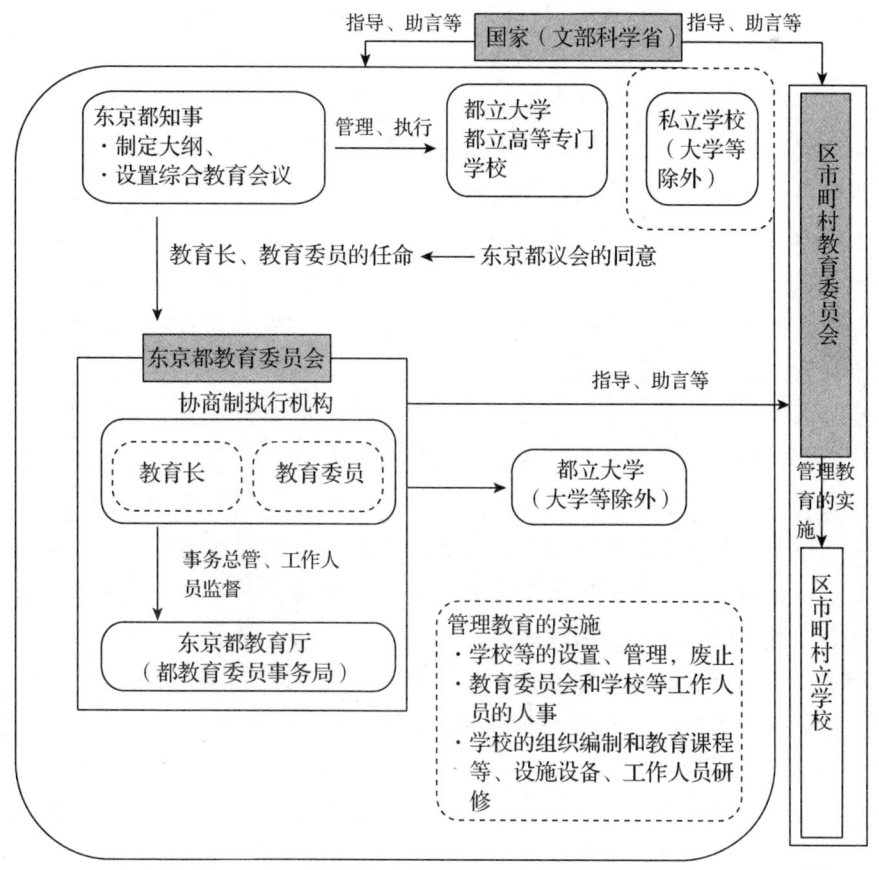

图 3-16　东京都教育行政体系[①]

如图 3-16 所示，在东京都教育行政体系中，文部科学省对东京都教育和区市町村的教育发展进行管理指导、提出建议。知事主要管理都立大学、都立高等专门学校、除大学外私立学校的事务，东京都教育委员会主要负责除大学外的都立学校的事务管理并对区市町村教育委员会给予必要的指导、建议及援助。区市町村教育委员会和市长、町长和村长主要负责建立和管理各种公、私立学前教育机构。东京都教育委员会

---

① 东京都教育委员会. 东京都的教育 2017[EB/OL]. http：//www. kyoiku. metro. tokyo. jp/administration/pr/multilanguages_tokyou_no_kyoiku. html，2018-06-24.

和区市町村教育委员会是对等的,不存在上下级关系,各自对自己的服务对象——当地交纳税款、有合法居住权的居民负责并接受他们的监督。

东京都议会是决定东京都集体意志的基本决策机构。拥有制定、废除、修改条例、审核预算与决算等的表决权、选举管理委员等的选举权以及对副知事、行政委员会委员等知事任命的重要人事的表决权。同时,都议会作为都民的代表,还拥有对行政事务的调查权及检查权。东京都教育委员会由知事在获得东京都议会同意之上任命的教育长和5名委员组成,教育长任期3年,委员任期4年。东京都有关教育的方针、政策,由东京都教育委员会协商决定。东京都教育委员会所管辖的具体事务由一个常设的办事机构负责办理,该机构就是东京都教育厅(东京都教育委员会事务局),事务局的负责人叫教育长。教育长代表教育委员会,全面负责教育委员会的事务。主要处理事务有:公立学校等教育机构(不包括大学、私立学校)的设置与管理等、教育机构职员的任免及其他人事、学生等的入学、转学、退学。[①] 教育厅负责将教育委员会制定的政策、方针及其他重要决定具体化或贯彻落实下去,具有很强的技术性。

东京都教育委员会是东京都行政委员会之一,东京都教育委员会下设总务部、都立学校教育部、社区教育支援部、课程和指导部、人事部和厚生福利部6个部门,以及多摩、大岛等4个驻外事务所,协同管理下辖的62个区教育委员会(见图3-17)。总务部统管委员会下辖的各类教育的行政事务;都立学校教育部主要对下辖各所学校的具体事务进行管理;社区教育支援部主要负责各区与终身学习相关的事务;指导部主要负责教育内容和教学方法上的具体指导工作;人事部主要负责各所学校教职员的选拔和任命工作;福利厚生部主要负责各所学校教职员的工资、福利待遇以及养老。[②]

厚生劳动省主要负责保育所发展事务,在地方层面,东京都知事负责东京都保育所系统。

因此,从学前教育机构类型来看,由于保育园从开始就源于帮助那些低收入的生活困难家庭,是对那些得不到母亲照顾的幼儿的一种慈善福利事业,所以保育园归属厚生劳动省管辖,保育对象多为1岁到学龄前的幼儿。幼儿园是依据《日本学校教育法》所规定的"学校"体制设立,归属文部科学省管辖。认定儿童园由文部科学省和厚生劳动省联合设置的"幼保衔接推进室"主管。认定儿童园的认定权限下放到了地方,即各都、道、府、县。

[①] 东京都政府网站. 东京都的机构组织[EB/OL]. http://www.metro.tokyo.jp/chinese/about/structure/structure04.html, 2018-03-22.

[②] 汪恒,唐一鹏. 现代日本教育督导制度研究及启示——以东京都为例[J]. 教育测量与评价:理论版,2013,(9):51—55.

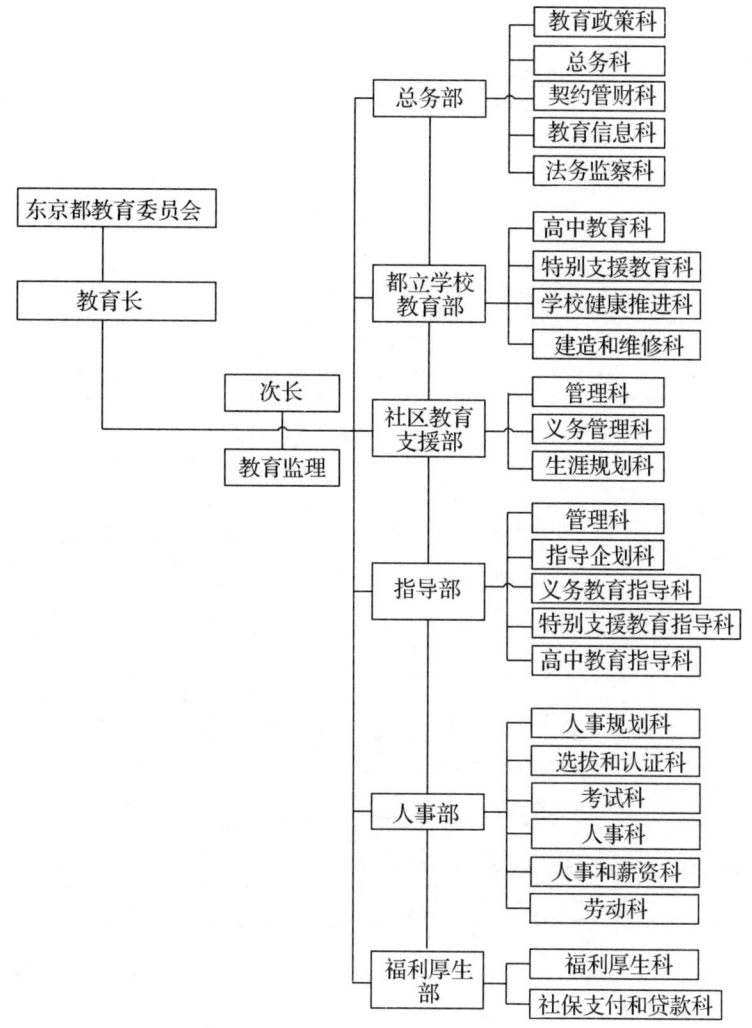

图 3-17 东京都教育厅组织结构图[①]

3. 东京都学前教育经费

日本保育园的运营费大约 60% 费用是个人负担，剩余 40% 的经费分担机制根据公立或私立性质而不同。私立保育园 40% 经费中，由国家政府负担 1/2，地方政府负担 1/4，市、町、村政府共同承担 1/4；公立保育园，则由市、町、村政府承担。无论是公立还是私立的"认可保育园"，市、町、村政府依据国家规定的保育费征收标准，按照入园儿童家庭收入的多少以及幼儿的年龄来确定。

[①] 东京都教育委员会. 东京都的教育 2017[EB/OL]. http：//www.kyoiku.metro.tokyo.jp/administration/pr/multilanguages_tokyou_no_kyoiku.html，2018-06-24.

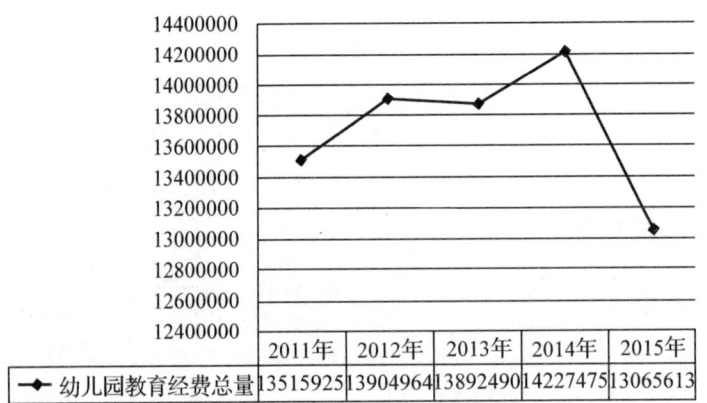

图 3-18　2011—2015 年东京都幼儿园教育经费总额（单位：千日元）

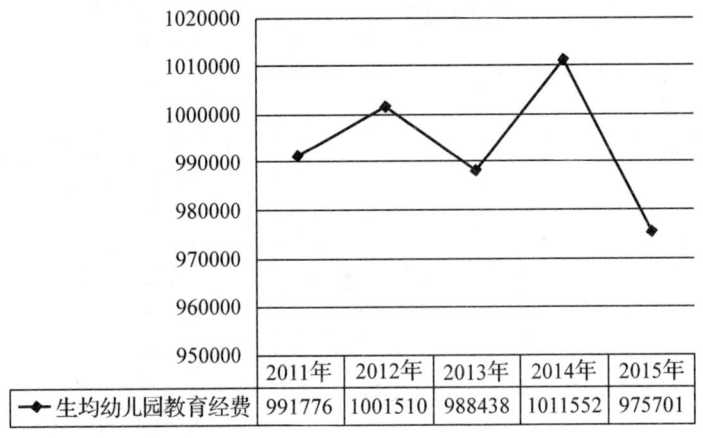

图 3-19　2011—2015 年东京都幼儿园生均教育经费水平（单位：日元）

从图 3-18 和 3-19 可见，东京都幼儿园教育经费和生均幼儿园教育经费从 2011—2014 年整体上呈现增长趋势，但在 2015 年却快速下滑，甚至低于 2011 年的经费总额。2011—2015 年，幼儿园教育经费在学校教育经费总额中的占比在 1.2%—1.3% 之间浮动。从幼儿园教育经费的来源情况来看，主要由国库补助金、都支出金、区市镇村开支、地方债和公费组的捐款构成，其中，以都支出金为主。以 2015 年为例，幼儿园教育经费总量为 13065613 千日元，其中，国库补助金为 40122 千日元（占幼儿园教育经费总额的 0.3%）、都支出金为 20527 千日元（占幼儿园教育经费总额的 0.16%）、区市镇村开支 12311964 千日元（占幼儿园教育经费总额的 94.23%）、地方债 693000 千日元（占幼儿园教育经费总额的 5.3%）。①

---

① 东京都教育委员会. 地方教育费调查报告书[EB/OL]. http://www.kyoiku.metro.tokyo.jp/administration/statistics_and_research/, 2018-03-29.

除幼儿园教育经费外，2015年东京都认定儿童园教育经费为1321688千日元，占学校教育经费总额的0.1%，其中国库补助金为6393千日元（占幼儿园教育经费总额的0.48%）、都支出金为8544千日元（占幼儿园教育经费总额的0.65%）、区市镇村开支1306751千日元（占幼儿园教育经费总额的98.87%）。2015年生均认定儿童园教育经费为1512229日元，约为同年生均幼儿园教育经费1.5倍。

4. 东京都幼儿园教师队伍

(1)东京都幼儿园教师规模

从图3-20可见，东京都幼儿园教师人数在2013—2017年基本保持稳定，维持在10700—10850人，其中国立和公立幼儿园教师在850—890人，私立幼儿园教师人数远远超过国立和公立幼儿园教师人数，在9800—10000人，2017年私立幼儿园教师人数多达国立和公立幼儿园教师人数的11倍。

总体上看，东京都私立幼保联合型认定儿童园的教师人数多于国立公立幼保联合型认定儿童园的教师人数。幼保联合型认定儿童园的教师总人数自2015年到2017年呈现增长趋势，2017年幼保联合型认定儿童园的教师人数（682人）是2015年人数（428人）的1.6倍，其中私立园的教师人数增长更多，2017年（493人）比2015年（291人）增长近70%（如图3-21）。

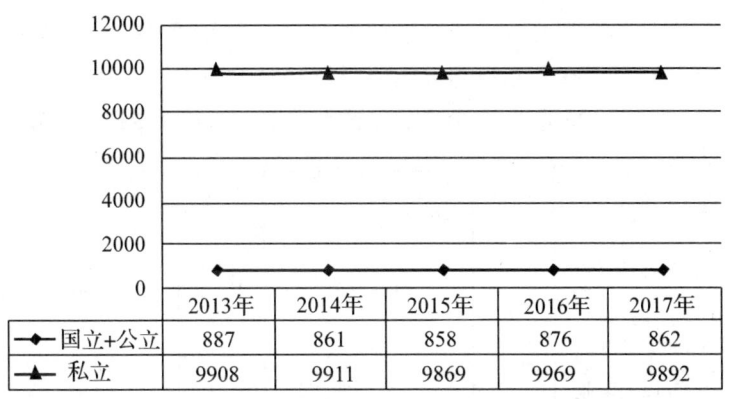

图3-20　2013—2017年东京都幼儿园教师规模（单位：人）

(2)东京都幼儿园教师任职资格

①保育园教师任职资格

东京都公立保育园和私立保育园都要求教师持"保育士"资格上岗。《保育园保育指针》中规定：保育士的专业性表现在保育士的伦理道德观以及知识、技艺和判断能力。保育士需要通过国家专业考试取得国家认定的资格。取得保育士资格的途径有两条：一条是毕业于厚生劳动省指定的有保育士专业的职业学校（也需要高中毕业）、大专或

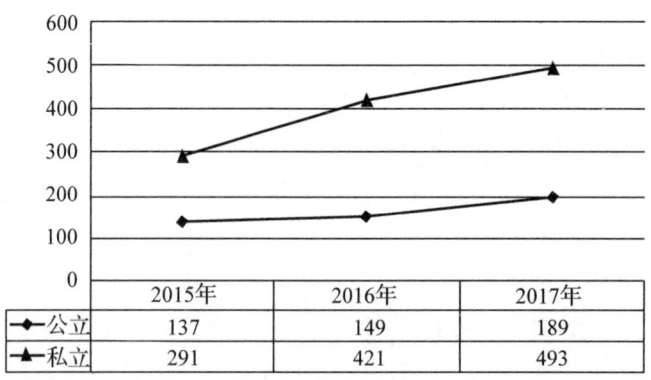

图 3-21　2015—2017 年东京都幼保联合型认定儿童园教师规模（单位：人）

大学；另一条就是通过国家的保育士资格考试。对于那些非保育专业而想成为保育士的社会人士，通过国家的保育士资格考试是唯一的途径。依据日本《儿童福利实施法规》，保育士的资格考试一年举行两次，包括笔试和技能考试两部分。笔试的科目共十门，包括：社会福利、儿童福利、发展心理学、精神保健、小儿保健、小儿营养、保育原理、教育原理、保健原理和保育实习理论。技能考试内容包括：音乐、绘画制作和语言，参加技能考试的人必须先通过笔试。笔试及技能考试可以分别考，但是所有科目需要在 3 年内全部考完并合格。合格标准为 60% 的正确率。报考保育士的条件为：初中毕业且具有 5 年以上在儿童福利设施的工作经验；高中毕业且具有两年以上在儿童福利设施的工作经验；已修满 62 个学分的在读大学生；两年大专以上毕业。见图 3-22。

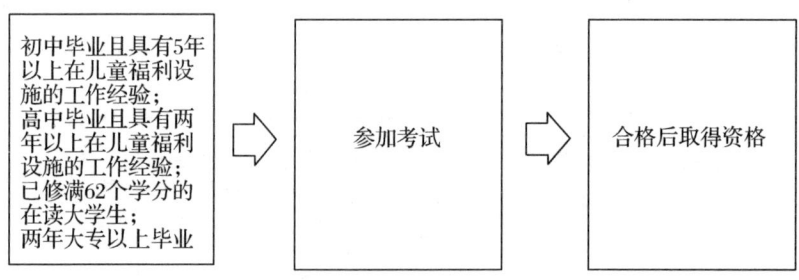

图 3-22　东京都保育士资格获得程序

②幼儿园教师任职资格

在日本，要成为幼儿园教师的话，需要幼儿园教师资格证。东京都幼儿园教师按照《教育职员执照法》(2012 年版)第三条规定，需持相应的教师证上岗执教。日本幼儿园的教师资格证分为三种：特别教师证、普通教师证和临时教师证。持特别教师证的教师必须由各地方教育委员会推荐，并且具有学士以上学历和特别专业知识或技能，特别教师证的使用范围只在地方有效；普通教师证按专业又分为一般教师、保健教师和营养教师，每个专业又分别按等级分有专修证、一种证和二种证。专修证的取得需要硕士毕业，一种证的取得需要大学毕业，二种证则需要大专毕业。普通教师证在全国通用，有效期10年。临时教师也分为一般教师、保健教师和营养教师，由地方政府制定一定条件来聘任。在工作职务上幼儿园教师分为教务主任、主干教师、指导教师、教师、助理教师。持临时教师证的教师只能作为助理教师。2009年，日本开始实行普通幼儿园教师证更新制度。幼儿园教师证每10年更新一次，临时教师证需每3年更新一次。同时，在更新教师证时需要接受所规定的教师在职培训（如表3-6所示）。

表3-6 东京都幼儿园教师资格证一览表

证书种类	适用范围	教师类型	等级	学历要求	有效期	资格取得条件
特别教师证	地方	—	—	学士	—	地方教委推荐
普通教师证	全国	一般	专修	硕士	10年	大学教育专业所定学分
		保健	一种	大学		
		营养	二种	大专		
临时教师证	地方	助理	—	—	3年	一定条件

成为日本幼儿园教师大体有两种途径：

第一种途径：在大学、短期大学、专门学校修满教育专业的一般基础学科后，继续修满取得教师证所必须的学分，毕业时可以取得幼儿园教师资格证（见图3-23）。此后，如果希望在公立幼儿园就职的话，要参加都道府县实施的教师录用考试，如果希望在国立或私立幼儿园就职的话，要参加各个幼儿园进行的录用考试。由于专修证、一种证和二种证等级不同，所规定的必修学分也不同，幼儿园教师证的必修课程分为两大类：一类为"教科"就是基础课程，包括语文、算术、生活、音乐、绘画手工、体育共六门；另一类为"教职"就是教育职能课程，其中包括教育职业的意义、教育基础理论、教育课程与教育指导方法、幼儿指导与教育咨询、幼儿园教育实习、教职实践演习等。对于取得专修教师证和一种教师证的还要求在"教科"的六门课程中修满6个学分，在"教职"课程的41学分中最少修满35分；而二种教师证则要求在"教科"中最少修满4分；在"教职"课程的41学分中最少修满27分。

第二种途径：参加文部科学省一年一度举办的《幼儿园教师资格考试》。日本幼儿园教师资格考试制度是从2005年开始实施的，目的主要是为了推进保育园与幼儿园的一体化建设。在参加考试资格上特别规定了具有保育士资格且有3年以上保育园工作经历。保育园老师也有资格参加考试。考试分为一次考试和二次考试。一次考试合格方可参加二次考试，参加这种考试取得的资格是幼儿园教师的二种教师证。

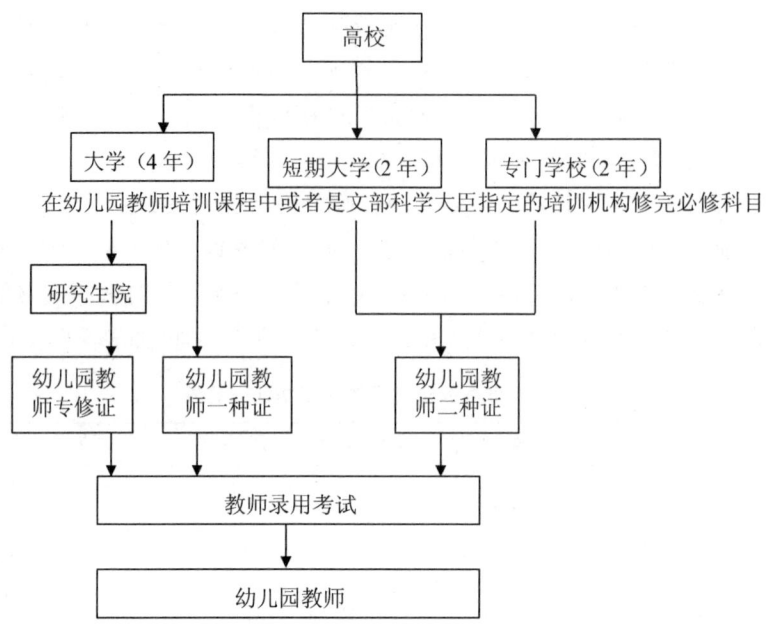

图 3-23　日本幼儿园教师任用流程①

关于幼儿园教师证三个等级的晋升，教师也可以通过进一步的学习和工作年限的积累后升级。持有"一种教师证"的教师可以在修满教职课程的 15 学分并拥有 3 年优良工作经验后获得"专修级教师证"；持有"二种教师证"的教师可以在修满教职课程的 45 学分并拥有 5 年优良工作经验后，升级获得"一种教师证"；持有临时教师证的教师修满教职课程的 45 学分并拥有 6 年工作经验即可升级为"二种教师证"。

以 2016 年为例，东京都共授予幼儿园教师资格证 6269 人，其中"专修级教师证"（相当于硕士程度）的获得人数为 26 人，"一种教师证"（相当于学士程度）的获得人数为 3369 人，"二种教师证"（相当于短期大学士程度）的获得人数为 2874 人，见表 3-7。

表 3-7　2016 年东京都幼儿园教师资格证授予状况②　　　（单位：人）

种类	专修	一种	二种	特别	临时	总计
人数	26	3369	2874	—	—	6269

---

①　大学・短期大学・专门学校的升学信息网站．成为幼儿园教师[EB/OL]．https：//shingakunet.com/bun-nya/w0031/x0399/，2018-06-28．根据教师资格法的修改，从 2019 年 4 月 1 日起新教师课程开始执行。

②　东京都教育委员会．平成 30 年度东京都教育行政基础数据[EB/OL]．http：//www.kyoiku.metro.tokyo.jp/administration/statistics_and_research/basic_data/basic_data20180410.html，2018-06-27．

③认定儿童园教师任职资格

2006年认定儿童园制度出台后,教师的资格应该如何定位一直是一个未解决的遗留问题。2012年,由日本文部科学省、厚生劳动省联合成立了"幼保衔接推进办公室",对《认定儿童园法》进行了部分修改,确立了幼保联合型认定儿童园的法律地位,并规定认定儿童的教师职称为"保育教伦"。这种职称实质上就是要求教师同时具有保育士和幼儿园教师资格。为了鼓励幼保联合型认定儿童园的教师尽快取得"保育教伦"资格,促进现有幼儿园和保育园向幼保联合型认定儿童园转型,在规定实施后的5年内,幼保联合型认定儿童园的教师只要持有保育士资格或幼儿园教师资格证就可以通过以下一些简化措施获得"保育教伦"资格的特别优惠政策。

持有幼儿园教师资格证的教师,获得"保育教伦"资格有两种途径:一是需要具有4320小时(6小时×20天×3年)的工作经验,在厚生劳动省指定的有保育士专业的短期大学、专门学校或大学里修满必修的4门课程(福利与养护;保健、饮食和营养;婴儿保育;教育咨询)共8个学分,就可以获得保育士资格;二是通过保育士国家统一考试,可免除"教育原理""保育心理""保育实习理论"以及实际技能考试。

持有保育士资格的教师,需要具有4320小时(6小时×20天×3年)的保育园工作经验,同时修满5门课程(教育的意义以及教师的职能;有关教师的社会制度以及经营事项;教育课程的意义以及编写方法;保育内容的指导法、教育法和技能;幼儿理解的理论与方法)共8个学分,就可以获得幼儿园教师资格证。

(3)东京都幼儿园教师教育

①职前培养

据统计,2015年,日本全国共有640家机构被指定为保育士培养机构,其中,东京有73所。培养规模最大的单位有白梅学园大学儿童学部儿童学科、武藏野大学教育学部儿童教育学科、东京家政大学家政学部儿童学科儿童学专业、青山学院女子短期大学儿童学科、帝京短期大学儿童教育学科儿童教育专业通信教育课程、共立女子大学家政学部儿童学科、东京未来大学儿童心理学部儿童心理学科儿童保育教育专业、东京福利大学社会福利学部保育儿童学科,学生数量超过500人见表3-8。

东京都主要有2所国公立大学(东京学艺大学、御茶水女子大学)培养幼儿园教师,其余的幼儿园教师由私立大学、短期大学培养。不同类型幼儿园教师资格证的培养单位见表3-9。

表 3-8　东京都保育士培养单位一览表①

编号	保育士培养单位名称	入学定员	学生定员
1	白梅学园短期大学保育科	95	190
2	白梅学园大学儿童学部儿童学科	135	560
3	白梅学园大学儿童学部发达临床学科	50	220
4	明星大学教育学部教育学科（通信教育课程）保育士养成课	50	200
5	明星大学教育学部教育学科儿童临床课程	50	200
6	昭和女子大学人社会学部福利社会学科	60	240
7	昭和女子大学人社会学部初等教育学科	100	400
8	东京YMCA社会体育·保育专门学校保育科	40	120
9	武藏野大学教育学部儿童教育学科	140	580
10	东京福利保育专门学校儿童学科	100	300
11	目白大学人学部儿童学科	75	300
12	星美学园短期大学幼儿保育学科·专业科幼儿保育专业	120	240
13	玉川大学教育学部乳幼儿发达学科	105	430
14	东京家政大学短期大学部保育科	105	430
15	东京家政大学家政学部儿童学科儿童学专业	250	500
16	东京家政大学家政学部儿童学科支援专业	50	200
17	淑德大学短期大学部儿童学科	40	160
18	日本社会事业大学社会福利学部福利援助学科	100	400
19	日本女子体育大学体育学部体育健康学科幼儿发达学专业	130	260
20	儿童教育宝仙大学儿童教育学部幼儿教育学科	40	120
21	驹泽女子短期大学保育科	50	100
22	上智社会福祉专门学校保育士科	150	300
23	圣心女子专门学校保育科	50	200
24	鹤川女子短期大学幼儿教育学科	50	100

① 厚生劳动省．指定保育士养成设施一览［EB/OL］．http：//www.mhlw.go.jp/file/06-Seisakujouhou-11900000-Koyoukintoujidoukateikyoku/HP_11.pdf，2018-06-28．

续表

编号	保育士培养单位名称	入学定员	学生定员
25	大妻女子大学家政学部儿童学科儿童学专业	150	300
26	爱国学园保育专门学校幼儿教育科	150	300
27	贞静学园短期大学保育学科	100	300
28	东京教育专门学校幼儿园教谕·保育士培养科	180	360
29	青山学院女子短期大学儿童学科	140	570
30	东京成德短期大学幼儿教育科	100	200
31	东京成德大学儿童学部儿童学科	50	150
32	道灌山学园保育福祉专门学校Ⅰ部幼儿园教师·保育士培养科	100	200
33	道灌山学园保育福祉专门学校Ⅱ部幼儿园教师·保育士培养科	50	150
34	东京保育专门学校保育科1部	100	200
35	东京保育专业学校保育科2部	50	150
36	玉成保育专业学校保育学科	70	140
37	有明教育艺术短期大学儿童教育学科	100	300
38	圣德大学幼儿教育专门学校保育科第1部	105	210
39	圣德大学幼儿教育专门学校保育科第2部	35	105
40	公信保育科福利专门学校保育科	120	240
41	草苑保育专门学校保育专业课程幼儿园教师·保育士培养科(第1部)	150	300
42	竹早教员保育士养成所幼儿园教师·保育士科	120	240
43	蒲田保育专门学校幼儿园教谕·保育士培养科	80	160
44	白百合女子大学文学部儿童文化学科发达心理学专业	50	200
45	立教女学院短期大学幼儿教育科幼儿教育专业	150	450
46	东京学艺大学教育学部初等教育教师培养课程幼儿教育选修	20	80
47	新渡户文化短期大学生活学科儿童生活专业	50	150
48	帝京短期大学儿童教育学科儿童教育专业儿童教育课程	50	150
49	帝京短期大学儿童教育学科儿童教育专业通信教育课程	200	600

续表

编号	保育士培养单位名称	入学定员	学生定员
50	实践女子大学生活科学部生活文化学科幼儿保育专业	45	180
51	东京都东京家政学院大学现代生活学部儿童学科	90	370
52	东京国际福祉专门学校育儿支援学科	80	240
53	东京立正短期大学现代交流学科幼儿教育专业	50	100
54	樱美林大学健康福祉学群保育专修	50	200
55	共立女子大学家政学部儿童学科	150	600
56	东京未来大学儿童心理学部儿童心理学科儿童保育教育专业	160	640
57	东京未来大学福利保育专门学校保育科	73	146
58	东京儿童专门学校保育科	120	240
59	帝京平成大学现代生活学部儿童学科保育·幼儿园课程	100	400
60	日本儿童教育专门学校综合儿童学科	40	160
61	日本儿童教育专门学校保育福利	80	240
62	东京都市大学人科学部儿童学科	100	400
63	筱原保育医疗情报专门学校儿童保育学科	80	240
64	筱原保育医疗情报专门学校儿童保育学科夜间部	40	120
65	和光大学现代人学部心理教育学科儿童教育专修	30	120
66	帝京科学大学儿童学部儿童教育学科幼儿园·保育士课程	100	400
67	东京福利大学社会福利学部保育儿童学科	200	800
68	东京工学院专门学校幼儿教育学科	40	80
69	首都医生学校看护福利·保育学科（白天部）	40	80
70	大东文化大学文学部教育学科保育士课程	25	100
71	大原医疗秘书福利保育专门学校儿童保育学科	80	160
72	日本体育大学儿童体育教育学部儿童体育教育学科幼儿教育保育课程	50	200
73	阿尔法医疗福利专门学校儿童保育教师培训科	50	100

表 3-9 东京都幼儿园教师培养单位一览表①

资格证类型	层次	学校类型	学校名称
专修级教师证	大学	国公立	东京学艺大学 御茶水女子大学
		私立	青山学院大学 大妻女子大学 国士馆大学 昭和女子大学 白梅学园大学 圣心女子大学 创价大学 大东文化大学 玉川大学 东京家政大学 东京福利大学 日本女子大学 明星大学 日野学校 青梅学校
	通信课程	—	东京福利大学通信教育课 明星大学通信教育部

① 幼儿园教师培训学校一览. 幼稚园教谕·教员养成校一览[EB/OL]. http://www.youchien7.info/sisetu/toukyou.html，2018-06-28.

续表

资格证类型	层次	学校类型	学校名称
一种教师证	大学、短期大学	国公立	东京学艺大学教育学部初等教育教师培养课程幼儿教育选修 御茶水女子大学文教育学部人社会科学科
		私立	青山学院大学教育人科学部教育学科 大妻女子大学家政学部儿童学科（儿童学专业·儿童教育专业） 东京成德大学儿童学部儿童学科 东京都市大学人科学部儿童学科 同立女子大学家政学部儿童学科 国立音乐大学音乐学部音乐教育学科幼儿教育专业 国士馆大学文学部教育学科初等教育专业 实践女子大学生活科学部生活文化学科幼儿保育专业 昭和女子大学人社会学部初等教育科 白梅学园大学儿童学部儿童学科·发达临床学科 白百合女子大学儿童文化学科发达心理学专业 圣心女子大学文学部教育学科初等教育学专业 创价大学教育学部儿童教育学科 大东文化大学文学部教育学科 玉川大学教育学部教育学科·婴幼儿发达学科 帝京大学文学部教育学科初等教育学专业 东京家政大学家政学部儿童学科儿童学专业·教育支援专业 东京家政学院大学家政学部儿童学科 东京纯心女子大学现代文化学部儿童文化学科 东京福利大学社会福利学部保育儿童学科 东京未来大学儿童心理学部 日本女子大学·家政学部儿童学科·人社会学部教育学科 日本女子体育大学体育学部体育健康学科幼儿发达学专业 武藏野大学人际关系学部儿童学科 明星大学人文学部心理·教育学科教育学专修·心理学专修 目白大学人学部儿童学科
	通信课程	—	创价大学通信教育部 玉川大学通信教育部 东京福利大学通信教育课 东京未来大学通信教育课 日本女子大学通信教育课 明星大学通信教育部

续表

资格证类型	层次	学校类型	学校名称
二种教师证	短期大学	国公立	—
		私立	青山学院女子短期大学儿童学科
			驹泽女子短期大学保育科
			淑德短期大学儿童学科·社会福利学科社会福利专业儿童福利课程
			白梅学园短期大学保育科
			星美学园短期大学幼儿教育学科
			鹤川女子短期大学幼儿教育学科
			帝京短期大学儿童教育学科儿童教育专业儿童教育课程
			东京家政大学短期大学部保育科
			东京女子体育短期大学儿童教育学科
			东京成德短期大学幼儿教育科
			东京田中短期大学儿童学科
			东京文化短期大学生活学科儿童生活专业
			东京立正短期大学现代交流学科
			东横学园女子短期大学保育学科
			日大体育大学女子短期大学部幼儿教育学科
			宝仙学园短期大学保育学科
			立教女学院短期大学幼儿教育学科
			有明教育艺术短期大学初等教育科
			贞静学园短期大学保育科
	专门学校	—	爱国学园保育专门学校幼儿教育科
			蒲田保育专门学校幼儿园教谕·保育士培养科
			公共情报体育保育专门学校
			东京儿童专门学校保育心理科·保育福利科
			东京体育·娱乐专门学校
			东京福利专门学校儿童福利科
			东京福利保育专门学校儿童学科·保育儿童学科保育儿童学课程
			东京保育专门学校保育科1部·2部
			东京YMCA社会体育·保育专门学校保育专门课程
			玉成保育专门学校保育学科
			圣德大学幼儿教育专门学校保育科第1部（白天）·第2部（夜间）
			道灌山学园保育福利专门学校幼儿园教师·保育士培养科
			竹早教员保育士养成所幼儿园教员·保育员科
			日本工学院八王子专门学校健康体育专家科幼儿园教谕·保育士课程

续表

资格证类型	层次	学校类型	学校名称
二种教师证	专门学校	私立	日本儿童教育专门学校儿童教育科 日本音乐学校保育员·幼儿园教师课程 保育福利专门学校保育科 淑德教育专门学校幼儿教育学科 东京教育专门学校幼儿园教谕·保育士培养科 草苑保育专门学校幼儿园教师·保育士培养科 帝京大学福利·保育专门学校幼儿园教师培养科·保育士培养科 圣心女子专门学校保育科 町田福利保育专门学校儿童保育学科·儿童保育学科Ⅱ部(夜间) 东京丰岛医疗福利专门学校儿童福利科 日本外语专业学校儿童英语教育科 日本学校商务21儿童保育商务学科儿童保育课程·保育和体育课程
		通信课程	东京福利大学短期大学部通信教育课

②在职培训

在日本，从事教育工作的人员，包括教育行政机关的职员、学校的教职员，以及其他教育机构的职员，基本上均具有公务员的身份。但是教育工作人员在工作性质上，比较一般公务员毕竟有它特殊的地方，因此除了适用《公务员法》(含国家公务员法及地方公务员法)外，对于教育的专业人员还有《教育公务员特例法》。依据《教育公务员特例法》，教育公务员包括国立学校及公立学校的学长、校长(含园长)、教员及部局长，以及教育委员会的教育长及专门性教育职员。在国立学校服务者具有国家公务员身份，在公立学校服务者或社、地方公共团体服务之教育长、专门性教育职员具有地方公务员身份。《教育公务员特例法》规定，教育公务员为了履行其职务，应该不断研修。教育公务员的"任命权者"(任用机关或具有任用权之人)对研修所需之设施、奖励、研修的方法以及其他研修有关的计划等，亦应努力建立，并付诸实施。另外《特例法》又规定，教育公务员应享有参加研修之机会；教员在不影响授课的条件下，得经其所属长官之承认，离开服务场所，前往研修；同时，依"任命权者"的规定，带职带薪，从事长时间之研习。①

日本的保育园会经常组织教师举办一些园内学习会，学习会的形式各异，但是目的都在于鼓励教师统一教育理念、互相沟通、学习和共同提高。

日本幼儿园教师有法定的在职教育培训机会。幼儿园教师除了参加国家安排的在

---

① 王家通. 日本教育制度——现况趋势与特征(第二版)[M]. 高雄：高雄复文图书出版社，2003：64-65.

职教育培训外，更多的是接受地方教育委员会举办的在职教育培训。其中，新入职的教师和工作满10年的教师，接受在职培训是法定的。新入职幼儿园教师的培训分为园内培训(约10天/年)和园外培训(7-10天/年)，园外培训由当地教育委员会为新教师安排。工作满10年的教师培训，其宗旨是进一步提高教师的能力和与教师职业的契合度，并打造一个教师本人擅长的教育领域。工作满10年的教师培训也分为园内培训和园外培训，培训流程是先园外，再园内，贯穿全年。另外根据教龄不一，还有工作满5年和工作满20年的教师在职培训。

"保育教谕"资格证的管理适用于教师资格证的管理办法，即工作10年后需要参加法定培训再上岗。

(4)东京都幼儿园教师的工资待遇

日本全国幼儿园教师2012—2016年的平均年收入大概在335—348万日元之间(图3-24)，总体上呈现增长趋势，2014年增长幅度最大，平均年收入约为347万日元，但在2015年和2016年又有所下降，从这五年看，2016年日本幼儿园教师的平均年收入与2012年相比仅增长了1.2%。保育士的工资收入比幼儿园教师更低，2012—2016年的平均年收入大概在309—327万日元之间(图3-25)，总体上呈现增长趋势，但增长幅度较小，2016年日本保育士的平均年收入与2012年相比仅增长了3.7%。

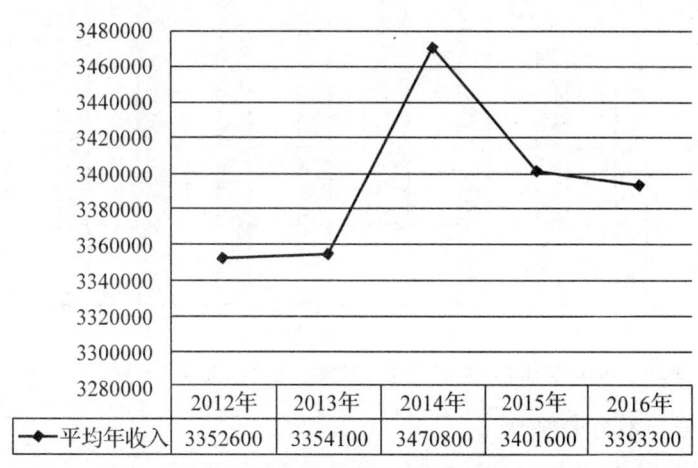

图3-24　2012—2016年日本幼儿园教师平均年收入(单位：日元)①

总体来看，日本幼儿园教师和保育士的工资待遇总体水平不高，不仅远远低于全国学校教育的平均年收入626万日元，还低于全国教育·学习支持行业的平均年收入

---

① 职业花园网站.幼儿园教谕(幼儿园老师)的工资、年收入[EB/OL]. http://careergarden.jp/youchienky-ouyu/salary/，2018-03-29. 注释：平均年收入计算方式为每月支付的现金工资额×12个月+年奖金和其他特别工资。

434万日元。① 而且，幼儿园教师随着年龄的增长，年收入也没有发生显著的提高，50岁幼儿园教师的年收入仍小于400万日元（图3-26）。

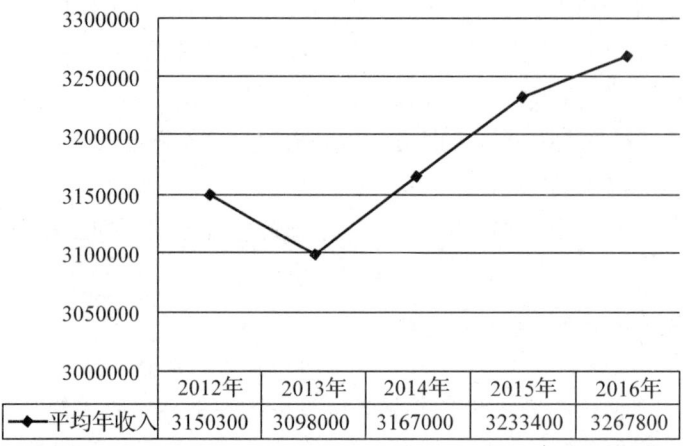

图 3-25　2012—2016 年日本保育士平均年收入（单位：日元）②

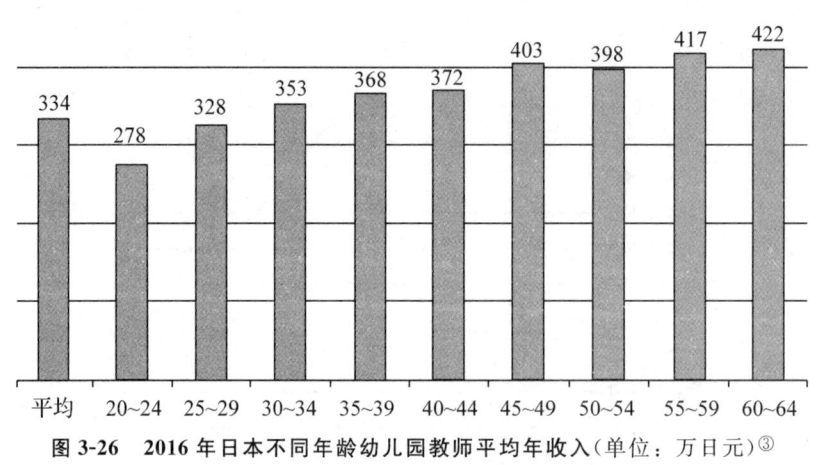

图 3-26　2016 年日本不同年龄幼儿园教师平均年收入（单位：万日元）③

5. 东京都学前教育课程

（1）保育园课程

保育园的课程内容是依据《保育园保育指针》而制定。《保育园保育指针》也伴随时

---

① 厚生劳动省. 工资结构基本统计调查[EB/OL]. https：//www.mhlw.go.jp/toukei/list/chinginkouzou_a.html, 2018-07-18.

② 职业花园网站. 保育士的工资、年收入[EB/OL]. http：//careergarden.jp/hoikushi/salary/, 2018-07-18.

③ 职业花园网站. 幼儿园教谕（幼儿园老师）的工资、年收入[EB/OL]. http：//careergarden.jp/youchienkyouyu/salary/, 2018-07-18.

代的变迁不断进行改版更新。最近一次改版是在2017年，将保育内容划分为婴儿期、1—3岁和3岁以上三个阶段，婴儿期的保育内容包括茁壮成长、与身边人和谐相处；能感受（感性地感知）身边事物；1—3岁儿童和3岁以上儿童的保育内容都包括健康、人际关系、环境、语言和表现5个领域。①

(2) 幼儿园课程

自1956年日本文部科学省正式制定并推出《幼儿园教育要领》，明确规范了幼儿园的教育内容。之后《幼儿园教育要领》在1964年、1989年、1998年、2008年、2017年进行了五次改版更新，幼儿园教育内容伴随着时代发展不断得到了充实。目前，日本幼儿园的教育内容为五大领域——有关身心健康的"健康领域"、有关与人交往的"人际关系领域"、有关周围环境联系的"环境领域"、有关语言获得的"语言领域"和有关感受性与表达的"表现领域"。

健康领域总目标：培育健康的身体和心灵，培养幼儿自己开展健康且安全的生活的能力。分为3项目标：开朗活泼的活动，感受活动带来的充实感；充分活动自己的身体，逐步进行运动活动；养成健康、安全的生活所必需的习惯与态度，并付诸实践。内容包括10个方面：与老师和朋友相接触，怀有安定感进行活动；在各种活动中充分活动身体；逐渐过渡到户外游戏；熟悉各种活动，愉快开展活动；喜欢和老师、和朋友一起吃饭，对食物感兴趣；养成健康生活的规律；自己完成清洁日常用品、穿脱衣服、吃饭、上卫生间等日常生活活动；知道幼儿园生活的方式，并以此调整自己生活的环境；关注自己的健康，参与预防疾病的活动；知道危险的地方、危险的游戏以及遇到灾害时的应对方法，知道在注意安全的情况下进行活动。

人际关系领域总目标：为了和他人相知相熟、共同相处生活，培养幼儿自立心，和与人相处的能力。分为3项目标：享受幼儿园生活，通过自己的活动去感受幼儿园生活的充实感；和身边的人亲近，增进感情，感受共同开展活动的乐趣，拥有爱与信赖感；在社会生活中获得理想的生活习惯与态度。内容包括13个方面：感受和老师、朋友一起生活的快乐；自己思考，自己行动；自己的事情自己做；在游戏中获得愉快体验的同时，完成自己的游戏；与朋友积极相处的同时共感悲伤、喜悦的心情；将自己所想传达给对方，同时注意对方所想；认识到朋友的优点，在一起愉快地活动；在与朋友愉快地进行活动时，找到共同的目标并以此为目标努力、相互帮助；知道什么是好的事情、什么是坏的事情，一边思考一边行动；建立与朋友之间的关系，关怀对方；在与同伴的生活中认识规则的重要性，并遵守规则；珍惜大家共同的玩具和道具，

---

① 社会福祉法人阳光福祉会. 保育所保育指針[EB/OL]. https://sunshine.ed.jp/hoikusisin-2018/#2-1, 2018-03-29.

大家一起使用；与当地年长者和其他人相处，增进感情。

　　环境领域总目标：幼儿对周围各种环境产生好奇心和探究意识，并将能力运用到生活中。分为3项目标：亲近周围的环境，在和自然相接触的过程中产生对各种事情、现象的兴趣；在周围的环境中去发现、去思考，并将发现思考的内容融入生活；观察周围的事情、现象并进行思考，在这过程中，感受物质的性质、数量以及文字的丰富。内容包括12个方面：在与自然接触的过程中认识到自然的宽广、美丽、不可思议；在生活中接触各种各样的事物，并产生探求事物性质、组成的兴趣；随着季节变化注意到自然和人的生活的变化；关心发生在自然或发生在身边的事情与现象，并把它们引入到游戏当中；亲近身边的动植物，尊重生命，呵护、尊重它们；在日常生活中熟悉国家和地区的各种文化与传统习俗；珍惜周围的事物；拥有对周围事物、玩具的兴趣，尝试自己去比较，去思考共同点，尝试并在研究中进行游戏；对日常生活中出现的数量和图形有兴趣；对日常生活中出现的简单标识和文字有兴趣；对与生活有密切关联的信息、设施有兴趣；在幼儿园内外开展的行事活动中熟悉国旗。

　　语言领域总目标：用自己的话表现经历过的事情和内心想的事情，培养倾听对方的意愿以及态度，培养用语言表达内心的能力。分为3项目标：感受用语言表达自己心情的快乐；仔细倾听他人的话，将自己经历过的事情或想到的事情说出来，体会相互交流的快乐；在懂得日常生活用语的同时，熟悉绘本和故事中的内容，丰富对语言的感觉，与老师和朋友交流。内容包括10个方面：对老师和朋友所说的话表现出兴趣，亲切地倾听、说话；用自己的话来表达做的事情、见到的事情、听到的事情、感受到的事情、思考的事情；用语言表达自己想做的事情和想让别人做的事情，对不懂的事情能寻求帮助；注意倾听他人说话，用语言清楚、准确地表达自己；懂得生活中所需的语言并使用它们；与他人进行亲切的问候；在生活中体会到语言的乐趣与语言之美；通过各种经验来丰富想象力和语言；阅读绘本、听故事，仔细倾听，感受想象故事内容带来的乐趣；在日常生活中，体会使用文字的乐趣。

　　表现总目标：通过自己表现感受到的事物和所想的事物，培养幼儿的感受性、表达能力以及创造性。分为3项目标：拥有感受各种事物美的感受性；乐于表达自己感受到的事情和所想的事情；丰富在生活中出现的形象，欣赏各种表现。内容包括8个方面：感受生活中各种各样的音、形、色、触觉、动态；感受生活中美好的事物和令人心动的事情，丰富幼儿内心；在各种事情中，感受相互交流自己感动的事情所带来的快乐；用声音、行动来表达自己感受到的事情、思考到的事情，自由地描画下来，创造出来；熟悉各种素材，并用它们进行游戏活动；熟悉音乐，感受唱歌、使用简单乐器带来的愉快；乐于绘画、创造，并将成果运用到游戏活动中，利用它们进行装饰；把自己构画的形象用行动或语言表达出来，体会表演游戏带来的快乐。

(3)认定儿童园课程

由于进入"认定儿童园"的幼儿年龄参差不齐,在园时间差异较大,所以在编写教育、保育计划时,需要兼顾《幼儿园教育要领》和《保育园保育指针》的内容。对于0—2岁幼儿,教育内容要求基本与保育园相同,对于3—5岁幼儿,教育内容要求基本与幼儿园相同。

(三)东京都学前教育发展的主要特点与现存问题

1. 东京都学前教育发展的特点

(1)学前教育机构种类多样,幼保一体化趋势加快

在学前教育的组织机构方面,日本最鲜明的特点就是幼儿园与保育所并立,从而形成了学前教育的双轨体制。幼儿园属文部科学省管辖,是根据《学校教育法》而设立的正规学校教育机构;保育所属厚生劳动省管辖,是根据《儿童福利法》而设立的儿童福利设施。近年来,由于幼儿园和保育所并立的二元体制出现了种种问题,日本社会对于幼保一体化的呼声越来越强烈,日本开始建立综合学前教育机构——"认定儿童园",认定儿童园受文部科学省和厚生劳动省共同管辖,它的出现是为了削减幼儿园和保育所之间的差别,实现教保一体化,提供综合性的学前教育服务。幼儿园、保育园和认定儿童园各有优势,在招生对象、设施运营标准、教育保育内容标准、在园时长等方面都有所不同。从园所数量和在园幼儿人数来看,幼儿园和保育园的数量近年来基本保持稳定,而认定儿童园的数量近年来呈现迅速增长的趋势。

(2)公、私立学前教育机构并存,私立学前教育机构占据大半壁江山

日本幼儿园按照性质的不同可以划分为国立、公立和私立三种类型,国立幼儿园是指国家所设立的幼儿园,公立幼儿园是指地方公共团体所设立的幼儿园,私立幼儿园是指学校法人所设立。保育园有公立和私立之分,按照《儿童福利法》的规定,公立的保育园由县和市町村设立,私立保育园则由社会福利法人、宗教法人和个人等设立。认定儿童园也有公立和私立之分。从园所数量和在园幼儿人数来看,私立学前教育机构的数量和入园幼儿数量众多,大大超过了公立学前教育机构的数量,这反映出日本私立学前教育发展势头迅猛,私立学前教育机构占据主要地位,这在世界各国学前教育发展中都是极具特色的。

(3)实施保育费补助政策,有效促进教育公平

按照《学校教育法》的规定,学校的设立者除法令中有特殊规定的情况外,应负担其学校的经费。学前教育的经费投入也遵循"设立者负担"的原则,这是日本学前教育在财政投入方面的重要特点。但这种财政制度也造成了许多问题。地方政府和学校法人是幼儿园教育经费的重要来源,而国家对学前教育的财政投入却明显偏少,造成日本学前教育在经费投入上与其他主要发达国家较大的差距。因此,日本政府采取各种

补助金制度，缩小公立幼儿园和私立幼儿园幼儿监护人所负担的保育费之间的差距，作为维护学前教育公平、普及的政策之一。幼儿园的保育费减免政策是由文部科学省制定并在全国予以实施的。规定凡是有适龄入园的幼儿家庭，只要满足一定的条件，都可以根据家庭收入和家庭人员的构成在一定程度上得到保育金额的补助，其补助原则是按家庭收入的多少，少收多补，多收少补。同时各地方政府还可以根据地方的实际情况在此基础上制定一些更优惠的补助政策。如东京都江户川区规定对每一位进入幼儿园的家庭最多一年补助入园费8000日元，补助幼儿园毕业纪念费1200日元；东京都北区规定对进入幼儿园学习的幼儿家庭支付35000日元的祝贺礼金。

(4) 严格控制学前教育教师入职资格，教师在职进修制度完善

日本对学前教育教师的要求非常严格。无论是在保育园、幼儿园还是在认定儿童园工作，所有的教师都必须具有相应的资格证。从资格证的获取情况来看，除了对学历有要求，还对工作经验有具体要求，幼儿园教师的学历起点要求较高。严格的入职资格要求有利于保障选拔高素质的人才进入日本幼儿园教师队伍，从而推动学前教育的发展。除此之外，日本学前教育在师资方面的另一个突出特点是非常重视教师的在职进修，并且拥有完善的在职进修制度。按照《地方公务员法》和《教育公务员特例法》等法律的规定，在职进修不既是教师的权利，也是应尽的义务。这就为幼儿园教师的在职进修提供了法律保障。同时，教育主管部门和幼儿园教师所在的学前教育机构也积极为幼儿园教师的在职进修提供帮助和支持。总之，严格的入职资格要求以及完善的在职培训制度，使得日本的幼儿园教师队伍素质不断提高，进而成为促进日本学前教育事业不断发展的强大动力。

2. 东京都学前教育发展的现存问题

(1) 学前教育经费投入不足

日本政府对学前教育的财政投入明显偏少，幼儿园教育经费在学校教育经费总额中仅占1.2%—1.3%，认定儿童园教育经费在学校教育经费总额中仅占0.1%，这一比例远远低于美国、英国、德国和法国等其他发达国家的投资力度，在世界发达国家的排名中较为靠后。而且幼儿园教育经费总量和生均幼儿园教育经费在2015年有所下降，由此可见，日本学前教育在经费投入上与其他主要发达国家尚有差距。此外，日本家庭负担的学前教育支出费用也占据了很大比例，超过全部学前教育经费的一半，家庭需要负担高额的学前教育经费被认为是造成该国低出生率的原因之一。

(2) 幼儿园教师仍面临很大缺口

由于学前教育的重要性越来越被国家、社会和家庭所认识，让更多的孩子接受学前教育已成为日本整个国家和政府努力的方向。东京都近几年学前教育机构增长迅速，特别是随着认定儿童园的发展，无论是认定儿童园的园所数量，还是入园幼儿数量，

都呈现持续增长的态势,虽然东京都有不少幼儿园教师的培养单位,但每年的毕业生仍然是供不应求。也正因为幼儿园教师的短缺,才造成日本较低的师幼比。因此,幼儿园教师数量不足是东京都学前教育发展中所面临的一个巨大的问题。

(四)东京都经验对北京市学前教育发展的启示

1. 健全法律法规,促进学前教育事业的健康发展

日本《学校教育法》《儿童福利法》《社会福利法》《认定儿童园法》《就学前教育保育法》《幼儿教育振兴行动计划》等相关法律及其一系列规定都为学前教育的发展奠定了坚实的基础。而我国还未有专门的学前教育法律,在管理体制上还缺乏全面和详尽的实施细则作为保障。0—3岁幼儿的保育与教育更是缺乏相应的政策支持与相应机构的有效监管,保教水平良莠不齐,质量缺乏保证。因此,需要尽快出台学前教育的相关法律,强化政府在保教服务体系中的监督与管理责任。

2. 加大对民办学前教育机构的扶持力度

日本政府对私立学前教育极为重视,一方面表现在政府为私立学前教育的发展提供了完善的法制保障,私立学前教育除同公立学前教育一样受到《教育基本法》《学校教育法》《儿童福利法》《幼儿园设置标准》《教员许可法》等法律的约束外,还受到《私立学校法》《私立学校振兴财团法》《私立学校振兴助成法》等专门针对私立教育的特定教育法律法规体系的保护。这对于私立学前教育的规范发展和振兴起到了积极的促进作用。另一方面,遵照《私立学校振兴财团法》《私立学校振兴助成法》和《私立学校资助法》等的规定,日本政府也给予私立学前教育大量的财政补助,这些措施缩小了私立学前教育机构与公立机构间的差距,促进了私立学前教育的迅速发展,进而促进了日本学前教育的整体发展,使得私立学前教育在日本学前教育系统中产生了巨大影响力。我国2010年颁布的《国家中长期教育改革和发展规划纲要(2010—2020年)》提出要"建立政府主导、社会参与、公办民办并举的办园体制。"既然民办学前教育机构也是我国学前教育机构的重要组成部分,那么我国需要加快制定扶持民办学前教育的举措,促进民办学前教育的改革与发展,这同样也关乎我国教育的公平和质量。

3. 重视幼儿园教师准入和职后培养制度

日本政府对学前教育教师执行严格的准入制度和职后培养制度,这是保障和提高其学前教育质量的关键。我国虽然有《幼儿园教师资格证》制度,但该制度的强制性力度不够,因为不具有法律效力,所以对幼儿园教师的约束力不强,我国目前在职的幼儿园教师特别是民办幼儿园教师中,仍有相当一部分教师没有幼儿园教师资格证,还有一部分教师特别是农村转岗幼儿园教师,他们拥有其他类型的教师资格证(如中小学教师资格证),却还没有幼儿园教师资格证。因此,应该让幼儿园教师资格认定制度具有独立性,体现出幼儿园教师的专业属性,以区别于其他类型的教师,还可以根据对

幼儿园教师需求层次的不同，设定灵活多样的幼儿园教师准入标准，增加幼儿园教师资格证书的类别，以满足多样需求。同时，应尽快出台具体的、适合于我国国情的、非形式化的资格证更新制度，打破教师资格证终身制。

4. 进一步明确幼儿园教师的身份，提高其地位和社会威望

在日本，1997年修订的《儿童福利法施行令》将保育所职员的职称改称"保育士"，强调其专业性以及不排除男性的职业定位。此次改革促进了保育士地位的提高，保育士培养机构也进而不断提高其教育内容的专业性。依据《教育公务员特例法》的相关规定，所设立的国立、地方公立的包括幼儿园在内的各级各类学校的校长、副校长、幼稚园长、教师、专职教育研究人员以及各地方教育委员会的教育长和教育行政管理人员等通过教育为全体国民服务的教职员工为日本的教育公务员。国立学校的校长、教师以及其他系部主任等人员（包括国立研究机构的相应人员）的身份为国家教育公务员；公立学校的校长、教师、系部主任以及地方专职教育行政人员的身份为地方教育公务员。这使日本幼儿园教师具有同其他学段教师完全同等的身份和法律地位，有效保障了日本幼儿园教师队伍自战后至今几十年间的稳定与发展。在我国，幼儿园教师尤其是农村幼儿园教师由于大都是农业户口，教师身份不被认可，幼儿园教师因其任教于最基础的教育阶段而在身份、地位等方面与其他学段教师有区别，总觉得"低人一等"，因此政府有必要通过法律形式进一步明确幼儿园教师的身份地位，提高其社会地位，增强幼儿园教师职业的吸引力，吸引更多高素质人才从事学前教育工作。

5. 重视0—3岁婴幼儿教育，实施托幼一体化

近年来，日本学前教育一直在尝试施行"幼保一体化"。日本"幼保一体化"主要通过政府主管机构及托幼服务提供者的整合、师资培训及任用的整合、设备标准及设施的整合、教保服务内容的整合，以及相关立法保障和财政经费的支持，试图实现"幼稚教育"与"托育服务"两个制度和两种机构的整合。① 目前我国学前教育从管理、课程设置、师资培养等方面都是围绕着3—6岁学前教育机构即幼儿园展开，而缺乏对0—3岁婴幼儿教育机构、课程及师资培养的关注。因此，借鉴日本的相关经验和政策举措，我国应尽快制定《早期教育法》，从国家意志的高度确认0—6岁儿童教育的价值和作用，并确定政府、社会和家庭在发展早期教育中的作用；探索建立0—6岁儿童托幼一体化教育体系的道路，鼓励和支持有条件的地方开展0—3岁婴幼儿教育的试点，总结相关经验并积极推广；加强对0—3岁师资准入制度的建立健全，有效推进早期教育的科学化和提升早期教育的质量。

---

① 胡洪强，索长清，陈旭远. 日本"幼保一体化"的发展及其启示[J]. 基础教育，2015，12(6)：102-108.

第四章 主要问题与对策建议

  2011年是我国国民经济与社会发展第十二个五年规划的开局之年,同年,北京市全面落实国家学前教育三年行动计划,正式实施《北京市学前教育三年行动计划(2011年—2013年)》。"十二五"以来,北京市社会经济与人口发展、相关政策法规体系的构建与完善,共同构成了学前教育事业发展的宏观环境与支持。近年来,北京市学前教育事业发展在扩大学前教育供给规模、增加学前教育经费投入、提升幼教师资水平、改善办园条件、提高办园质量,进而缓解"入园难"、"入园贵"等方面取得了长足进展。然而,随着首都经济社会的快速发展,北京市学前教育发展仍面临一系列挑战:学前教育机构数量、布局、结构与人民群众对高质量、多样化的学前教育需求仍有一定差距。特别是随着"单独二孩"、"全面二孩"政策的实施,未来一段时间内,全市适龄儿童入园需求仍将保持较快增长趋势,供需矛盾较为突出。与此同时,学前教育师资供给不足、职业吸引力不强,一些幼儿园办园质量难以保障等问题[①]仍亟待解决。

一、"十二五"期间北京市学前教育发展特点与主要问题

(一)幼儿园规模、结构与布局方面

1. 基本特点

  第一,北京市幼儿园总量、入园幼儿、在园幼儿人数等现状及变化趋势呈现以下特点:2010—2016年间,北京市幼儿园数量大幅度增长,除了2012年外,其余各年均以每年接近50—80所幼儿园的增长量增加;幼儿入园人数除在2012年同比上年减少约300人以外,其他各年每年约以万人为单位增长;幼儿在园人数每年均以1.6—3.4万人的增长量增长,七年间增加了约14万名在园幼儿。

  第二,北京市城区、镇区、乡村幼儿园总量、入园幼儿、在园幼儿人数等现状及变化趋势呈现以下特点:2010—2016年间,北京城区、镇区幼儿园在园所数量、班级数、在园幼儿数、教职工数、园长、专任教师、保健医等方面均呈稳步增长趋势;与2010年相比,2014年北京市乡村幼儿园在数量、在园幼儿数、园长、保健医等均呈下

[①] 北京市人民政府办公厅.北京市第二期学前教育三年行动计划(2015—2017年)[EB/OL]. http://www.beijing.gov.cn,2018-6-6.

降趋势，2015年—2016年又呈现出增长趋势。

第三，北京市各区幼儿园总量、在园幼儿人数等现状及变化趋势呈现以下特点：北京市各区幼儿园数量分布情况较为复杂，2010年房山区幼儿园数量在北京市各区中的数量最多，其次为朝阳区和海淀区，门头沟区幼儿园数最少；2016年，朝阳、海淀区、通州区幼儿园数量最多，房山区幼儿园数量与2010年相比减少了71所幼儿园。2010—2016年间，北京市各区幼儿园数量整体呈现增长趋势，但各区情况增长数量上略有不同，其中通州区增加了67所幼儿园，增加园所量最多；2010—2016年间，北京市各区县在园幼儿园数量分布呈现以下趋势：朝阳区、海淀区、丰台区等城市功能拓展区在园幼儿数量约占全市在园幼儿总数的四成以上，门头沟区、怀柔区、平谷区、密云区、延庆区等生态涵养发展区在园幼儿数量相对较少，共占全市在园幼儿总数的11%—12%。其中增长幅度较大的区域有：通州区、大兴区和顺义区，房山区虽然减少了71所幼儿园，但2016年的在园人数比2010年增加了4815人。

第四，北京市公办和民办幼儿园总数、在园幼儿、师幼比、收费等现状及变化趋势呈现以下特点：2010—2016年间，北京市公办幼儿园与民办幼儿园在园所数、在园幼儿数上都呈现增长趋势，相对而言，民办园园所增长数高于公办园；在园幼儿数方面，公办园七年间增长量高于民办园；师幼比方面，公办园的师幼比低于民办园，表明公办园在师资量上仍存在较大缺口。

2. 主要问题

第一，北京市幼儿园在园所数量、入园人数、在园人数上有所提升，但现有幼儿园数量特别是公办幼儿园数量，仍不能满足实际需求。

第二，北京市民办园数量增长高于公办园，但在园人数方面来看，入公办园的适龄儿童规模要高于民办园，因而当前北京市幼儿入园难问题的核心仍体现在"入公办幼儿园难"上。

第三，各区幼儿园规模分布不均衡，首都功能核心区和城市功能拓展区在园所数量、在园幼儿数等方面承担较大压力，城市发展新区幼儿园规模也不断扩充，相应师资、质量保障等软件条件需相应及时配套。

（二）学前教育经费投入方面

1. 基本特点

通过对近些年的学前教育经费总量、学前教育经费来源、学前教育支出数据的整理与分析，"十二五"期间北京市学前教育经费投入呈现以下主要特点：

第一，"十二五"期间学前教育经费总量在快速增长，北京市学前教育经费总量在GDP中的比例超过了部分OECD国家的比例。

第二，政府和家庭是学前教育经费的主要投入主体。北京市政府在"十二五"期间承担了学前教育经费的主要成本，在 2014 年、2015 年尤为明显；家庭承担着学前教育经费的三分之一左右的成本。

第三，学前教育经费的支出主要用于教职工工资福利、机构日常运营、基础建设，其中用于教职工工资福利的比例最高。北京市学前教育工资福利支出比例高于全国水平。

2. 主要问题

第一，从幼儿园办学的主体来看，主要是公办和民办。政府在逐年增加学前教育经费总量，民办学前教育经费的投入增长速度缓慢，所占比例低，且造成了政府投入对社会资本的"挤出效应"。

第二，从学前教育经费的支出上来看，主要用于人员、机构日常运行、基础建设，而缺乏对不同类型幼儿园经费支出的数据，无法判断对不同类型幼儿园的经济支持，与"公办民办并举"的办园体制以及《民办教育促进法》存在不匹配的可能性，影响市场学前教育的供给。

(三)幼教师资队伍建设方面

1. 基本特点

第一，从幼儿园教师队伍的基本情况来看，在 2010—2016 年间，全市、各区以及城乡各类教职工和教职工的总数都在不断增长，2011 年是大多数区高速增长的一年，有些区的增幅甚至超过 100%，这与 2010 年国务院颁布《关于当前发展学前教育的若干意见》文件以来，各级政府开始重视并大力发展学前教育，扩大教师队伍的规模有关。2012 年以来，各区逐渐保持平稳快速增长的趋势，特别是 2015 年和 2016 年以来，各区教职工的年增速都回复到比较平稳的态势。

第二，在 2010—2016 年间，幼儿园教师的学历仍以专科和本科为主，其中，本科学历的教师比例从 2010 年的 27.8% 提高到 2016 年的 39.4%，专科学历的教师比例稳中有降，但仍保持在 48%—50% 左右，高中学历的教师比例从 2010 年的 19.7% 显著下降到 2016 年的 9.7%。

第三，近年来，幼儿园教师评聘职称的情况有所改善，拥有各类职称的教师人数均稳步增长。2013 年以来，拥有小学二级和小学三级职称的教师比例开始小幅增长，2016 年以来，未定职级的教师比例首次出现小幅回落，表明幼儿园教师评定职称的情况开始出现好转。

第四，2010—2016 年间，幼儿园教师工资水平逐年增长，平均每 2—3 年提高十几个百分点，表明教师的工资待遇有所提高。从当前全市幼儿园专任教师月工资水平来看，46.6% 的教师月工资为 4000—6000 元，34.0% 的教师月工资为 2000—4000 元。

第五，幼儿园教师参与继续教育的人员呈现比例高、培训类型多样、培训课程丰富的总体特点。公办园的幼儿园教师几乎全员接受继续教育和在职培训，且参与培训的数量和类型都比较多。从教师专业发展的途径来看，园本教研、在职培训、继续教育、阅读专业书籍和反思实践也是教师日常自主发展的重要途径。

2. 主要问题

第一，综合北京市各级学前教育专业培养单位的毕业生规模来看，现阶段北京市幼儿园教师队伍数量的增长速度仍然不能满足首都学前教育师资的需求。幼儿园师幼比仍偏低。2016年北京市专任教师与保育员总数约为4.68万人，而根据中等水平方案测算显示，2020—2025年期间，北京市专任教师与保育员需求总量将达到7.10—8.25万人，即至少存在着2—3万人的幼教师资缺口。

第二，近年来由于学前教育专业的生源质量，培养单位的教育质量，北京市公办、民办幼儿园待遇与发展不均衡等因素的综合影响，导致幼儿园教师面临的挑战更多，其教育专业化水平还需要进一步提高。

第三，未评定职级的教师比例仍然居高不下，从2010年到2015年间，这一比例保持在50%左右，并逐年小幅增长。这可能与近年来教师队伍迅速扩张，新增教师人数较多有关：一方面，这些新教师评定职称尚需一段时间，另一方面，由于教师基数的增加，导致各类职称的评定比例略有下降。

第四，比照北京市社会平均工资水平尤其是小学教师的平均工资水平来看，幼儿园教师工资虽然逐年增长，但仍低于社会平均工资和小学教师的工资水平。此外，根据项目组的抽样调查，对目前的工资水平非常不满意和不太满意的教师分别占24.3%和32.5%，还有34.4%的教师认为工资水平一般。因此，教师的工资待遇仍有待进一步改善。

第五，虽然近些年幼儿园教师参与继续教育的人员比例高，培训类型多，培训课程丰富，但培训质量参差不齐，如培训名目繁多，培训对象有重复，培训课程质量缺乏监督，各园与各区间出现培训不均等。因为民办幼儿园教师流动率稍高，导致政府与园方对民办幼儿园教师的继续教育重视不够，民办幼儿园教师培训机会不多，培训资金投入不足，管理较为松散，其专业发展支持不力，上述问题仍急需解决。

二、相关对策建议

基于上述对北京市学前教育事业发展的现状与问题的分析，结合当前我国学前教育发展的相关政策，特别是教育部、国家发展改革委和财政部《关于实施第二期学前教育三年行动计划的意见》①和教育部、国家发展改革委、财政部和人力资源社会保障部《关于实施第三期学前教育行动计划的意见》②(以下简称第二期和第三期"行动计划"),以及北京市学前教育三年行动计划,以及中共中央国务院《关于全面深化新时代教师队伍建设改革的意见》③确立的新时期幼儿园教师队伍建设的目标等,提出以下对策与建议。

(一)合理调整幼儿园发展布局与结构

在幼儿园布局方面,密切围绕北京市社会政治经济发展整体布局,根据不同功能区域对学前教育发展的不同需求,合理规划。在公办民办园并举发展方面,建议一方面加强对民办园教育质量的监测和督导,另一方面尽可能采取可行措施增加学位,确保幼儿接受有质量保证的幼儿教育。

(二)评估并提高学前教育财政投入效率

目前已有的统计数据只能反映学前教育的投入,缺乏对投入的效率评估,尤其是公共财政的投入。学前教育作为公共服务,政府通过公共财政履行其基本职责,也需要对其服务供给与分配进行评估,以确保学前教育资源的分配效率。目前关于学前教育公共财政投入的效率研究,包括了使用效率、产出效率、技术效率。然而,我国关于学前教育公共服务的评价主要是以规模产出作为替代整体效率,无法清晰的描述公共财政投入的效率,难以提供有效的资源配置,违背公共财政的"公平、稳定、效率"④的原则。

(三)不同受益主体合理分担学前教育成本

学前教育作为准公共产品,具有正外部性,家庭、社会都是其受益主体。关于成本分担的原则,学者们都认可"谁受益、谁承担"的原则,因此,政府、个人和社会都应该根据其受益大小来支付成本。根据目前不同主体的投入比例来看,政府和家庭是最主要的支付主体,但是由于缺乏成本核算,承担的比例并不明确,且在财政性投入迅速增长的同时挤出了民办资本、社会资本的进入。另一方面,在合理分担成本的同时,政府还具有调节资源分配的职能,由于不同家庭的支付能力不同,政府不仅在地区上进行瞄准,还应该在服务人群间合理分配,向弱势群体倾斜。

---

① 教育部、国家发展改革委、财政部. 关于实施第二期学前教育三年行动计划的意见[EB/OL]. http://www.moe.edu.cn/srcsite/A06/s3327/201411/t20141105_178318.html.

② 教育部、国家发展改革委、财政部和人力资源社会保障部. 关于实施第三期学前教育行动计划的意见[EB/OL]. http://www.moe.gov.cn/srcsite/A06/s3327/201705/t20170502_303514.html.

③ 中共中央国务院. 关于实施第二期学前教育三年行动计划的意见[EB/OL]. http://www.gov.cn/gongbao/content/2018/content_5266234.htm.

④ 胡庆康,杜莉. 现代公共财政学(第二版)[M]. 上海:复旦大学出版社,2001:47.

(四)提高职业地位和待遇，增强幼儿园教师的职业吸引力

尽管教师的工资水平逐年提高，薪酬结构不断完善，但幼儿园教师的地位和待遇仍需进一步提升。为此，应着力贯彻和落实"学前教育第二期行动计划"的精神，完善幼儿园教师工资待遇保障机制，落实国家规定的工资待遇。特别是通过生均财政拨款、专项补助等方式，支持解决好公办园非在编教师、农村集体办幼儿园教师工资待遇问题，逐步实现同工同酬。并且，积极引导和监督民办园依法保障教师工资待遇，足额足项为教师缴纳社会保险和住房公积金。同时，也需要不断完善和全面落实符合学前教育实际、有利于幼儿园教师专业发展的职称评聘标准，从而提高教师的社会地位和职业地位，增强幼儿园教师的职业吸引力，真正让幼儿园教师成为在岗位上有幸福感、专业发展方面有获得感、社会上有荣誉感，人人羡慕的职业。

(五)加大幼儿园教师的培养规模，补足配齐各类幼儿园教师

虽然近年来教师队伍的规模逐渐扩大，但当前师范教育体系有所削弱，对师范院校支持不够。与此同时，测算数据显示，2020—2025年期间北京市专任教师与保育员需求总量将达到7.10—8.25万人，与2016年该指标值相比，至少存在2—3万人的幼教师资缺口；如按照高水平方案测算，未来北京市幼教师资缺口更加显著。为此，应支持师范院校设立学前教育专业，办好一批幼儿师范专科学校和若干所幼儿师范学院。根据普及学前三年教育的要求，确定北京市高等学校、中等师范学校学前教育专业的培养规模和层次，加大本专科层次幼儿园教师的培养力度。支持地方通过多种方式为农村和边远贫困地区培养补充合格的幼儿园教师。同时，采取核定编制、各区统一招考管理等方式及时补充公办幼儿园教师。并且，根据国家有关规定和当地实际情况，采取多种方式切实解决公办幼儿园非在编教师工资待遇偏低问题，逐步实现同工同酬。此外，引导和监督民办幼儿园依法配足配齐教职工并保障其工资待遇。幼儿园教职工依法全员纳入社保体系。

(六)处理好幼儿园教师队伍规模与质量之间的关系

针对新时期教师队伍建设还面临有些地方对教育和教师工作重视不够，在教育事业发展中重硬件轻软件、重外延轻内涵的现象突出，教师素质能力难以适应新时代人才培养、思想政治素质、师德和专业化水平的需要等问题，需要进一步提高幼儿园教师的素质。为此，一方面要落实《幼儿园教职工配备标准(暂行)》，通过多种方式补足配齐各类幼儿园教职工。另一方面，要科学制定北京市幼儿园教师培养规划，扩大培养规模，建立完善学前教育师范生免费教育制度，为农村幼儿园培养一批学前教育专业专科层次教师。同时，深化学前教育专业课程与教学改革，突出保教融合，科学开设儿童发展、保育活动和教育活动类课程，强化实践性课程，鼓励师范院校与幼儿园协同建立幼儿园教师培养培训基地，提高学前教育师范生综合能力，切实提升幼儿园

教师的专业化水平。

(七)健全幼儿园教师培训体系，助力幼儿园教师专业发展

在职后培训方面，首先，根据第三期"行动计划"的目标，坚持以需求为导向，开展新一轮幼儿园教师全员培训，建立满足不同层次和需求的培训体系，提高培训的针对性和实效性。其次，特别要加强对幼儿园园长、乡村幼儿园教师、普惠性民办幼儿园教师的培训力度，助力幼儿园教师队伍的专业化发展。同时，根据第三期"行动计划"确立的目标，到2020年，基本实现幼儿园教师"全员持证上岗"，努力提高教师的专业化水平，着力建设"高素质、善保教"的幼儿园教师队伍。

北京市学前教育发展大事记
(2011—2016 年)

2011 年

3 月,北京市教委、市发展和改革委、市公安局、市卫生局联合制定了《北京市举办小规模幼儿园暂行规定》。

同月,北京市人民政府教育督导室印发京督导〔2011〕20 号文,将开展学前教育督导调研工作。

5 月,北京市人民政府印发《北京市学前教育三年行动计划(2011—2013 年)》,公布数据:全市户籍适龄儿童学前三年入园率达到 85％以上,全市共有幼儿园 1245 所,在园儿童 27.8 万人;幼儿园教职工 37227 人,其中,专任教师 21677 人,大专及以上学历专任教师占教师总数的 77.84％;2011 年市级学前教育专项经费达到 5 亿元左右。

11 月,北京市召开学前教育工作会,总结了"十一五"时期学前教育工作,对北京市有突出贡献的学前教育工作者和先进学前教育单位予以表彰。

12 月,北京市教育委员会和北京市发展和改革委员会颁布《北京市教育科学"十二五"规划纲要》。要求落实"学前教育保障项目";通过规划建设并改扩建 769 所幼儿园,使全市幼儿园总数达到 1530 所左右,其中公办性质幼儿园占幼儿园总数的比例达到 65％以上,有效缓解"入园难"状况;建立首都师范大学学前教育学院,扩大幼儿园教师的培养规模,加大幼儿园教师的培训力度,普遍提升幼儿园教师素质。

2011 年北京市增加幼儿园学位 2.7 万个。

2012 年

5 月,教育部在北京举行了全国学前教育宣传月启动仪式。

同月,北京市教委提出关于建立幼儿园家长委员会的若干意见。

8 月,北京市财政局会同市教委、市民政局共同制定了学前教育资助政策。

2012 年北京市教委启动了村办幼儿园建设工程,加大农村学前教育建设力度。

2012 年增加学前教育学位 2.4 万个。

2012 年北京市启动学前教育专项督导,这是国内省级政府教育督导室率先建立起的学前教育督导制度。

2012年，北京市对142所幼儿园进行改扩建和设备配置，支持105所村办园建设，新增入园名额2万个，补充3100名新教师。规范公办幼儿园收费，非教育部门公办园生均补贴由1200元提高至3600元。

2013年

10月，北京市教委发布公告，计划从2014年到2020年期间将扩大学前教育名教师的培养规模，力争培养300名左右中青年教师和100名幼儿园园长，培养周期为5年。北京市财政将设立市学前教育名师工作室专项经费。

2013年增加学前教育学位2.4万个。

2013年村办幼儿园建设工程列入政府2013年实事项目。涉及10个区县142所幼儿园，专项建设资金总计为3.572亿，预计解决2万个学位。

自《北京市学前教育三年行动计划（2011—2013年）》施行以来，北京市共增加幼儿园677所，在园儿童增加近9万人。全市共有幼儿园1922所，在园儿童36.5万人，入园率由85.6%提高到95%以上；学前三年学位供给覆盖率和入园率由80.8%提高到90%以上。

2014年

4月，北京市教委发布关于开展第八批示范幼儿园和农村乡镇中心园及薄弱园"手拉手"活动的通知，以促进示范幼儿园与农村乡镇中心幼儿园及薄弱园的沟通交流，要求各区县教委要加强对"手拉手"工作的管理与指导，并给予必要的经费保障。

5月，北京市教委发布关于开展2014年北京市学前教育宣传月活动的通知。

7月，北京教育学院学前教育学院成立。该院面向在职园长、教师开展学历教育和继续教育等培训，并针对"入园难"等现象协助教育行政部门制定学前教育政策。

9月，市委教育工委、市教委举办全市首届中小学、幼儿园教师法律知识竞赛。组织专家编制了《北京市中小学、幼儿园教师法律基础知识》500题手册，重点涉及宪法及基本法律、教育类、学生维权、依法执教等相关法律规范内容。

2015年

3月，北京市教委发布公告称将严查幼儿园上英语、拼音课，教小朋友进行20以上的加减乘除运算等教授小学阶段知识的做法。检查采取随即推门的形式，一旦发现仍有幼儿园存在小学化倾向，将对园长进行严肃问责，存在问题的幼儿园也将被降级降类。

5月，北京市人民政府印发《北京市学前教育三年行动计划（2015—2017年）》，到2017年全市户籍适龄儿童学前三年入园率保持在95%以上；新建改扩建幼儿园843所，增加学位10万个。

7月，市政府教育督导室、市教委联合成立规范幼儿园保育教育工作防止和纠正"小学化"现象督导检查组，对全市16个区进行全面督导检查。

2016年

2月，按照《教育部办公厅关于组织申报国家学前教育改革发展实验区的通知》（教基二厅函〔2015〕16号）要求，在各地申报的基础上，经专家评审，北京市顺义区和大兴区成为国家学前教育改革发展实验区。

9月，北京市教育委员会和北京市发展和改革委员会颁布《北京市"十三五"时期教育改革和发展规划（2016—2020年）》要求建设一批学前教育社区办园点；鼓励支持社会力量多形式办园，农村地区实施以财政为主的投入方式，落实好保育教育费减免政策，资助家庭困难儿童及残疾儿童接受教育；大力支持举办普惠性幼儿园，鼓励举办特色高端幼儿园，加大学前教育资源供给，就近满足社区居民多样化托幼需求；健全教育人事管理制度，实施幼儿园教师配备标准。

10月，市教委等四部门联合下发《北京市关于加强和改进师范生培养与管理的意见》。11月1日起，本市师范专业招生方式进行改革，纳入提前批次招生，重点加强中小学和幼儿园教师培养。

10月31日，北京市教育委员会、北京市财政局发布《北京市乡村教师岗位生活补助发放办法的补充办法》，并于11月1日起实施。办法规定，将扩大乡村教师岗位生活补助的发放范围，补助额度按距离远近从1400元至4000元不等。本市乡村教师支持计划的实施范围在之前乡村中小学教师的基础上，拓展到乡村和镇区幼儿园教师（即教育部教育事业统计分类中的"乡村"和"镇区"的中小学及幼儿园教师）。

2016年北京市教育事业发展统计公报显示，全市共有幼儿园1570所，比上年增加83所；入园（班）幼儿152769人，比上年增加3727人，在园（班）幼儿416982人，比上年增加22861人；幼儿园园长和专任教师共38367人，比上年增加2085人。

参考文献

[1] 中华人民共和国教育部. 3—6岁儿童学习与发展指南[EB/OL]. http：//www.moe.gov.cn，2018-7-22.

[2] 中华人民共和国教育部. 幼儿园工作规程[EB/OL]. http：//www.moe.gov.cn，2018-7-22.

[3] 中华人民共和国教育部. 幼儿园管理条例[EB/OL]. http：//www.moe.gov.cn，2018-7-22.

[4] 中华人民共和国教育部. 幼儿园教师专业标准（试行）[EB/OL]. http：//www.moe.gov.cn，2018-7-22.

[5] 中华人民共和国教育部. 幼儿园教育指导纲要（试行）[EB/OL]. http：//www.moe.gov.cn，2018-7-22.

[6] 2010年人口普查数据.

[7] 北京市东城区妇女联合会[EB/OL]. http：//fl.bjdch.gov.cn/n2996035/n2996082/c5795852/content.html，2018-7-22.

[8] 北京市发展和改革委员会官网，北京市公办幼儿园保育教育费、住宿费收费标准.

[9] 转引自成丽媛等. 美国幼儿园教师资格及其认证方式简介[J]. 学前教育研究，2007(12)：45—49.

[10] 北京市教育委员会. 北京市第三期学前教育行动计划[EB/OL]. http：//jw.beijing.gov.cn，2018-6-6.

[11] 北京市人力资源和社会保障局：关于调整北京市2016年最低工资标准的通知. 京人社劳发〔2016〕128号文件[EB/OL]. http：//www.shui5.cn/article/03/106485.html，2018-7-22.

[12] 北京市人力资源和社会保障局北京市统计局关于公布2017年北京市职工平均工资的通知. 京人社规发〔2018〕115号文件[EB/OL]. http：//tjj.beijing.gov.cn/zwgk/tzgg/201805/t20180525_398431.html，2018-6-16.

[13] 北京市人民政府办公厅. 北京市第二期学前教育三年行动计划（2015—2017年）[EB/OL]. http：//www.beijing.gov.cn，2018-6-6.

[14] 北京市统计局、国家统计局北京调查总队，2015年全市人口发展变化情况，2016年1月9日[EB/OL]. http：//www.bjstats.gov.cn/tjsj/zxdcsj/rkcydc/dcsj_4597/201601/t20160128_333790.html，2018-6-6.

[15] 北京市统计局、国家统计局北京调查总队，2016年全市人口发展变化情况，2017年7月3日[EB/OL]. http：//www.bjstats.gov.cn/tjsj/zxdcsj/rkcydc/dcsj_4597/201707/t20170703_377217.html，2018-6-6.

[16] 北京市统计局. 北京区域统计年鉴. 主要年份幼儿园在园幼儿数[EB/OL]. http：//tjj.beijing.

gov. cn/nj/qxnj/2017/zk/indexch. html，2018-04-15.

[17] 北京市统计局. 北京市区域统计年鉴[EB/OL]. http：//tjj. beijing. gov. cn/nj/qxnj/2017/zk/ indexch. html，2018-04-15.

[18] 北京市统计局. 北京统计年鉴. 常住人口自然变动[EB/OL]. http：//tjj. beijing. gov. cn/nj/main/2016-tjnj/zk/indexch. html，2018-04-15.

[19] 北京市统计局. 人口[EB/OL]. http：//tjj. beijing. gov. cn/tjsj/cysj/201511/t20151109_311727. html，2017-07-26.

[20] 北京市统计局网《北京区域统计年鉴2017》第三章北京各区概览3-57幼儿教育情况.

[21] 北京市统计局网《北京统计年鉴2017》十九、教育与文化篇19-11幼儿园基本情况.

[22] 北京市统计局网《北京统计年鉴2017》十九、教育与文化篇19-2幼儿园基本情况.

[23] 北京市卫计委网站[EB/OL]. http：//www. phic. org. cn/tonjixinxi/weishengshujutiyao/jian kangzhibiao/201304/t20130425_60133. htm[EB/OL]，2018-7-22.

[24] 北京市卫生和计划生育委员会，北京市实施全面两孩政策工作情况，

[25] 北京市学前教育质量监测报告(1)监测结果综合分析图3.

[26] 北京市学前教育质量监测报告(1)监测结果综合分析图4.

[27] 北京统计年鉴2013[EB/OL]. http：//tjj. beijing. gov. cn/nj/main/2013.

[28] 北京统计年鉴2013[EB/OL]. http：//tjj. beijing. gov. cn/nj/main/2013；2015年北京市1％人口抽样调查资料.

[29] 北京统计年鉴2017[EB/OL]. http：//tjj. beijing. gov. cn/nj/main/2017；北京市2017年国民经济和社会发展统计公报.

[30] 陈永明. 主要发达国家教育[M]. 天津：天津教育出版社，2006：60.

[31] 陈永明，等. 比较教育行政[M]. 上海：上海华东师范大学出版社，2005：34.

[32] 陈永明. 教育经费的国际比较[M]. 天津：天津教育出版社，2006：21.

[33] 大学・短期大学・专门学校的升学信息网站. 成为幼儿园教师[EB/OL]. https：//shing akunet. com/bunnya/w0031/x0399/，2018-06-28.

[34] 东京都教育委员会. 地方教育費調査報告書[EB/OL]. http：//www. kyoiku. metro. tok yo. jp/administration/statistics_and_research/，2018-03-29.

[35] 东京都教育委员会. 東京都的教育2017[EB/OL]. http：//www. kyoiku. metro. tokyo. jp/administration/pr/multilanguages_tokyou_no_kyoiku. html，2018-06-24.

[36] 中共中央国务院. 关于全面深化新时代教师队伍建设改革的意见[EB/OL]. http：//www. gov. cn/zhengce/2018-01/31/content_5262659. htm，2018-4-16.

[37] 东京都教育委员会. 平成30年度东京都教育行政基础数据[EB/OL]. http：//www. kyoiku. metro. tokyo. jp/administration/statistics_and_research/basic_data/basic_data20180410. html，2018-06-27.

[38] 东京都政府网站. 东京都的行政区划[EB/OL]. http：//www. metro. tokyo. jp/chinese /about/history/history02. html，2018-03-22.

[39] 东京都政府网站. 东京都的机构组织[EB/OL]. http：//www.metro.tokyo.jp/chinese/about/structure/structure04.html, 2018-03-22.

[40] 东京都总务局统计部. 東京都統計年鑑平成28年[EB/OL]. http：//www.toukei.metro.tokyo.jp/tnenkan/2016/tn16q3i018.htm, 2018-06-25.

[41] 東京都社会福祉協議会. 保育所保育指針[EB/OL]. https：//www.tcsw.tvac.or.jp/bukai/hoiku/documents/29hoikushishin-2.pdf, 2018-03-29.

[42] 谷贤林. 破解《每个学生都成功法案》的"成功密码"[J]. 人民教育, 2016(5)：70-74.

[43] 国务院妇女儿童工作委员会[EB/OL]. http：//www.nwccw.gov.cn/2017-03/20/content_143011.htm, 2018-7-22.

[44] 洪秀敏, 马群. "全面二孩"政策与北京市学前教育资源需求[J]. 北京师范大学学报(社会科学版), 2017(1)：22-33.

[45] 厚生劳动省. 工资结构基本统计调查[EB/OL]. https：//www.mhlw.go.jp/toukei/list/chinginkouzou_a.html, 2018-7-18.

[46] 厚生劳动省. 指定保育士養成施設一覧[EB/OL]. http：//www.mhlw.go.jp/file/06-Seisakujouhou-11900000-Koyoukintoujidoukateikyoku/HP_11.pdf, 2018-06-28.

[47] 胡洪强, 索长清, 陈旭远. 日本"幼保一体化"的发展及其启示[J]. 基础教育, 2015, 12(6)：102-108.

[48] 胡庆康, 杜莉主编. 现代公共财政学(第二版)[M]. 上海：复旦大学出版社, 2001：47.

[49] 霍力岩. 学前比较教育学(第二版)[M]. 北京：北京师范大学出版社, 2014.

[50] 嵇珺. 美国学前教育专业人员CDA培训方案的依据、内容、实施及其启示[J]. 学前教育研究, 2011(5)：25-29.

[51] 姜淑梅, 苏阳. 中日幼儿园教师资格认定制度之比较研究[J]. 当代教育与文化, 2016, 8(6)：32-41.

[52] 教育部、国家发展改革委、财政部. 关于实施第二期学前教育三年行动计划的意见[EB/OL]. http：//old.moe.gov.cn/publicfiles/business/htmlfiles/moe/s3327/201411/xxgk_178318.html, 2018-4-16.

[53] 教育部、国家发展改革委、财政部. 关于实施第二期学前教育三年行动计划的意见[EB/OL]. http：//www.moe.edu.cn/srcsite/A06/s3327/201411/t20141105_178318.html, 2018-7-22.

[54] 教育部、国家发展改革委、财政部和人力资源社会保障部. 关于实施第三期学前教育行动计划的意见[EB/OL]. http：//www.moe.gov.cn/srcsite/A06/s3327/201705/t20170502_303514.html, 2018-7-22.

[55] 教育部财务司、国家统计局社会科技和文化产业统计司编. 中国教育经费统计年鉴(2009—2016年)[M]. 北京：中国统计出版社, 2007—2016.

[56] 教育部等四部门关于实施第三期学前教育行动计划的意见[EB/OL]. http：//www.moe.edu.cn/srcsite/A06/s3327/201705/t20170502_303514.html, 2018-4-16.

[57] 李旭. 美国提高颁发教师资格证书的标准及其局限[J]. 比较教育研究, 2003(04)：53—57.

[58] 刘小青．日本学前教育[M]．北京：文化艺术出版社，2017．

[59] 纽约市教育局官网．2017—2018 学年纽约市成就：学前班至 12 年级[EB/OL]．http：//schools.nyc.gov/AboutUs/default.htm，2018-6-20．

[60] 纽约市教育局官网[EB/OL]．http：//schools.nyc.gov/Academics/EarlyChildhood/3-K/parent-families，2018-4-16．

[61] 纽约市教育局官网[EB/OL]．http：//schools.nyc.gov/ChoicesEnrollment/3K-for-all/Early LearnNYC/default.htm，2018-4-16．

[62] 纽约市教育局官网[EB/OL]．https：//www.schools.nyc.gov/enrollment/enroll-grade-by-grade/3k，2018-4-16．

[63] 纽约市教育局官网[EB/OL]．https：//www.schools.nyc.gov/enrollment/enroll-grade-by-grade/pre-k，2018-4-16．

[64] 纽约市教育局官网[EB/OL]．https：//www.schools.nyc.gov/about-us/funding/funding-our-schools，2018-4-16．

[65] 纽约市教育局官网[EB/OL]．https：//www.schools.nyc.gov/enrollment/enroll-grade-by-grade/kindergarten，2018-4-16．

[66] 纽约市政府官网[EB/OL]．https：//www1.nyc.gov/office-of-the-mayor/admin-officials.page，2018-4-16．

[67] 纽约市政府官网[EB/OL]．https：//www1.nyc.gov/site/acs/about/about.page，2018-4-16．

[68] 纽约市政府官网[EB/OL]．http：//schools.nyc.gov/ChoicesEnrollment/3K-for-all/EarlyLearnNYC/default.htm，2018-4-16．

[69] 纽约州儿童和家庭服务办公室[EB/OL]．https：//ocfs.ny.gov/main/childcare/child-care-training.asp，2018-4-16．

[70] 日本总务省统计局《都民经济计算年报 2013 年度》、日本内阁府《2013 年度国民经济 计算年报》，转引自东京都政府网站．统计资料[EB/OL]．http：//www.metro.tokyo.jp/chinese/，2018-4-16．

[71] 沙莉，吴红霞，杨彩霞．北京市幼儿园师幼比现状、主要问题与对策建议——基于各区县调研及国际数据的比较[J]．教育导刊(下半月)，2015(2)：17—21．

[72] 社会福祉法人阳光福祉会．保育所保育指针[EB/OL]．https：//sunshine.ed.jp/hoik usisin—2018/#2-1，2018-3-29．

[73] 首都之窗[EB/OL]．http：//zfxxgk.beijing.gov.cn/110001/szfwj/2011-05/27/content_d72c6da582754812b7d905e0d7ba368d.shtml，2018-7-22．

[74] 首都之窗[EB/OL]．http：//zhengce.beijing.gov.cn/library/192/33/50/438650/1544760/index.html，2018-7-22．

[75] 首都之窗[EB/OL]．http：//zhengwu.beijing.gov.cn/gh/gh/zxgh/t1416644.htm，2018-7-22．

[76] 首都之窗[EB/OL]．http：//zhengwu.beijing.gov.cn/gh/xbqtgh/t1433068.htm，2018-7-22．

[77] 北京市教育委员会．北京市教育事业发展统计概况(2010—2016 年)[EB/OL]．http：//

jw. beijing. gov. cn/xxgk/ywdt/ywsj/，2018-4-16.

[78] 教育部．教育统计数据（2013—2016）[EB/OL]．http：//www. moe. gov. cn/s 78/A03/moe_560/jytjsj_2016/，2018-4-16.

[79] 中国经济与社会发展统计数据库：中国教育统计年鉴 2010 年 [EB/OL]．http：//tongji. cnki. net/kns55/Navi/YearBook. aspx? id＝N2012010030&floor＝1，2018-4-16.

[80] 中国经济与社会发展统计数据库：中国教育统计年鉴 2011 年 [EB/OL]．http：//tongji. cnki. net/kns55/Navi/YearBook. aspx? id＝N2013120082&floor＝1，2018-4-16.

[81] 中国经济与社会发展统计数据库：中国教育统计年鉴 2012 年 [EB/OL]．http：//tongji. cnki. net/kns55/Navi/YearBook. aspx? id＝N2014070015&floor＝1，2018-4-16.

[82] 中国经济与社会发展统计数据库：中国教育统计年鉴 2013 年 [EB/OL]．http：//tongji. cnki. net/kns55/Navi/YearBook. aspx? id＝N2015010007&floor＝1，2018-4-16.

[83] 中国经济与社会发展统计数据库：中国教育统计年鉴 2014 年 [EB/OL]．http：//tongji. cnki. net/kns55/Navi/YearBook. aspx? id＝N2016060071&floor＝1，2018-4-16.

[84] 中国经济与社会发展统计数据库：中国教育统计年鉴 2016 年 [EB/OL]．http：//tongji. cnki. net/kns55/Navi/YearBook. aspx? id＝N2017050129&floor＝1＃＃＃，2018-4-16.

[85] 中国经济与社会发展统计数据库：中国教育统计年鉴 2016 年 [EB/OL]．http：//tongji. cnki. net/kns55/Navi/YearBook. aspx? id＝N2017120244&floor＝1＃＃＃，2018-4-15.

[86] 汪恒，唐一鹏．现代日本教育督导制度研究及启示——以东京都为例[J]．教育测量与评价：理论版，2013，(9)：51－55.

[87] 王家通．日本教育制度——现况趋势与特征（第二版）[M]．高雄：高雄复文图书出版社，2003：64－65.

[88] 网易财经．2015 年全国 31 省市财政收入数据排名[EB/OL]．http：//money. 163. com/16/0107/00/BCMHDCUK00253B0H. html. 2018-07-01.

[89] 徐芳，齐明珠．经济新常态下大都市人口管理研究——以北京市为例[J]．管理世界（月刊），2017(5).

[90] 银行信息港．美国百大城市财政排名，纽约倒数第二[EB/OL]．http：//www. yinhang123. net/news/543487. html，2018-07-01.

[91] 幼儿园教师培训学校一览．幼稚园教谕·教员养成校一览[EB/OL]．http：//www. youchien7. info/sisetu/toukyou. html，2018-06-28.

[92] 张帅．美国纽约州提交《每个学生都成功法》连续 3 年表现最差学校或被关闭[J]．世界教育信息，2017(21)：76-76.

[93] 职业花园．保育士的工资、年收入[EB/OL]．http：//careergarden. jp/hoikushi/salary/，2018-07-18.

[94] 职业花园．幼儿园教谕(幼儿园老师)的工资、年收入[EB/OL]．http：//careergarden. jp/youchienkyouyu/salary/，2018-03-29.

[95] 中共中央国务院．关于实施第二期学前教育三年行动计划的意见[EB/OL]．http：//www.

gov. cn/gongbao/content/2018/content_5266234. htm，2018-7-22.

[96] 中国法律法规信息库[EB/OL]. http：//law. npc. gov. cn/FLFG/flfgByID. action? flfgI D=36358812&zlsxid=01，2018-7-22.

[97] 中华人民共和国国家统计局. 常住人口数量统计[EB/OL]. http：//data. stats. gov. cn/easyquery. htm? cn=E0103&zb=A0301®=110000&sj=2016，2018-04-15.

[98] 中华人民共和国国家统计局. 学前教育在校学生数[EB/OL]. http：//data. stats. gov. cn/easyquery. htm? cn=C01&zb=A0M0201&sj=2016，2018-04-15.

[99] 中华人民共和国教育部[EB/OL]. http://old. moe. gov. cn//publicfiles/business/htmlfil es/moe/s5520/201104/117401. html，2018-7-22.

[100] 中华人民共和国教育部[EB/OL]. http://old. moe. gov. cn/publicfiles/business/htmlfile s/moe/info_list/201407/xxgk_171904. html，2018-7-22.

[101] 中华人民共和国教育部. 幼儿园教职工配备标准（暂行）[EB/OL]. http://www. moe. gov. cn.

[102] 中华人民共和国教育部[EB/OL]. http://www. moe. cn/s78/A02/zfs__left/s5911/moe_619/201512/t20151228_226193. html，2018-7-22.

[103] 中华人民共和国教育部[EB/OL]. http://www. moe. cn/s78/A02/zfs__left/s5911/moe_619/tnull_1314. html，2018-7-22.

[104] 中华人民共和国教育部发展规划司. 中国教育统计年鉴(2016). 中小学教师继续教育规定（中华人民共和国教育部令第7号 1999年9月13日）[EB/OL]. http://www. moe. edu. cn/srcsite/A02/s5911/moe_621/199909/t19990913_180474. html，2018-4-16.

[105] 中新网. 北京学前教育将突出公益普惠 鼓励企事业单位办[N][EB/OL]. http://www. chinanews. com/sh/2018/05-31/8527148. shtml，2018-7-22.

[106] 中央人民政府网[EB/OL]. http://www. gov. cn/gongbao/content/2010/content_1758217. htm，2018-7-22.

[107] 周采. 美国先行计划的现状与趋势[J]. 比较教育研究，2001，22(10)：49−53.

[108] 周京峣. 美国：纽约推出"3岁及以上儿童免费学前教育计划"[J]. 上海教育，2017(29)：37−39.

[109] 2015年全国1%人口抽样调查数据.

[110] U. S. Congress. No Child Left Behind[EB/OL].[2008-7-2]. http://thomas. loc. gov/bss/d107/d107laws. html.

[111] U. S. Congress. Goals 2000：Educate America Act[EB/OL]. 2008-7-10. http://loc. gov/bss/d103/d103laws. html.

[112] UNESCO-UIS (2007). Education counts Benchmarking Progress in 19 WEi countries：136.

[113] UNESCO-UIS (2012). Global Education Digest 2012，Opportunities lost：The impact of grade repetition and early school leaving：181-121.

[114] Citizen's Committee for Children of New York INC. Summary of the New York City Fiscal Year 2018 Executive Budget[EB/OL]. https://www. cccnewyork. org/data-reports/，2018-06-12.

[115] Citizens' Committee for Children of New York, February 2018.

[116] Estimate based on data provided by Child Care Resource and Referral Agencies for Child Care Aware? Of America's 2015 State Fact Sheet Survey. Dat a reflects the 2014 calendar year.

[117] http: //eservices. nysed. gov/teach/certhelp/CertRequirementHelp. do

[118] http: //schools. nyc. gov/Academics/EarlyChildhood/educators/PKQS. html

[119] http: //schools. nyc. gov/Academics/EarlyChildhood/parentfamilies/default. hm

[120] http: //teachnyc. net/certification/new-york-state-certification

[121] http: //teachnyc. net/certification/pre-k-education

[122] http: //tongji. cnki. net/kns55/Navi/YearBook. aspx? id=N2017120244&floor=1

[123] http: //www. acf. hhs. gov/programs/ohs/about/index. html#prog_desc, 2018-6-9.

[124] http: //www. hhs. gov/about/whatwedo. html/, 2008-10-18.

[125] http: //www. nbpts. org/the_standards/standards_by_cert? ID=17&x=31&y=6, 2017-19.

[126] https: //ocfs. ny. gov/main/childcare/child-care-training. asp

[127] https: //ocfs. ny. gov/main/childcare/Resources_for_Families. asp

[128] https: //www1. nyc. gov/office-of-the-mayor/news/263-18/mayor-de-blasio-chancellor-carranza-four-times-more-children-receiving-3-k-all#/0

[129] New York State Office of Children and Family Services (OCFS). Child Care Facts and Figures 2017 [EB/OL]. http: //ocfs. ny. gov/main/childcare/Resources_for_Families. asp, 2018-5-21.

[130] NIEER (2012). State Preschool Yearbook: The State of Preschool 2012; Thom as Coram Research Unit (2002). Research on Ratios, Group Size and Staff Qualifications and Training in Early Years and Childcare Settings: 25-30.

[131] OECD (2012). Quality Matters in Early Childhood Education Care: Finland 2012: 38.

[132] OECD(2012). Starting Strong III: A Quality Toolbox for Early Childhood Education and Care (Executive Summary): 10; OECD(2006), Starting Strong II: Early Childhood Education and Care: 378.

[133] OECD. OECD Country Note: Early Childhood Education and Care Policy in the United States of America. 2000, p. 25.

[134] OECD. OECD Country Note: Early Childhood Education and Care Policy in the United States of America. 2000, p. 29.

[135] OECD. OECD Country Note: Early Childhood Education and Care Policy in the United States of America. 2005, p. 25.

后 记

学前教育是国民教育体系的重要组成部分和奠基阶段，是重要的社会公益事业。近年来，党中央、国务院高度重视学前教育。《国家中长期教育改革和发展规划纲要》提出到2020年基本普及学前教育的发展目标，这是国家在2000年基本普及义务教育之后，为实现更高水平的普及教育而做出的又一重大决策。2010年，国务院颁布《关于当前发展学前教育的若干意见》，对破解"入园难"、提高全社会对学前教育重要性的认识，促进亿万学前儿童健康成长，积极促进学前教育事业发展，发挥了极为重要的推动作用。在此大背景下，"十二五"以来北京市学前教育事业也取得了令人瞩目的成绩。自2011年起，北京市先后实施了第一期、第二期、第三期学前教育三年行动计划，各级财政加大投入力度，学前教育学位与专任教师大幅增加，学前教育取得了长足发展。

当前，包括学前教育在内的我国教育事业正处于新的发展阶段，面临新的发展机遇与挑战。正如习总书记在2018年全国教育大会讲话中指出的：新时代新形势，改革开放和社会主义现代化建设、促进人的全面发展和社会全面进步对教育和学习提出了新的更高的要求。我们要抓住机遇、超前布局，以更高远的历史站位、更宽广的国际视野、更深邃的战略眼光，对加快推进教育现代化、建设教育强国作出总体部署和战略设计，坚持把优先发展教育事业作为推动党和国家各项事业发展的重要先手棋，不断使教育同党和国家事业发展要求相适应、同人民群众期待相契合、同我国综合国力和国际地位相匹配。

2018年11月7日，中共中央国务院最新发布了《关于学前教育深化改革规范发展的若干意见》，《意见》从总体要求、布局与结构、扩大资源供给、经费投入、师资队伍建设、监管体系、提高保教质量、学前教育立法、加强组织领导、规范发展民办园等多方面，对未来一段时期我国学前教育事业发展做出了最新顶层设计与战略规划，提出了系统性全方位发展目标与要求。

北京市作为全国政治中心、文化中心、国际交往中心和科技创新中心，北京市学前教育发展对京津冀地区乃至全国的学前教育发展均具有重要的引领与示范作用，因而更应具有高远的历史站位、宽广的国际视野，未来应更好地满足群众期待与时代需要。在此新的历史时期与时代发展契机下，对近年来北京市学前教育事业发展的宏观背景、政策环境，以及事业发展重要方面的实际进展进行全面、系统的梳理与呈现，并结合国际大都市学前教育发展特点与经验做出比较分析，发现问题，提出对策建议，将对未来北京市学前教育积极、健康、可持续发展，对发挥北京市在京津冀学前教育协同发展、乃至引领全国学前教育发展方面，发挥重要作用。

　　本研究报告自提出构想到最终付梓，历时近 2 年时间，是集合首都师范大学学前教育研究中心精锐研究力量的重要研究成果。该研究报告力求通过大量翔实数据与一手资料，系统、全面、真实、准确地呈现与分析"十二五"以来北京市学前教育事业发展的基本状况、特点与经验，并有针对性地展开国际比较研究，提出对策建议。该报告是首都师范大学学前教育研究中心及相关研究机构研究人员集体智慧与辛勤付出的结晶。报告构思与基本框架由王建平教授、余珍有教授、沙莉副教授、刘昊副教授提出并经过反复讨论与完善，首都师范大学田汉族教授对报告构思也提出了很多宝贵意见；第一章第一部分由夏婧副教授负责撰写，第二部分由史瑾副教授、刘晓晔副教授负责撰写，第三部分由刘莉博士、张瑞瑞博士负责撰写，第四部分由李相禹博士、关永春博士、李莉娜副教授负责撰写；第二章由沙莉副教授、魏星副教授（复旦大学人口研究所）负责撰写；第三章由黄爽博士、高宏钰博士负责撰写；第四章由王建平教授、沙莉副教授、夏婧副教授负责撰写；报告由王建平教授、沙莉副教授、刘昊副教授负责统稿。首都师范大学学前教育研究中心学生助研刘园、杨利民、姚倩倩、汪雨之、赵祥庆、田若焱、白鸽、杨晓彤、朱霖、李月珠、蔺琪、郭璇、赵娜娜、张玥婷、温馨，参与了资料查阅、翻译与文稿校对等工作。

　　特别感谢首都师范大学出版社俞斌副总编，责编王兰玉、李佳艺老师！没有您们的大力支持与辛勤付出就没有此报告高时效、高质量的付梓。并对给予报告撰写与出版殷切关心与支持的各界同仁一并表示由衷感谢！希望该报告能够为北京市乃至全国学前教育事业发展提供积极有效的研究支撑与有力推动。并恳请各位同行对本书提出宝贵意见和建议！

编　者
2018 年 11 月 16 日